大統領が変える
アメリカの
三権分立制

署名時声明をめぐる議会との攻防

梅川 健 ［著］
Umekawa Takeshi

東京大学出版会

THE EROSION OF CHECKS AND BALANCES
IN THE UNITED STATES
Presidential Signing Statements and Congressional Oversight
Takeshi UMEKAWA
University of Tokyo Press, 2015
ISBN978-4-13-036255-9

目　次

序　論　「大統領中心の政治」の終わり ── 1
第1節　議会の協力を得られない大統領の決断　1
第2節　本書の目的と分析手法　9
第3節　本書の構成　15

第1章　署名時声明とアメリカ大統領制の変容 ── 19
第1節　憲法秩序における大統領の位置づけの変容　20
　1. 建国期と19世紀的大統領制（20）
　2. 世紀転換期と20世紀的大統領制（23）
　3.「現代的大統領制」の終わりと署名時声明（26）
第2節　「現代的大統領制」を超えて　33
　1.「現代的大統領制」の呪縛（33）
　2. 大統領の影響力と「現代的大統領制」（34）
　3. 大統領制の変容と「現代的大統領制」への挑戦（39）
小　括　41

第2章　カーター政権による署名時声明の転用 ── 43
第1節　「議会の復権」と議会拒否権　44
　1.「議会の復権」とカーター大統領（44）
　2. 行政特権，戦争権限，恣意的な法執行の抑制（45）
　3. 議会拒否権とは何か（52）
第2節　署名時声明による議会拒否権規定の一方的な読み替え　56
　1. 議会拒否権法案をめぐる対立（56）
　2. 議会拒否権に関するカーター大統領の教書（58）
　3. 署名時声明による議会拒否権への対抗（61）

  4. 署名時声明の未成熟な起草過程（66）
 第 3 節　カーター政権を支えた法律論　71
  1. 議会拒否権に関する司法省法律顧問室意見書（71）
  2. 法の不執行に関する司法省の解釈（76）
  3. 議会拒否権をめぐる公聴会（78）
 小　括　85

第 3 章　レーガン政権による署名時声明の継受 ── 89
 第 1 節　チャダ判決をめぐる大統領と議会の対応　90
  1. チャダ判決と議会拒否権（90）
  2. 政権の対応（96）
  3. 議会の対応（102）
  4. 議会拒否権の存続（109）
 第 2 節　法の不執行をめぐる議会との対立　114
  1. 契約競争法の成立とレーガンの署名時声明（114）
  2. 契約競争法に関する司法省の見解と連邦地方裁判所判決（116）
  3. レーガン政権の敗北（119）
 小　括　122

第 4 章　レーガン政権による署名時声明の転用 ── 125
 第 1 節　署名時声明に対する認識の変化　125
  1. 署名時声明の新たな目的（125）
  2. 転機としてのチャダ判決とシェヴロン判決（128）
  3.「署名時声明」の問題点の認識（130）
 第 2 節　保守的法律家による署名時声明の改革　133
  1. フェデラリスト協会と司法省（133）
  2. 原意主義と三権同格主義（137）
  3. 署名時声明の改革案（140）
  4. 署名時声明の新たな運用目的の確立と起草過程の固定化（143）
 第 3 節　署名時声明による大統領の法解釈の伝達　148
  1. 1985 年均衡財政・緊急赤字統制法（148）

2. 1986年移民改善・規制法（150）
　　3. 司法省による署名時声明改革の総括（152）
　小　括　154

第5章　レーガン政権後の署名時声明の継受と変容 ———————— 157
　第1節　ジョージ・H. W. ブッシュ政権による署名時声明の継受と洗練　158
　　1. 署名時声明による立法史の構成（158）
　　2. 議会による大統領権限の侵害に対する対抗（161）
　第2節　クリントン政権による署名時声明の選択的継受　167
　　1. クリントン政権における署名時声明の運用方針（167）
　　2. 法の不執行を支える法律論（170）
　　3. 1996会計年度国防歳出授権法のHIV感染者解雇条項（172）
　　4. 2000会計年度国防歳出授権法の国家核安全保障局設置条項（174）
　第3節　ジョージ・W. ブッシュ政権による署名時声明の濫用　177
　　1. ブッシュ政権を支えた法律家（177）
　　2. ブッシュ政権における署名時声明の運用方針（179）
　　3. 2006会計年度国防総省歳出予算法の拷問禁止条項（182）
　　4. 署名時声明をめぐる公聴会（185）
　第4節　オバマ政権による署名時声明の抑制的運用　189
　　1. 2008年大統領選挙中のオバマの方針（189）
　　2. オバマが示した署名時声明の運用方針（190）
　　3. 署名時声明の積極的運用と議会からの反発（192）
　　4. 積極的運用から抑制的運用への転換（195）
　小　括　197

結　論　単独で政策変更を試みる大統領 ———————————— 203
　第1節　政策変更手段の必要性　203
　第2節　大統領権力の自己増殖と自己正当化　205
　第3節　大統領が変える三権分立制　211

Appendix 215
    A. 署名時声明の分類方法（215）
    B. 重要立法の基準（217）
参考文献 219
あとがき 235
索引（人名・事項） 239

序　論　「大統領中心の政治」の終わり

第 1 節　議会の協力を得られない大統領の決断

　現代のアメリカ合衆国では，大統領が独力で政策を変更しようとする政治の出現と，そのような政治の正当化が，同時に進行している．アメリカ政治学では，そのような大統領による単独行動を，ユニラテラルと形容する．この言葉は通常，他国と協調せずに単独で行動する単独行動主義というアメリカ外交の特徴を示すものとして使われるが，内政におけるアメリカ大統領の行動の特徴を表す言葉としても用いられる．国内政治での大統領の単独行動とは，大統領が連邦議会と裁判所の協力を得ることなく，政策を変更することを意味する．現代のアメリカでは，このような大統領の単独行動が，様々な領域で見られるようになっている[1]．

　大統領のユニラテラルな行動について，いくつかの例を挙げておきたい．2005 年 12 月 30 日に 2006 会計年度国防総省歳出予算法（Department of Defense, Emergency Supplemental Appropriations to Address Hurricanes in the Gulf of Mexico, and Pandemic Influenza Act, 2006）が成立した．この法律は，当時継続していたアフガニスタン戦争とイラク戦争を遂行するための国防総省予算を定めると同時に，イラクのアブグレイブ刑務所やキューバのグアンタナモ収容所で問題となっていたアメリカ政府による捕虜への拷問を禁止する条文を含んでいた．拷問禁止条項は，自身もヴェトナム戦争において拷問を経験したジョン・マケイン上院議員が中心となってとりまとめたものであり，議会が，大統領による戦争遂行を認めることに対してつけた譲れない条件であ

---

[1]　大統領による独力での政策変更については以下を参照．Cooper (2002); Howell (2005); Krent (2008); Waterman (2009); Barilleaux & Kelley (2010); Howell & Brent (2013).

った．ジョージ・W. ブッシュ大統領は，戦争の遂行にあたり，議会の立法に手足を縛られることを嫌い，この条文の削除を議会に求めていたが，説得に失敗した．そこでブッシュ大統領は，法案への署名に際して「署名時声明（signing statement）」と呼ばれる文書を付与した．ブッシュ大統領は，この法案への署名にあたってセレモニーを開き，その場の演説では，拷問禁止条項を議会の努力の成果だと賛美したが，同日に，署名時声明の中で，次のように宣言した．

「執政府は，捕虜の扱いを定める本法の第A部第10編に関して，軍の最高司令官である大統領の憲法上の権限と一致するように解釈する．」[2]

この文章は，全部で2頁ほどの署名時声明の一文だが，その意味は重大であった．署名時声明で，ブッシュ大統領が何を言っているのかといえば，2006会計年度国防総省歳出予算法に署名し，戦争遂行のための予算は成立させるが，その条件として議会がつけた拷問禁止条項については，独自の解釈を施し，議会の意図には従わないということであった．ブッシュ大統領は，政府として拷問を行うかどうかの決定権は，未だに大統領にあるのだと高らかに宣言した．署名時声明という聞き慣れない文書によって，ブッシュ大統領は，議会の同意なしに法律に一方的に変更を加え，内容を骨抜きにしたのだといえる[3]．

このような署名時声明という道具は，実は，バラク・オバマ大統領も用いている．2009年3月11日に2009会計年度包括歳出予算法（Omnibus Appropriations Act, 2009）が成立したが，法案への署名に際して，オバマ大統領は署名時声明を付与した．この法律には，アメリカが国際連合の平和維持活動に協力するにあたり，米軍を国連の指揮下に置くという条文が含まれていた．オバマ大統領は，署名時声明の中で，この条文が，軍の最高司令官としての大統領の

---

2) George W. Bush, "Statement on Signing the Department of Defense, Emergency Supplemental Appropriations to Address Hurricanes in the Gulf of Mexico, and Pandemic Influenza Act, 2006," December 30, 2005, *Public Papers of the Presidents of the United States: George W. Bush, 2005*, 1902.

3) この事例については，第5章において詳しく論じる．

憲法上の権限を侵害するものだとして,「米軍を国連の指揮下に置くことにつながる措置に対しては,一切,予算を執行しない」と宣言した.また,同法は,対外政策に関する予算を定めると同時に,国内政策を含む予算執行の手続きについても定めているが,オバマ大統領は,多くの条文において,行政組織が予算を執行する際には,議会の関係委員会に承認を求めるように定められていたことを問題とした.オバマ大統領は,これらの規定について,「法執行に対する立法府の侵入である」と述べ,「行政組織が予算を執行する際には,関係委員会に通知するが,関係委員会の承認は予算執行に必要ではない」と署名時声明において宣言した[4].

オバマ大統領もブッシュ大統領と同様に,議会を通過した法案に対して,署名と同時に,その一部について,執行しないとしたのである.アメリカ合衆国憲法は,大統領に法案に署名するか,拒否権を行使するかしか認めておらず,法律の一部について執行を拒否するような権限を認めていない.ブッシュ大統領とオバマ大統領の行為は,これまで日本で常識とされてきたアメリカ大統領の振る舞いからは逸脱している.我々の常識から考えれば,法案の内容に同意できないのであれば,彼らは拒否権を行使するか,そのような法案が提出されないように議会を説得するべきであった.しかしながら,どちらの大統領も,拒否権の行使も議会との協力も選ばずに,法案に署名する段階で,単独で政策の内容を変更することを選んだ.このような大統領の選択は,アメリカにおいても大統領のあるべき姿からは逸脱しているとされ,どちらの事例でも,大統領は議会に加え,メディアからの批判を受けることになった.

大統領のユニラテラルな行動として,批判以外の評価を受けている事例も挙げておこう.近年のアメリカの教育政策の大きな変革は,ブッシュ政権の下で成立した落ちこぼれゼロ法(No Child Left Behind Act of 2001)である(Howell & Brent 2013, 3).この法律は,ブッシュ大統領の肝いりで制定され,全米の公立学校に,学力テストを課すものであった.オバマ大統領は,さらなる学力向上のために,教育行政の改革を目指した.その際に,オバマ大統領は,

---

4) Barack Obama, "Statement on Signing the Omnibus Appropriations Act, 2009," March 11, 2009, *Public Papers of the Presidents of the United States: Barack Obama, 2009*, 216-217. この事例についても,第5章において論じる.

落ちこぼれゼロ法に定められていた免除条項であるウェイバー条項（waiver provision）を用い，オバマの望むような教育改革を実施する州に対しては，連邦法が定める規制を緩和し，より学力向上に効果が見込まれる独自の教育を認めた．つまり，オバマ大統領は，ブッシュ大統領が議会との協同で成し遂げた教育改革を，大統領単独でさらに前進させようとしたのである．ここにも，議会と協力せずに政策を変更しようとする大統領の姿が見いだされる．この例が，先の例と異なるのは，教育界から一定の評価を得ているという点である[5]．

このような，大統領がリーダーシップを発揮し，様々な政策領域で政策を変更していく様子は，日本から見た場合には，あまり奇妙ではないかもしれない．我々は，日本の首相が，例えば予算審議の場面などで，ありとあらゆる政策についての質疑応答を行うのを日頃から見ているし，国会を通過する法案のほとんどが，内閣提出法案であることも知っている．首相が日本政治において果たすことを期待されている役割から，アメリカ大統領を類推した場合，大統領がリーダーシップを発揮することに違和感は少ないかもしれない．

しかしながら，異国の政治を理解しようとする際に，自国の理解を投射することには危険が伴う．日本は議院内閣制であり，アメリカは大統領制という異なる政治制度を採用している．日本では，首相は衆議院の過半数の支持を得ていなければ，その地位を失うのに対して，アメリカ大統領は，議会とは別に，大統領選挙によって選ばれており，議会に対して責任を負っていない．それゆえ，日本の首相が議会の協力を多くの場合に見込めるのに対して，アメリカ大統領は，自身の所属政党が議会の多数派であったとしても，必ずしも協力は見込めない．アメリカ大統領は，政治生命を共にはしていない議会を説得する必要性に，常に駆られているのである．

これは，アメリカの政治制度のデザインの失敗ではなく，まさに建国の父祖たちが狙っていたものである．建国の父祖たちは，たった一人の手に，あらゆる権力が集中することのないように，用意周到に合衆国憲法を起草した．権力はまず，中央政府である連邦政府と地方政府である州政府との間で，空間的に

---

[5] 大統領によるウェイバー条項の使用と政策変更の関係については，石川（2014）が詳しい．

分割され，連邦制という仕組みが設けられた．次に，建国の父祖たちは，連邦政府の中で，大統領と議会と裁判所の間で権限を分割し，相互に抑制し合い，均衡を保つように工夫した．すなわち，三権分立制である（斎藤 1995a, 270）．アメリカの大統領は，連邦政治における重要な登場人物には違いないが，あくまでも，他の登場人物と協力することによって初めて困難が乗り越えられるように設計された，複数の主役の中の一人にすぎない．

　このような理解に基づけば，冒頭に示したような，議会の協力を拒むような大統領の振る舞いが，奇妙に見えてくるはずである．それでは，このような大統領の単独行動によって政策が変更される政治は，なぜ生まれてきたのだろうか．これまでの大統領研究の蓄積から，二つの複合的な要因を見てとることができる．

　一つ目の要因は，19 世紀から 20 世紀にかけての，アメリカ憲法秩序における大統領の位置づけの変化である．先ほども指摘したように，建国の父祖たちは，大統領に権限が集中することがないように，分権的な政府を構想し，アメリカ大統領は，イギリス国王のようになってはならないとされた．それゆえ 19 世紀の大統領は，建国直後の英雄的な大統領を除いて，人々に語りかけることさえ，デマゴーグになる危険があるために，してはならないとされた．セオドア・ロウィによれば，19 世紀の大統領は，民主主義の脅威へとたやすく変貌する存在として認識されていた（Lowi 1985, 6）．

　このような憲法秩序における大統領の位置づけは，実際の政治にも現れている．19 世紀のアメリカは，「政党と裁判所の時代」と呼ばれ，大統領は政治の中心ではなかった（Skowronek 1982, 39）．このことは，19 世紀の大統領には，トマス・ジェファソンからアンドリュー・ジャクソンまでの初期の大統領と，エイブラハム・リンカーンを除いては，著名な大統領がいないことからも直感的に理解できる．政治の中心が，政党と裁判所から大統領へと移っていくのが，20 世紀の始まりの時期であり，この移行を決定づけたのは，大恐慌とフランクリン・ローズヴェルトによるニューディールであった．

　アメリカ大統領は，19 世紀には国民の自由を守るために，政治の中心に立ってはならないとされていたのに対して，20 世紀には，まさにそのために，先頭に立たなくてはならないとされた．これは，資本主義経済の発達により，

連邦政府が経済活動に介入しなければ、人々の自由が守られないと認識されるようになり、その役割を議会や裁判所はうまく果たすことができず、大統領に期待がかけられるようになったためである。ロウィによれば、大統領は、「民主主義の擁護者」と見なされるようになり、「大きな政府と強い大統領は、アメリカ国民の自治の能力の大きさを示すようになった」という (Lowi 1985, 6)。ロウィの示すような20世紀のアメリカ政治は、大統領が政治において決定的に重要な役割を期待されるという意味で、「大統領中心の政治」と呼ぶことができる[6]。

このような政治のあり方は、アメリカの輝かしい歴史を形成してきたと見るのがブルース・アッカーマンである。アッカーマンによれば、大統領こそが、アメリカ国民の抱いていた根本的な変化への要求をまとめあげ、政策として実現してきた。その最も重要な例が、1950年代から60年代にかけての公民権運動と公民権法の制定であるという (Ackerman 1993, 2000b)。ここには、よきアメリカの守護者としての大統領という姿が立ち上がっている。

20世紀のアメリカ大統領には、人々の期待が集中し、大統領はその期待に応えてきたというのが、アッカーマンの描くアメリカの20世紀である。もちろん、ウォーターゲイト事件やヴェトナム戦争という人々の期待への裏切りも生じたが、今日まで、アメリカ大統領には人々からの強い期待がかかっている。ウィリアム・ハウエルによれば、アメリカ国民はあらゆる事柄を大統領に望んでいるという。アメリカの経済状態についての責任が大統領にあると考え、地域経済の保護を求めると同時に、世界的な自由貿易の実現を求める。また、大統領に福祉政策の拡充を求めると同時に、財政赤字への対処を求める。あるいは、大統領に国内の治安の維持はもちろんのこと、世界的な秩序形成において

---

[6] ロウィは、ウッドロウ・ウィルソンが19世紀のアメリカ政治の特徴を「議会中心の政府 (congressional government)」という言葉で表現したこととの対比で、20世紀のアメリカ政治の特徴を「大統領中心の政府 (presidential government)」という言葉で示している。ロウィの主張は、アメリカ大統領の強さが民主主義の能力を示すようになったことで、国民の期待が大統領に集中するが、大統領にはその期待に応えられるだけの権限がないために、大統領は失敗を繰り返し、政治的不安定の原因となる、というものであった。ロウィは、大統領があくまでも既存の権限の範囲で、期待に応えようとするものと考えていたといえる。

役割を果たすことも求める．ハウエルは，「これらすべてを，アメリカ国民は大統領ができるのだと期待している．同時に，アメリカ国民は大統領がこれらのことをするべきだと信じている」と述べている（Howell & Brent 2013, 1）．

　ここまで，憲法秩序における大統領の位置づけの変化を素描してきたが，この変化が，人々の大統領への過大な期待を生み，今日の大統領には，人々の期待に応えるべくリーダーシップを発揮しなければならないという重圧がのしかかるようになっている．これが，今日の大統領の単独行動につながる一つ目の要因である．

　二つ目の要因は，1970 年代後半から進展した，アメリカ政治におけるイデオロギー的分極化の深化である．イデオロギー的分極化とは，アメリカの二大政党である民主党と共和党が，それぞれリベラルと保守というイデオロギーによって整序され，政党間の政策指向の違いが際だつようになった政治状況を意味する[7]．二大政党の間の溝が深くなるにつれて，両政党の合意が必要となるような革新的な立法は難しくなる．大統領の所属政党と議会の多数派が同一の統一政府状況でさえ，議会は党派対立によって立法生産性を落とす．大統領と議会の多数派が異なる分割政府状況においては，言うまでもなく，立法による政策革新は一層難しくなる（Cameron 2000, 25-26）．

　実は，先ほど触れた「大統領中心の政治」による政策実現が可能であった時代には，今指摘したようなイデオロギー的分極化が生じていなかった．今日よりもずっと多くの中道派が共和党にも民主党にもいたような時代であった．それゆえ，超党派による重要な政策革新が容易であった．「大統領中心の政治」では，「大きな政府」を実現しようとする大統領の動きに，議会も裁判所も呼応し，連邦政府をあげて政策を形成していたのである．

　対して，イデオロギー的分極化が進展した状況においては，前述のとおり，たとえ統一政府であっても，議会そのものは激しい党派対立によって機能不全に陥りがちになるため，大統領は，議会と協同することは困難である．すなわ

7）　アメリカにおけるリベラル派は，経済政策における政府の積極的介入と再分配，社会政策におけるマイノリティの保護，外交における多国間協調を支持し，保守派は，経済政策における政府の規制と再配分に反対し，社会政策については伝統的家族を重視し，外交においては力の外交を支持する．

ち，現代の大統領は，一つ目の要因によって，国民からの期待は増大しているにもかかわらず，イデオロギー的分極化という二つ目の要因によって，議会との協力が難しい状況に陥っている．これら二つの要因が絡み合った結果として，大統領には，議会と協力せずに，単独で政策を変更しようというインセンティブが生まれる．

ただし，単独で行動するインセンティブが大統領に生じたとしても，それは，大統領が望むことを全て実現できるということを意味しない．現代のアメリカ大統領は，20世紀になって生じた人々の期待と，1970年代以降のイデオロギー的分極化状況に直面しながらも，建国期に書かれた合衆国憲法によってのみ授権されていることに変わりはない．

先ほども述べたように，合衆国憲法では，連邦政府の権限は，大統領と議会と裁判所に分割され，相互に抑制する三権分立制の仕組みが整えられた．その中で大統領の権限を定めるのは第2条だが，今日まで，文言に大きな変更は加えられていない．すなわちアメリカの大統領は，過去から同一の憲法典から授権される権限で，新たに発生する状況に対処してきたのである．

アッカーマンが誇らしげに描いたニューディール期や，1950年代から60年代にかけての「大きな政府」が指向された時期における，経済政策への介入や，人権問題への対応は，憲法典の従来通りの解釈では大統領が実現することのできないものであった．それではどうしたかと言えば，議会と裁判所の協力を得て，連邦政府総出で，立法と判例によって，憲法の解釈を変更し，連邦政府の管轄を増大させ，大統領の役割を拡大したのであった（Ackerman 1993, 2000b）．

今日のアメリカの政治には，イデオロギー的分極化の進展という新しい状況が上乗せされている．もはや，議会との協同は期待しにくいものになっており，大統領は，過去から変わることのない憲法典と，増大する人々の期待を前にして，単独で大統領ができる事柄を増やしていく必要性に迫られるようになった．20世紀のアメリカ政治が「大統領中心の政治」であったとすれば，20世紀の終わりから21世紀にかけては，大統領が単独で政策を変更しようとする点に特徴が見いだせるかもしれない．

第2節　本書の目的と分析手法

　このような考えに基づき，本書では，大統領が単独で政策を変更したいというインセンティブを，変わらない憲法典を前にしつつ，議会と裁判所の協力を得ないままに，なぜ・どのように大統領の恒常的な振る舞いへと昇華させ，使い勝手のよい道具に変容させることができたのかを問う．アメリカ大統領研究では，ユニラテラルな大統領の権力行使の方法には，行政命令や，行政協定を始めとして，ウェイバー条項の使用など多くの手段があるとされているが，本書ではその中でも，大統領の署名時声明に焦点を当てる．

　その理由は，署名時声明が，先行研究の挙げる「ユニラテラルな道具」とは異なる性質を持つためである．実は，これまでの研究において，「ユニラテラルな道具」とされているもののほとんどは，議会との協力がなければなりたないという性質を持っている．行政命令とは，大統領が議会の制定した法律によって与えられた裁量の範囲内で，具体的な法執行の方法を行政組織に伝達するための手段であり，議会による授権を前提としている．行政命令研究の第一人者のハウエルは，議会による授権を前提として，政策の具体化の段階で，まず大統領が行政命令で法執行方法を定め，その後に，議会がその方法について判断を下すという手番の先後関係に注目し，「ユニラテラル」という言葉を使っている（Howell 2003, xiv）．ここでの「ユニラテラル」とは，議会が大統領の定めた具体的な方法に同意した場合には，あたかも，大統領が単独で政策を形成しているかのように見えるということを意味している．

　行政協定についても，同じことが言える．大統領が行政協定を他国と結ぶことのできる根拠は，通常，条約が存在することであり，条約の締結には上院の同意が必要とされる．つまり，行政協定についてもやはり，議会との協力が不可欠の要素として含まれているのである．ウェイバー条項も同様である．大統領がウェイバー条項によって連邦法の義務を免除し，政策を変更する場合に前提となっているのは，ウェイバー条項を認める議会の存在である．行政協定とウェイバー条項が「ユニラテラルな道具」としてまとめられている理由も，行政命令と同じく，議会が事前に定めた裁量の範囲内で大統領が行動する場合に

は，議会の姿が影に隠れ，見えなくなるということに過ぎない．すなわち，現在のアメリカ大統領研究で取り上げられている「ユニラテラルな道具」の多くは，実は，その使用を認める法律や条約が存在するという点で，議会との事前の協力を前提としている．

これに対して，署名時声明には，議会との協力を見いだすことができない．冒頭に挙げた二つの事例が，そのことをよく表している．ブッシュ大統領とオバマ大統領は，どちらも，署名の段階で，議会の意図に反するような署名時声明を付与していたし，なによりも，署名時声明で議会の意図に背くことのできる根拠を，憲法に求めていた．つまり，どちらの大統領も，署名時声明による法の不執行の正当化根拠を，制定法や条約に見いだすことはせず，最高法規である合衆国憲法に頼っていたのである．議会との事前の協力がないために，制定法や条約に頼れず，憲法を根拠とせざるを得ないというところに，署名時声明が他の「ユニラテラルな道具」と質的に異なる点がある．

つまり，他の「ユニラテラルな道具」の研究と異なり，署名時声明の研究で初めて明らかになるのは，議会との協力がない場合の大統領の振る舞いである．先ほど述べたように，現代のアメリカにおいて，大統領が単独で政策を変更しようとするインセンティブが高まっているのだとすれば，今後，署名時声明のように，議会との協力を拒むような振る舞いは，ますます増えていくかもしれない．

それでは，大統領による独力での政策変更の手段としての署名時声明は，いつ頃から用いられるようになったのだろうか．その時期を明らかにすることができれば，なぜ・どのように大統領が署名時声明を用いるようになったのかの分析を始めることができる．大統領が法案に署名する際に，なんらかのメッセージを発したという記録は，1830年まで遡って見つけることができるが，法執行の拒否を宣言するようになるのは，比較的最近のことである（Halstead 2007, 2）．図1は，署名時声明を分類し，その歴史的傾向を探ったものである[8]．

---

8) 署名時声明は，大統領の公的なスピーチと文書を収録する『週刊大統領文書集』（*Weekly Compilation of Presidential Documents*）と『大統領公文書集』（*Public Papers of the Presidents of the United States*），民間版の法令集である『制定順法律集』（*United States Code Congressional and Administrative News*）に記載されている

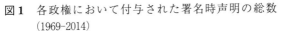

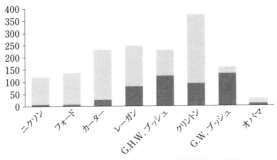

出典：American Presidency Project より著者作成．オバマ政権について
は 2014 年 12 月までのデータを含む．

ここでは，大統領による法解釈や法の不執行の宣言が盛り込まれているものを
「実質的署名時声明」，そのような内容を含まないものを「修辞的署名時声明」
と分類している[9]．この図から見てとれるように，実質的署名時声明はカータ

(梅川 2011, 249)．また，American Presidency Project のウェブサイトには，1929 年以降のすべての大統領の署名時声明の全文が収められている (http://www.presidency.ucsb.edu/)．

[9)] 先行研究において，署名時声明は三つ，もしくは二つに分類されてきた．三分類を提唱しているのは，クリストファー・ケリーである．ケリーは，条文の違憲性を指摘する署名時声明を，「憲法的署名時声明 (constitutional signing statement)」，曖昧な条文を具体的に解釈している署名時声明を，「政治的署名時声明 (political signing statement)」，上述の二つのどれにも属さない署名時声明を，「修辞的署名時声明 (rhetorical signing statement)」と分類している (Kelley 2002, 2003)．対して，ロウリー・ライスは，議会の定めた条文に対して，憲法解釈や法解釈によって修正を加えている署名時声明を，「(議会の) 意図を無視する署名時声明 (disregarding signing statement)」と呼び，それ以外の署名時声明と区別している (Rice 2010)．本書では，大統領が議会の定めた立法を一方的に変更しているという点に注目するため，ライスと同様の方法で，署名時声明を二つに分類したい．その際に，ケリーの分類における憲法的署名時声明と政治的署名時声明を一つにくくり，「実質的署名時声明」と呼ぶ．これは，憲法に照らし合わせて立法の違憲性を主張する署名時声明と，曖昧な立法を具体的に解釈する署名時声明のどちらもが，議会の定めた立法の実質的な変更をもたらすためである．本書では，実質的署名時声明と修辞的署名時声明とに分類するためのコーディングのルールと

一政権期から増えてきているため，本書ではカーター政権からオバマ政権まで を分析の期間とする．本書が注目するのは，法の内容を変更しようとする実質 的署名時声明なので，今後，署名時声明という言葉は，実質的署名時声明を意 味するものとし，実質的署名時声明という言葉は，修辞的署名時声明との対比 が必要な場合に限って用いることにしたい．

　大統領は，署名時声明によって，法の内容を変更しようと試みるが，この際 に根拠となるのは，先に述べたように，合衆国憲法であり，その中でも，大統 領の権限を定める第2条である．本書では，同条によって大統領に与えられた 権限である"executive power"の訳語として，「執政権」を充てる．アメリカ 大統領の権限が，日本の内閣に属する行政権に対応しないためである．日本で は政府の三権は立法・行政・司法として理解され，行政権の範囲については国 家の権能から立法権と司法権を取り除いた残りの全てが行政権であるという控 除説が一般的である．ところが，アメリカで行政権といえば，それは，議会が 行政組織を創出して，法律の執行を委ねた時点で形成されるものであり，憲法 上の概念ではない（松井 2008, 163-164）．キャス・サンスタインは，19世紀のア メリカの行政法学者たちが，執政（execution）と行政（administration）を区 別しており，大統領の権能は執政にしか及ばず，行政に関する権能は議会が創 出すると理解していたと指摘している（Sunstein 1993, 302-304）．アメリカ連邦政 府の三権は，立法・司法・執政と理解するのが適当であり，本書では，憲法の 定める大統領の権限に，「行政権」ではなく，「執政権」の語を充てる．

　日本においてアメリカ大統領の権力が「行政権」として理解されてきたこと にも，確かな理由がある．19世紀の法学者たちが行っていた執政と行政の峻 別が，20世紀に入ると困難になっていくためである．第1章で詳しく論じるが， 連邦政府の役割の増大とともに，大統領が主導的に問題解決にあたることが期 待されるようになり，行政の監督においても大統領が中心的な役割を果たすよ

して，署名時声明の文中に，具体的な条文もしくは立法の一部が，憲法の特定の原則や 条項に違反しているとの指摘がなされている場合，また，曖昧な条文に対して，具体的 な解釈が示されている場合に，その署名時声明を実質的署名時声明とするという基準を 設けた．修辞的署名時声明は，実質的署名時声明の条件に合致しない署名時声明である． コーディングのルールについては，Appendix A を参照．

うになるためである.サンスタインによれば,20世紀の法学者によって,大統領の権限が執政と行政の両方に及ぶという理解が構築されていくのである (Sunstein 1993, 305).

本書で取り上げる署名時声明は,大統領の執政権とどのような関係にあるのだろうか.本書では,アメリカ公文書館,ジミー・カーター大統領図書館,ロナルド・レーガン大統領図書館で収集した資料等に基づいて,それぞれの政権が,内部で署名時声明をどのように位置づけていたかを追跡すると同時に,議会とどのような関係にあったのかも明らかにしていく.このときに注目するのは,アメリカの政治史を描く際に注目されることの少ない,政権内部の法律家たちである.分析の結果を先回りすることになるが,署名時声明を発展させた原動力は,それぞれの政権の法律家たちであったためである.また,本書が大統領と議会との関係を取り上げるのは,大統領が単独での政策変更を目指すといっても,政治的な真空地帯で行動できるというわけではなく,大統領の行動は常に,議会に影響を及ぼすと同時に,議会から影響を与えられるためである.

本書は,「大統領は署名時声明という制度をなぜ・どのように発展させてきたのか」を問うものであり,研究対象から分類した場合は,アメリカ大統領研究に位置づけられ,研究手法から分類した場合は,アメリカ政治発展論に位置づけられる.アメリカ政治発展論とは,アメリカに存在する様々な政治制度が,なぜ・どのように現在の姿になったのかを問う学問領域であり,より広い政治学の文脈から見れば,制度論を用いたアメリカ研究ということになる (Orren & Skowronek 2004).

制度論の花形の研究としては,ある制度が現在のような姿をしている理由を,過去の決定的な分岐点(critical juncture)に求め,そこでの決定がその後を拘束するようなフィードバック効果を持ち,経路依存が生じることを示すというものがある (Pierson 1994, 2004; Hacker 2002).ただし,近年の研究では,制度が決定的な分岐点において変化を遂げた後に固定化するというパターンだけでなく,大きな外的なインパクトを伴わない漸進的な制度変容(gradual shift of institution)というパターンの重要性も指摘されている.なかでもジェイムズ・マホーニーとキャスリーン・シーレンは,既存の制度がその目的を変えていく姿にも注意を促しており,そのような制度変化を「転用(conversion)」

と呼ぶ（Mahoney & Thelen eds. 2009, 15-16）．本書では，カーター政権以降，大統領が署名時声明をどのように位置づけて利用してきたのかを明らかにしていくが，その際には，マホーニーとシーレンが主張するような制度転用という考え方に頼ることにしたい．

　それでは，そのような大統領による独力での政策変更の手段としての署名時声明に着目する本書には，どのような広がりがあるのだろうか．まず，アメリカ大統領研究の文脈では，本書は署名時声明の歴史的発展についての研究ということになる．従来の署名時声明の研究は，アメリカで最も盛んに行われてきたが，そこでは，大統領がどのような条件の下で署名時声明を用いるのかが問われてきた（Kelley & Marshall 2009）．本書で明らかになるのは，これらの研究が不確かな前提の上に立ってきたということである．すなわち，先行研究では，署名時声明はどの大統領にとっても同じ道具として認識されていることが前提となっているが，本書では，それぞれの大統領が署名時声明を自分の利用しやすい道具に改変してきたことを明らかにする．つまり，署名時声明に対して，時間軸を大きくとり，一般的傾向を導こうとしてきたこれまでの研究に対して，見直しの必要性を指摘する．

　より広く，アメリカ政治の文脈においては，本書は，現代の大統領制を理解するための手がかりになる．今日では，イデオロギー的分極化が進展し，議会との協同に困難を覚える大統領は，議会が定める制定法や条約以外に，自らの行動を正当化する根拠を必要とするようになっている．その結果として，現代の大統領は，正当性の源泉として憲法に頼り，憲法から正当性を引き出すために，法律家に頼るようになった．署名時声明の分析から浮かび上がってくるのは，従来の三権分立制のあり方を変えようとする大統領の姿であり，現代のアメリカ政治の見落としてはならない重要な側面である．

　本書は，アメリカ政治を離れて，政治史や制度論の文脈においても，意味があるものと考える．本書は，なぜ・どのように署名時声明という制度が変容してきたのかを問うものだが，この問いは，制度論の文脈にとって重要となりうる．というのも，本書で扱う署名時声明の制度変容は，近年研究が進められている，大きな外的インパクトを伴わない漸進的な制度変容にあたるためである．本書はそのような制度変容の研究として，政治史と制度論の文脈においても意

味のある研究となっている．

　最後に，日本の政治を念頭に置く場合に，本書がどのような意味を持つのかも述べておきたい．本書はアメリカの政治を，見習うべきお手本として扱っているわけでも，見習ってはいけない例として取り上げているわけでもない．現代のアメリカで生じている政治的変化を描き出そうとしているのみである．そこで明らかになってくるのは，アメリカという民主主義体制を支えている三権分立制のあり方が，憲法の条文修正を伴わずに，大統領の主導によって変化しつつあるという事実である．そのような政治秩序の変容のパターンがありうるということは，今後の日本の政治を考える上でも重要な手がかりになるかもしれない．

第3節　本書の構成

　本書の目的を再確認しておけば，大統領が署名時声明という制度をなぜ・どのように発展させてきたのかを明らかにすることである．そのために，第1章では，第1節で述べた，アメリカ政治における大統領の位置づけの変化について，先行研究に頼りながら，より正確に論じるところから始めたい．ここでは，建国期に大統領の権限がどのように設計されたのかを確認し，その建国当初の姿が，20世紀の初頭に変容していく様子を論じる．その上で，イデオロギー的分極化が進展する現代に特徴的だとされる，大統領のユニラテラルな振る舞いについても，先行研究を概観する．この作業を通じて，従来のアメリカ大統領研究が描く大統領像が，あくまでも，議会との協力を前提としているものであることを確認し，そのような視点では，現代に出現している独力で政策を変更しようとする大統領の姿を捉えることはできないことを指摘する．

　第2章以降では，署名時声明がそれぞれの大統領によってなぜ・どのように用いられてきたのかを明らかにする．第2章では実質的署名時声明の数の増加が見られるカーター政権を取り上げる．署名時声明の先行研究においては，レーガン政権から叙述を始めるのが通例であるが，図1で見たように，変化は既にカーター政権で生じている．そこで第2章では，カーター政権で署名時声明の数が増えたのはなぜか，を問う．

この問いは，本書の目的からすれば，大統領が署名時声明という制度をなぜ・どのように発展させてきたのかという大きな問いに挑むための小さな問いとして位置づけられる．カーター大統領の就任時のワシントン政界は，再びウォーターゲイト事件を起こしてはならないという雰囲気が強く，議会が大統領権力の抑制を試みた「議会の復権」の只中にあった．この時代に議会に重宝されたのが，「議会拒否権」であった．これは，議会が執政府に政策執行のための権限を授権すると同時に，その権限が議会の意図とは異なった形で行使される場合に備えて，執政府の決定を取り消す権限を議会に留保するというものである．第2章では，カーター大統領が，司法省の法律家に支えられ，議会拒否権に対抗するために署名時声明を用い始めたことを明らかにする．

　第3章で扱うのは，レーガン政権の一期目である．このとき，署名時声明は奇妙な道筋をたどることになる．カーター政権は議会に対抗するための道具として署名時声明を用い始めたのだが，この用法に対して，連邦最高裁判所は，支持を表明する．議会拒否権に違憲判決が下るのである．常識的に考えれば，最高裁判決によって，議会拒否権に対抗するために生み出された署名時声明の発展の歴史は終わりを迎えても良いはずである．ところが，議会は違憲判決にもかかわらず，議会拒否権を使い続ける．そのため，大統領も署名時声明によって議会拒否権への抵抗を続けるのであるが，議会の反発は一層強まっていく．議会拒否権に対抗するための署名時声明をめぐる激しい対立の経験は，レーガン政権二期目における，制度変容の背景となる．

　第4章では，レーガン政権二期目に生じた，署名時声明の制度変容を取り上げる．ここでも，政権内部の法律家たちに注目する．彼らは，カーター政権を支えていた法律家とは大きく異なる憲法秩序観を抱いており，大統領が果たすべき役割についても，特殊な考え方を持っていた．この章では，そのような法律家が中心となり，署名時声明が，それまでとは異なる目的をもった道具として作り直されていく過程を追跡する．

　第5章では，ジョージ・H. W. ブッシュ政権，クリントン政権，ジョージ・W. ブッシュ政権，オバマ政権を取り上げる．まず，1989年から1993年にかけてのジョージ・H. W. ブッシュ政権について論じる．レーガン政権から多くのスタッフを引き継いでいたブッシュ政権は，署名時声明の運用方針も同様に

受け継いだのだろうか．ブッシュ政権においても署名時声明は司法省の法律家によって支えられているため，彼らが示した見解を参照しながら確認することにしたい．

　次いで，1993年から2001年にかけてのクリントン政権において，署名時声明に生じていた変化を明らかにする．レーガン政権は保守的法律家の持ち込んだ憲法解釈によって，署名時声明に新しい目的を付け加えたのだが，民主党のクリントン政権は，レーガン政権とブッシュ政権が変容させた署名時声明をどのように継受したのだろうか．クリントン政権の司法省の法律家が，署名時声明の運用についてのガイドラインを定めており，これを手がかりに論じていく．

　次に，2001年から2009年にかけてのジョージ・W. ブッシュ政権において，署名時声明に生じた変化を論じる．今日の署名時声明研究は，冒頭に取り上げたブッシュ大統領の署名時声明に端を発している．それでは，ブッシュ大統領は署名時声明をどのように用いていたのだろうか．ここで思い起こしたいのは，2001年から2005年にかけてのブッシュ政権一期目には，大統領は拒否権を一度も行使していないという事実である．仮に，2001年9月11日の同時多発テロ事件以降の挙国一致の雰囲気があったとしても，ゼロというのは異常な数値である．また，イラク戦争への批判が高まっていた政権二期目についても，ブッシュ大統領が行使した拒否権の数は限られたものであった．このような状況において，ブッシュ大統領は，過去のどの大統領よりも積極的に署名時声明を用いていた．ブッシュ政権は署名時声明を拒否権の代替物として用いていたのではないかと考えることができる．議会では，ブッシュの署名時声明の是非をめぐり，多くの公聴会が開かれており，公聴会に招かれ証言した司法省の法律家による主張を手がかりに，ブッシュ政権における署名時声明の変容を明らかにする．

　第5章の最後では，オバマ政権がどのように署名時声明を用いているのかを論じる．前ブッシュ政権において，署名時声明がメディアと世論の耳目を集め，批判に晒された後に，オバマ大統領はどのように署名時声明を用いたのだろうか．ここでは，オバマ大統領が政権内部に通達した署名時声明の運用方針についてのメモを手がかりに，オバマ政権における署名時声明の正当化の論理を明らかにした後に，実際の運用がその指針に沿うものであったかを検証したい．

第1章　署名時声明とアメリカ大統領制の変容

　本書では,「大統領は署名時声明という制度をなぜ・どのように発展させてきたのか」という問いに挑むが,本章の目的は,この問いの意味を明確にすることにある.序論では,建国期から20世紀にかけて,憲法秩序における大統領の位置づけが変容してきたことを簡単に述べたが,先行研究では,世紀転換期に大きな変化が起こり,20世紀初頭に成立した大統領制の特徴が今日まで持続しているとされている.本章ではまず,その変化をより詳しく論じることから始め,20世紀的な大統領制の枠組みに,署名時声明を位置づけることができるのかを確認する.ここでは,署名時声明が,先行研究の提示する20世紀的大統領制のあり方から逸脱していることが明らかとなる.つまり,署名時声明を研究対象とすることで,従来一般的であったアメリカ大統領についての理解に,ほころびがあることが浮かび上がってくる.

　それでは,なぜ,アメリカの大統領研究は,現代の大統領の姿を不完全にしか捉えられないのだろうか.その理由を探るために,アメリカの大統領研究の流れを追っていく.ここでは,20世紀中頃に期待されていた大統領の役割から,大統領研究の中心的な問題関心が生まれたことを示し,大統領研究者の多くは,今日においても,その問題関心から研究を組み立てていることを指摘する.すなわち,20世紀の大統領のあり方を支えていた議会との協同という前提条件が崩れているにもかかわらず,多くの大統領研究は,過去の大統領を理解するための視点から出発している.当然,現代的状況を理解するためには,新しい視点から,大統領を観察しなければならない.本書が署名時声明に注目する理由は,まさにそのような必要性に迫られてのことである.

　本章の第1節では,建国期から20世紀初頭にかけての憲法秩序の変容を論じた後に,現代の大統領が用いる署名時声明の性質をまとめ,その特徴を明らかにする.第2節では,これまでのアメリカ大統領研究を概観し,署名時声明

がどのように位置づけられてきたのかを示し，署名時声明に対する新しいアプローチの必要性を明らかにする．

第1節　憲法秩序における大統領の位置づけの変容

1. 建国期と19世紀的大統領制

　建国期と現代とでは，大統領を取り巻く状況は全く異なるが，現代のアメリカ大統領もやはり，建国期に書かれた憲法によって授権されている．それでは，建国期において，大統領の権限はどのように設計されていたのだろうか．ここでは，建国の父祖たちの議論をみることにしたい．建国期の議論を振り返ることによって，20世紀への転換期に大統領を中心とする連邦政府が遂げた変容と，現代の大統領のあり方の奇妙さが，よりよく理解できるようになる．

　アメリカ合衆国憲法第2条が大統領の権限について定めている．その条文は，「執政権は一人の大統領に付与される」という文章から始まり，大統領の行政長官としての地位や軍の最高司令官の地位，法を誠実に執行する義務などを列挙している．それぞれの地位に付随する権限や義務の中身を確定するという作業はひとまずおくとして，ここでは，条文に用いられている「執政権（executive power）」と「大統領（president）」という言葉に注目したい．なぜならば，この二つの用語は，アメリカをヨーロッパとは異なる新たな統治構造をもつ国として設計するための新しい言葉であったためである．

　憲法制定者たちにとっての課題は，イギリス国王の国王大権（royal prerogative）[1]とは異なる，新しい形の権力を構成することであった．彼らが国王の大権に苦しめられ，それゆえに独立を決意したことからすれば，それは必須であった．ただし，この試みには，知的な跳躍が必要だった．憲法制定者たちは，執政府の権限を，国王大権とは異なるものとして構成するために，それまで彼らが依拠していたイギリス法のコモン・ロー体系から踏み出さなければ

---

1) 国王大権とは人事権，軍の統帥権，徴税権，恩赦権に加え立法に対する絶対的な拒否権といった内容から構成されている（Corwin 1957, 5）．

ならなかった．そこで彼らは，新しい概念を必要とした．幸いなことに，新しい権力の構築は，1776 年から 1787 年までの間に成立した各邦の邦憲法の制定過程で既に行われていた．憲法制定会議に集まった人の多くは，それぞれの邦憲法の制定にも携わっていたのであり，彼らは，邦憲法に由来する "president" と "executive power" という，新しいアイディアを活用することにした（斎藤 1975, 9-10; Goebel 1954, 474）．

合衆国憲法制定当時，新たに形成する国家の元首につけられた「大統領（president）」という名称は，新しい響きを含むものであった．憲法制定会議が開催された当時，すでに邦憲法が制定されており，ニューハンプシャー，ペンシルヴァニア，サウスカロライナにおいてのみ "president" という名称が執政権を担う役職に与えられており，他の邦憲法では "governor" という名称が使われていた（Jones 2007, 2）．なぜ合衆国憲法では多数の邦憲法で用いられていた "governor" ではなく "president" が選択されたのだろうか．フォレスト・マクドナルドは，「"governor" という言葉は，植民地時代の，イギリス国王の臣下としての総督（governor）を思い起こさせる」ものであったために採用されなかったと説明している（McDonald 1995, 157）．

"president" という役職名は，「集まりにおいて中心的な役割を果たす」ということを意味する "praesidere" という言葉から転じたものであり，1780 年代当時において，"governor" と比べて，抑圧的なイメージが少ない言葉であった．憲法制定会議においては，"president" という言葉からイメージされるものは，同じく "president" の名で呼ばれた大陸会議や憲法制定会議の際の議長の姿であり，国王大権とは異なる権力の担い手であった（Jones 2007, 2）．

かくして，合衆国憲法において執政権を担う役職は，"president" と呼ばれることになり，付与された権限を指し示す "executive power" という言葉も，それまでのイギリス法体系における国王大権との距離を意識したものであった．1776 年から 1787 年までの間に，各邦の邦憲法が成立していき，前述したように，多くの邦は執政権を担う役職に，植民地時代と同じく "governor" の名称を与えはしたものの，付与する権限については刷新を図っていた．植民地時代の総督（governor）の権限とは，イギリス国王の特許状に基づいて，国王大権を現地で代行する権限であったが，邦憲法は執政権を国王大権から切り離し

て，新たに定義する必要に迫られていた．そこで，邦憲法は，"executive" という言葉によって，執政権を担当する府を呼称した．ジュリアス・ゴーベルによれば，邦憲法は "executive" という，イギリス法の伝統にはない言葉で執政府を呼称することによって，執政府に帰属する権限である "executive power" が，国王大権とは異なったものであることを宣言していたのであり，これは「革命的な反応の表れ」であった（Goebel 1954, 474）．ラオウル・バーガーも同様に，邦の執政府が持つ執政権（executive power）とは，「アメリカ法の生み出した新しい概念」であったと論じている．また，彼は，「執政権は，その内容を立法による定義に任されたのであり，イギリス法の伝統からは切り離され，イギリスで蓄積された憲法の議論から切り離された」とも述べている（Berger 1974, 56）．

また，同様の主張は建国の父祖の一人であるトマス・ジェファソンの言葉にも見つけることができる．彼は，1783年のヴァジニア憲法案において，「執政権（executive powers）という言葉によって，我々は，過去の総督が行使した国王の特権を意味しているのではない．我々は，執政権という言葉によって，法の執行と，政府の運営（administer the government）に必要な権限を意味しているのである」と述べている（Berger 1974, 51-52）．つまり，"executive power" を定めるという行為は，新しい種類の権力の創出を意味していたのである．

このように，憲法制定者たちは，国王とは異なる大統領という役職に，国王大権とは異なる執政権を与えることにしたが，新たな問題が起こった．執政権の中身は何か，という問題である（Reinstein 2009, 266）．例えば，大統領の「法を誠実に執行する義務」という憲法の文言は，大統領が法を執行する際の根拠となるものであるが，この義務の意味と，実際にどのように義務が果たされるのかについては，憲法制定会議において，ほとんどなにも議論がなされておらず，曖昧なままであった[2]．

さらに，建国の父祖たちの間には，どのように執政権を理解するべきかにつ

---

[2] 石川敬史によれば，憲法制定者たちは，「大統領の役割についてはその骨組みを提示するのみ」であった（石川 2008, 147）．

いての考え方の違いもあった．大統領の執政権とは，憲法に列挙された限定的な権限であるという考え方と，大統領には包括的な権限が授権されているという考え方である．執政権は憲法によって限定されていると説いた憲法制定者として，リチャード・ヘンリー・リーとジェイムズ・マディソンを挙げることができる．また，限定的な執政権から包括的な執政権へと解釈を変更した論者として，アレクサンダー・ハミルトンを挙げることができる．

例えば，リーは，ヴァジニアの憲法批准会議において，「行使された権限についての疑問は，その権限が憲法に明示されているのか，という形をとるだろう．もしも，その権限が憲法に見つからなければ，それは権限の濫用であり違憲である」と述べている（Fisher 1998, 32）．マディソンは，『フェデラリスト』第48編において，「権力というものは本来，他を侵害する性質を持つものであり，したがってそれに与えられた限界をこえないように，効果的にこれを抑制しなければならない」と述べている（ハミルトン・ジェイ・マディソン 1999, 225-226）．対して，ハミルトンは，大統領には，包括的な権限が与えられており，憲法は大統領がしてはならないことを明示的に示しているに過ぎないと主張した（Reinstein 2009, 309）．

このような二つの異なる解釈は，建国直後の時期には，それぞれの大統領の振る舞いにおいても実際の影響力を持った．例えば，ハミルトンの包括的執政権の議論は，ジョージ・ワシントン大統領の中立宣言を支える根拠であった（Fisher 2007a, 15）．ただし，19世紀を通してみれば，大統領の多くは，自らの執政権を限定的なものと捉えて行動し，その行動の積み重ねの結果として，大統領の執政権の範囲が限定的であることが，確定していった（Tulis 1987, 45）．

2. 世紀転換期と20世紀的大統領制

19世紀的な大統領制のあり方に変化を起こしたのは，セオドア・ローズヴェルト大統領であった．ローズヴェルトは，今日では「大統領職論（stewardship theory）」と呼ばれる考え方に基づいて，大統領には，合衆国憲法で明示的に禁止されていないあらゆることを行う自由があるのだと主張した．この考え方は，スティーヴン・スコウロネクによれば，ハミルトン的な大統領権力観の復活であった（Skowronek 2009a, 2078）．

ローズヴェルトがこのように，従来の大統領の行動規範から逸脱した理由として，アメリカが直面していた新しい問題状況があったことを指摘しておく必要がある．それまでにアメリカには存在していなかったような，巨大な資本の登場である．その一例が鉄道会社である．州境をまたいだ鉄道は，州単独で規制することはできなかった．かといって，連邦議会も様々な利益対立の結果として機能していなかった．そのような中で，ローズヴェルトは鉄道をめぐって，貧者と富者との階級対立が深まり，内乱が起きるのではないかと危惧し，問題解決のリーダーシップをとる必要性に迫られた．そこでローズヴェルトは，州際通商委員会の権限を強め，鉄道規制を可能とする，ヘバン法（Hepburn Act of 1906）の制定に向けて尽力したのであった（Tulis 1987, 102）．

　ジェフリー・テュリスによれば，ローズヴェルトは，大統領自らが先頭に立って問題を解決するというのは，一種の緊急避難であると考えていたのに対して，ウッドロウ・ウィルソン大統領は，そのような大統領の姿こそ，あるべき姿であると，アメリカの憲法秩序を再解釈した．ウィルソンは，建国の父祖たちの構成した三権分立制が，機能不全を起こしていると認識していた．議会では，議員たちが狭い利益に突き動かされており，政策には方向性が見いだせず，リーダーシップも見られない．憲法によって構築された公式の制度の外側に，政党が発展したが，それでも，議会はやはり機能していないというのが，ウィルソンの見立てであった（Tulis 1987, 117, 121）．

　建国の父祖たちは，議会と大統領が相互に抑制する仕組みを重視していたが，ウィルソンはそのような仕組みが機能していないために，大統領が議会をリードするような仕組みこそ，あるべき三権分立制の姿であると，憲法秩序を再解釈した．ウィルソンは，憲法の文言とは，その時代の思想を反映して，意味を変えていくものだと考えていたため，そのような再解釈が可能であった（Tulis 1987, 119, 121）．

　このようなウィルソンによる大統領の位置づけの再解釈に則って，実際に力強いリーダーシップを発揮したのが，大恐慌に直面したフランクリン・ローズヴェルト大統領であった．彼はニューディール政策によってアメリカの経済を立て直すことに貢献した大統領として知られているが，そのような大統領の姿は，19世紀には考えにくいものだった．ローズヴェルトが，アメリカ政治の

中心としての大統領という，その後の位置づけを固定化するが，それを可能としたのは，大統領による政策形成能力の獲得である．具体的に言えば，大統領は，自前で政策を形成するための政治的資源と，その手段を獲得した．

　まず，政治的資源として，大統領は自らを支える組織を発展させた．よく知られているホワイトハウスがその中心である．現代のアメリカ大統領は，多くの補佐官に支えられて執務を行っているが，実は，大統領が多くのスタッフを抱えるようになったのは，1939年行政組織再編法（Reorganization Act of 1939）の制定以降にすぎない（廣瀬 2010, 3）．ローズヴェルトは，この法律に基づいて，ホワイトハウス事務局を設置した．ホワイトハウス事務局は，秘書のように大統領の執務を助ける人々と，大統領補佐官として政策決定を直接に補佐する人々から構成されており，大統領は自前の政策専門家に支えられるようになった．

　ホワイトハウスを中心とする大統領を支える組織を，「大統領執政府（Executive Office of the President）」と呼ぶが，この組織はローズヴェルト政権以降も成長を続けていったことも指摘しておきたい．1946年には経済諮問会議，1949年に国家安全保障会議，1970年には行政管理予算局といった組織が追加されていく．経済諮問会議と国家安全保障会議は，それぞれ，経済政策と安全保障政策についての大統領の政策形成能力を高めることを目的に設立された．行政管理予算局は，本来は議会に権限がある予算作成について，大統領にも対応する能力を持たせることを目的とするとともに，増大した執政府と行政組織のマネージメントを役割として担っていた（阿部 1984, 71）．大統領は，大統領執政府の発展に伴って，政策形成能力と行政組織の管理能力を得ていく．このどちらについても，19世紀には議会が中心的な役割を果たしていた．

　ローズヴェルト大統領は，政治的資源を政策に転化させるための手段も獲得した．大統領は1930年代に行政命令によって，議会に与えられた裁量の範囲内で，具体的な法執行の方法を行政組織に頻繁に伝達するようになり，1940年代になると行政協定によって他国との取り決めを結ぶようになった（Howell 2003, 84; Krutz & Peake 2009, 42）．加えて，大統領は立法そのものにも，介入しようと試みた．ローズヴェルト大統領のラジオによる炉辺談話は広く知られているが，これは，大統領が自らのアジェンダを国民に語りかけ，議会における立

法に影響を及ぼそうという行為であった．世論からの支持調達は，成功した場合には，議会に対して，大統領の望む政策を実現させるための大きな圧力となる．このように大統領が国民に訴えるという姿は，今では当然のものとされるが，19世紀には，デマゴーグであるとして批判されるものであった（Kernell 1997, 2; Tulis 1987, 27）．

ここまで述べてきたように，19世紀から20世紀にかけてアメリカ政治における大統領の位置づけは変化してきた．阿部斉によれば，19世紀においては議会が多数者の利益を代表しており，大統領は多数者による専政を防ぐよう動くことが期待されていたが，20世紀においては，議会が少数者の利益を代表するようになり，大統領が国民の代表として動くことを期待されるようになったという（阿部1984, 100）．このときに，大統領は，新たな問題に対処するために，ホワイトハウスに自らを支えるスタッフを抱えるようになり，行政組織に対する監督を強めるようになる．ここに，序論で述べたような「大統領中心の政治」が成立する．そこで作動する大統領制のあり方を最初に指摘したのが，リチャード・E．ニュースタットであり，大統領研究者はそれを，「現代的大統領制（modern presidency）」と呼んできた（Neustadt 1960, 1990; Pfiffner 2005）．

3.「現代的大統領制」の終わりと署名時声明

大統領が政治において中心的な役割を果たすことを期待される「現代的大統領制」は，議会の協力が必要不可欠な条件であった．例えば，「現代的大統領制」の特徴とされる行政命令は，議会による授権を必要としていた．ところが，大統領が政治の先頭に立ち，その背後で，議会が一丸となって大統領を支えるという構図は，1970年代末には成立しなくなる．その時代には，序論でも述べたように，民主党と共和党が，それぞれリベラルと保守とに整序されるイデオロギー的分極化が進展したためである．

イデオロギー的分極化の進展によって，大統領は困難にぶつかる．大統領の所属政党と上下両院の多数党が一致する統一政府においても，議会内では激しい党派対立が生じ，すみやかな立法は困難になる．大統領の所属政党と上院と下院のどちらかでも多数党が一致しない分割政府であれば，議会は大統領に大きな裁量を授権しようとはしない（Epstein & O'Halloran 1999）．すなわち，「現代

的大統領制」における大統領を支えていた議会の協力が得られない状況に，大統領は追い込まれたのである．

　他方で，大統領には，政治において中心的な役割を果たすべきだという人々の期待がのしかかる．議会の協力を得ることができない大統領は，議会による授権を前提とする「ユニラテラルな道具」ではないものに頼らざるを得ない．大統領によって署名時声明が頻繁に用いられるようになる時期と，イデオロギー的分極化の進展した時期が重なっているのは偶然ではない．署名時声明は，「現代的大統領制」の終わりに登場しているのである．そこで，ここでは，先行研究を頼りに署名時声明の特徴を整理することで，「現代的大統領制」の枠組みから，大統領が一歩を踏み出したことを明らかにする．

　ここではまず，署名時声明の歴史的傾向を確かめる．「現代的大統領制」を支える条件が失われるのと同じ時期に，署名時声明が用いられるようになるのを確認するためである．次に，署名時声明の効果を明らかにする．署名時声明が議会の意図に反するような効果を持つことを確認するためである．最後に，大統領がどのような場合に署名時声明を用いるのかを確かめる．署名時声明が，議会との協力を得られない場合に用いられるのであれば，「現代的大統領制」とは整合的ではないということになる．

　署名時声明の歴史的傾向については，先行研究に蓄積がある．先ほど，署名時声明は，「現代的大統領制」の終わりに登場したと述べたが，法案署名時に大統領が見解を文書の形で残すことは，それより前にもあった．歴史上，最初に大統領が制定法に対する見解を文書の形で残したのは，アンドリュー・ジャクソン大統領であったという．彼は，1830年に，デトロイトからシカゴへと通じる道路の建設費用を定めた予算法に対して，建設予定の道路がミシガン州の領域を越えるべきではないと宣言し，建設を拒んだとされる．下院は，ジャクソンのこの行為を，予算法の一部についての拒否権に相当し，憲法はそのような拒否権を大統領に認めていないと批判した（Halstead 2007, 2）．

　そのような文書が次に歴史に現れるのは，1842年にジョン・タイラー大統領によって，選挙区割を定める法律に付与されたときであった．タイラーは制定法の内容に違憲の疑いがあると述べ，これに対し，下院の特別委員会は，タイラーが制定法の違憲性を指摘する文書を残したことを，「公的な記録の損耗

である」と批判した (Halstead 2007, 2).

19世紀の大統領は，上述のようなわずかな事例を除いて，制定法について，自らの解釈を文書にして残していない．ジャクソンやタイラーの例は，あくまでも例外であった．この傾向に変化が見られるようになるのは，20世紀のフランクリン・ローズヴェルト政権においてであった．ローズヴェルト大統領は，法案に署名する際に，その法案の意義や，法案成立に尽力した議員へのねぎらいの言葉を，文書として公表するようになった．本書の分類でいえば，修辞的署名時声明の登場である．先行研究では，さらなる署名時声明の変化が，1980年代のレーガン政権において生じたとされている．先行研究は，レーガン以降の大統領は，法案への署名に際して，条文の独自の解釈や，条文の一部が違憲であるという主張を，文書として公にするようになったと論じている (Popkin 1991, 702; Kelley 2002, 44; Halstead 2007, 2-3)．本書の分類でいえば，実質的署名時声明である．先行研究は，そのような署名時声明が，レーガン政権以降用いられるようになったと考えているが，図1において確認したように，実質的署名時声明は，レーガン政権ではなく，カーター政権から増加している．議会におけるイデオロギー的分極化の進展は1970年代後半から生じたため，「現代的大統領制」の条件の喪失と，大統領が署名時声明を用いるようになった時期が重なることが確認できる．

次に，署名時声明の効果はどのようなものだろうか．これについては，法学の分野で研究が蓄積されている．法学者たちの中心的な問いは，大統領は署名時声明を用いるべきなのか，裁判所は署名時声明を解釈の指針にするべきなのかというものであり，規範論的な色合いを帯びているが，これらの研究は，署名時声明に実質的な効果があることを明示している．

署名時声明について，法学者たちの認める第一の効果は，制定法の実質的な内容を変更するというものである．この効果は，「大統領は署名時声明を用いるべきか」について対立している議論の中に見いだすことができる．例えば，署名時声明を用いるべきだと考える法学者の一人として，スティーヴン・カラブレシ[3]がいる．彼は，大統領が署名時声明において，制定法の一部につい

---

3) カラブレシは第4章で論じるレーガン政権における署名時声明の転用において，重要

て違憲無効を主張し，条文の執行を差し止めることで，制定法全体が違憲状態に陥ることを回避しているのだと言う (Calabresi & Lev 2006, 4). カラブレシの主張は，署名時声明には，違憲な制定法から合憲な制定法へと立法の内容を変更する力があることを示している．一方，大統領は署名時声明を用いるべきではないと考える法学者も，やはり署名時声明には法の内実を変更する力があると認めている．そうであるからこそ，彼らは，大統領による法の一方的変更に対して，議会にそれを覆す機会が与えられていないことを問題視する[4]．大統領が署名時声明を用いるべきかは，現在でも争われているが，本書の関心からすれば，どちらの陣営の法学者も，署名時声明が法律の内実を変更する効果を認めていることを確認できれば十分である．

　法学者たちが認める署名時声明の第二の効果は，裁判所の解釈に影響を与えるというものである．ここでも法学者たちは，裁判所は署名時声明を法解釈の指針とするべきかについて対立しているが，これまでに署名時声明が重要な指針となった判決があることについては，意見が一致している (Leddy 2007, 872-873). クリスティ・キャロルによれば，1986年から1997年までの期間に42の連邦裁判所の判例において大統領の署名時声明が引用されており，少なくとも9の判例において，署名時声明が条文解釈の際の根拠として用いられている．裁判所は署名時声明の法解釈に頼るべきではないと考える法学者たちは，これらの判決を例外的なものだと主張するのに対して，キャロルは，裁判所が大統領の法解釈を指針とする際には，一定の基準があると主張する．その基準とは，行政組織が制定法の執行にあたり，大統領の署名時声明を，条文解釈のための根拠として用いており，署名時声明の解釈が行政組織の専門性によって保証されていることである (Carroll 1997, 518-521). いずれにせよ，どちらの立場の法学者も，これまでに裁判所が署名時声明を判決の指針にしたことがあるという事実については合意している．

　法学者たちが指摘する署名時声明の第三の効果は，行政組織に対する効果で

　　な役割を果たす法律家である．
4) American Bar Association, "Task Force on Presidential Signing Statements and the Separation of Powers Doctrine." (http://www.abanet.org/op/signingstatements/aba_final_signing_statements_recommendation-report_7-24-06.pdf)

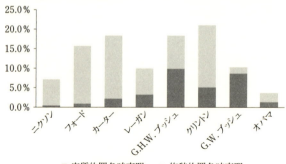

図2 それぞれの政権において付与された署名時声明の割合（1969-2014）

出典：American Presidency Project より著者作成．

ある．カーティス・ブラッドリーとエリック・ポズナーによれば，署名時声明は，行政組織に対して大統領の法解釈を伝達し，具体的な法執行の方法を定めるという機能を持っており，行政組織の長たる大統領は，憲法上そのような権限を与えられている．この効果については，法学者の間には論争はなく，ポズナーらによれば，署名時声明には，行政組織を統制する行政命令と同じ効果がある（Bradley & Posner 2006, 361-362）．

最後に，大統領はどのような場合に署名時声明を用いるのだろうか．先行研究では，立法が重要である場合と，分割政府である場合に，大統領は署名時声明を用いる傾向にあることが示されている．図2は，ニクソン政権からオバマ政権にかけて成立した全ての立法を総数として，署名時声明が付与されたものの割合を示しており，図3は，同時期の全ての重要立法を総数として，署名時声明が付与されたものの割合を示している[5]．

---

5) どの法律を重要な立法と見なすかという基準については，Policy Agendas Project（http://www.policyagendas.org/）が提供している Most Important Laws の基準を用いた．この基準は，Berry（2009）が採用している方法に倣ったものである．Appendix B において詳述するが，連邦議会の年鑑である *Congressional Quarterly Almanac* において，それぞれの法案が，どれだけの行数で取り上げられているのかという観点から法案の重要性を判断するという基準である．Policy Agendas Project の Congressional Quarterly Almanac Data Set は，立法についての行数データを2010年まで提供してい

図3 それぞれの政権において重要立法に対して付与された署名時声明の割合（1969-2010）

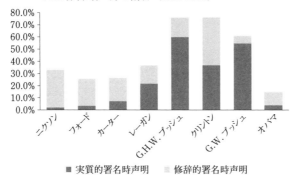

出典：American Presidency Project, Policy Agendas Project の Public Laws Data Set, Congressional Quarterly Almanac Data Set より著者作成.

これらの図を見比べてわかるように，署名時声明は重要な立法に対して，より高い頻度で付与される傾向にあり，その傾向はオバマ政権を除いて，近年になるにつれて高くなっていることがわかる．つまり，署名時声明による内容の変更は，些細な法律に対して行われるのではなくて，重要度が高い法律に対して行われるのである．

大統領が署名時声明を用いる傾向は，立法の内容以外にも影響を受けることが，先行研究によって示されている．「大統領はどのような条件の下で署名時声明を付与するのか」という問いは，アメリカにおける署名時声明研究の中心的な問いとして追究されてきた．なぜ研究者がこの問いに注力してきたのかについては，次節で詳しく述べることとして，ここでは，代表的な成果として，クリストファー・ケリーとブライアン・マーシャルの研究を見ることにしたい．

彼らは，統計的な手法によって，初めて包括的に署名時声明を分析し，大統領が分割政府の状況において署名時声明を多用してきたことを示した（Kelley & Marshall 2008）．ケリーとマーシャルの分析は，統計分析の段階において，修辞的署名時声明と憲法的署名時声明を分類しなかったという問題点を持っていたが，マイケル・ベリーがその問題を修正した．ベリーの分析結果も同様であ

るため，図3についても2010年までとしている．

り，署名時声明を二種類に分類した場合でも，分割政府であるという条件が，実質的署名時声明が付与される可能性を上昇させることを示した (Berry 2009)．ケリーやベリーは，署名時声明が議会と対立的な状況で使われる道具であることから，行政命令と同じく「ユニラテラルな道具」だと主張した．

　しかし，彼らの主張には，大きな混乱があると言わざるを得ない．これまでに述べてきたように，行政命令は議会が制定した法律の認める裁量の範囲内での，具体的な法執行手段について定めるものであり，あくまでも，議会による授権が前提となる．行政命令研究の第一人者のウィリアム・ハウエルによれば，大統領は行政命令を，分割政府の場合よりも，統一政府の下で多く用いる傾向がある．行政命令の背後には，議会との協同があることがよく分かる．統一政府の場合，議会の多数党は，大統領に裁量を与えたとしても，大統領が議会の意図から踏み出すようなことはしないと考えて立法し，大統領は大きな裁量を前にして，具体的な法執行方法の決定を，行政命令で行う (Howell 2003, 27)．ハウエルはこのような道具を，大統領の「ユニラテラルな道具」と呼んでいるが，ここで言う「ユニラテラル」とは，大統領が議会の許した裁量の範囲内で行動する場合には，議会の姿が見えなくなっているということを意味しているに過ぎない．

　さて，ケリーらの分析結果に戻れば，彼らは，大統領が署名時声明を分割政府状況に用いる傾向を発見している．ハウエルが行政命令の研究で示した傾向とは逆の傾向である．署名時声明も，議会による立法が先行するという点では，行政命令と同様であるが，行政命令の場合，大統領は議会の意図に沿って権限を行使するのに対して，署名時声明の場合，大統領は議会の制定した法律の内容を一方的に変更するのである．

　署名時声明と行政命令は，大統領の行動が議会の意図に沿うかどうかという点で異なっており，大統領が用いる条件も異なっている．さらに，ケリーらが示した傾向は，署名時声明が，「現代的大統領制」に特徴的な「ユニラテラルな道具」とは異なった道具であることを示しているが，彼らは，それでも署名時声明を「ユニラテラルな道具」の一つに数え上げる．

　ここまで，署名時声明が「現代的大統領制」とは整合的ではない道具であることを，先行研究を頼りに，その歴史的傾向と効果，大統領が用いる条件につ

いて整理してきた．署名時声明は，「現代的大統領制」を支えていた議会において，イデオロギー的分極化が進展する時期に用いられるようになった．署名時声明の効果は，議会の制定した法律の条文を一方的に変更するというものであった．また，署名時声明は，行政命令とは異なり，議会の協力が得にくい分割政府において用いられる傾向があった．にもかかわらず，先行研究は，署名時声明をあくまでも「現代的大統領制」の枠組みの中で理解しようとしていたのである．このような誤解が生じる理由は，これまでのアメリカ大統領研究の知的伝統の強さにある．

第2節 「現代的大統領制」を超えて

1.「現代的大統領制」の呪縛

　なぜ，これまでのアメリカ大統領研究は，署名時声明を「ユニラテラルな道具」だと見なしてきたのだろうか．そこには，アメリカ大統領研究特有の問題がある．この問題を指摘することによって，署名時声明の分析が，単に，署名時声明についての理解を深めるだけでなく，アメリカ大統領研究全体にとって意味を持つことを示したい．アメリカ大統領研究に特有の問題とは，20世紀初頭に登場した「現代的大統領制」を暗黙の前提として研究が進められてきたということに尽きる．もちろん，「現代的大統領制」が成立した状況が持続する限りにおいては，そのような視点から研究を進めることには合理性がある．しかしながら，「現代的大統領制」の条件となる，大統領と議会との協力関係の維持が，イデオロギー的分極化の進展によって難しくなっている現在においてなお，過去と同様の分析枠組みを用いれば，当然，現在生じている現象を理解することはできなくなる．

　本節では，アメリカで蓄積されてきた大統領研究を，大統領による政策変更を対象とする研究と，大統領制の変容を扱う研究に分類する．その上で，どちらの研究も，大統領と議会の協力関係を暗黙の前提としてきたために，署名時声明のような，大統領による単独での政策変更の動きを捉えることができなかったことを示したい[6]．

2. 大統領の影響力と「現代的大統領制」

先ほど挙げた二つの研究の潮流のうち，現在のアメリカ政治学における大統領研究で中心となっているのは，大統領による政策変更を分析の対象とするものであり，「大統領はどれほど自らの政治的アジェンダを実現できるのか」が問われてきた．このような問いを大統領研究の中心に位置づけたのは，リチャード・ニュースタットであった．彼は，アメリカ大統領研究を，法学的な制度研究[7] から，アクターの影響力の分析へと転換した[8]．

ニュースタットは，全ての大統領に等しく与えられている憲法に由来する権力を「フォーマルな権力（formal power）」と呼び，それぞれの大統領の政治的資源と技術に由来する権力を「インフォーマルな権力（informal power）」と呼んだ．彼の研究は，「それぞれの大統領が同じ権力を憲法によって与えられているにもかかわらず，なぜ，政策を実現できる大統領と実現できない大統領に分かれるのか」を問うものであり，彼の答えは，ワシントン政界における大統領の評判ならびに世論からの支持という政治的資源と，それを使いこなす

---

6) 日本におけるアメリカ大統領の研究は，建国期研究の中に，もっとも重厚なものを見つけることができる．そこでの中心的課題は，建国期のアメリカにおいて，大統領制がどのように設計されたのかを明らかにすることにあった（斎藤 1975, 1988, 1994, 1995c）．現代の大統領制について論じる研究も，日本にはもちろん豊富に存在している．しかしながら，それらの研究は，アメリカで蓄積された知見を出発点にしており，他の部局をいかにリードするのかという視点から，議論が組み立てられている（阿部 1984; 宇佐美 1988; 飯沼 1988; 五十嵐 1992; 砂田 2004）．すなわち，大統領と議会との協調関係が弱体化している現代における大統領制については，日本においてもアメリカと同様に，議論の蓄積がなされていないというのが現状である．なお，近年のアメリカ大統領研究を概観するものとして鹿毛（2008）がある．

7) 1950 年代まで，大統領研究は法制度研究であった．当時の第一人者であったエドワード・コーウィンによれば，合衆国憲法では執政権は「内容の不確かな用語」であり，大統領研究の主眼は，執政権の内容を確定し，権限の範囲内だと認められる大統領の行動をリストアップすることにあった（Corwin 1957, 307）．

8) ニュースタットは 1960 年に *Presidential Power: The Politics of Leadership* を発表した（Neustadt 1960）．現在広く読まれているのは，*Presidential Power and the Modern Presidents: The Politics of Leadership from Roosevelt to Reagan* という 1990 年に出版された改訂版であり，本書でも改訂版を参照している（Neustadt 1990）．

政治的技術が大統領によって異なるからだ，というものであった（Neustadt 1990, 50）．

　ニュースタットは，「インフォーマルな権力」によって他者を説得する力こそ，政治的リーダーシップであり，「他者の説得によって自らの政策を実現する大統領」というイメージを作り上げた．ニュースタットの大統領像は，「大きな政府」の時代に描かれたものであり，そこでは，先頭に立つ大統領を議会が支え，「現代的大統領制」が機能していた．それゆえに，大統領がいかに議会を説得してリードするのかが，重要であった（Neustadt 1990, 29-30）．

　ニュースタットは，大統領が自身の権力で何をなすのかに関心を払っていた．彼は，合衆国憲法が定める大統領の権限とは何かを追究していた大統領研究に，「合衆国憲法という一定の制度の中で，大統領がどのような条件において，どれほどの影響力を持つのか」という視点を導入した．すなわち，制度を外在的存在として捉え，不変の制度の中における，アクターとしての大統領の影響力へと，研究の視座を転換したのである．この転換は，当時のアメリカ政治学において進行していた行動論革命と歩調を同じくし，その後のアメリカ大統領研究の基本的なフレームワークとしての地位を占めることになった（Hargrove 2001; Skowronek 2009b）．

　ニュースタットの設定したフレームワークの中で，1960年代以降の研究者たちは，「インフォーマルな権力」のリソースとしての大統領の資質とは何かという問題と，「インフォーマルな権力」は立法にどれほどの影響力を持つのかという問題に取り組むようになった．彼らは，個人としての大統領を観察の単位とした場合には，観察数の少なさから一般化は不可能であると考え，どの大統領にも繰り返され，なおかつ観察が容易な行動を，分析の対象として選んだ．すなわち，法案に対する大統領の立場表明や，拒否権の行使などであり，大統領研究は立法過程を対象にして進んでいった[9]．

---

9) 法学的な制度研究からの転換の際に，一時的に影響力を持ち，その後，衰退していったものとして，心理学的手法がある．その第一人者はフレッド・グリーンスタインであるが，彼は，政治家の個性と政治的技術の間には密接な関係があると主張する．現在の大統領研究においては，心理学的アプローチはほとんど使われないが，新たな大統領が就任する毎に，どのような政治家であるのかという関心から，個人についての研究がな

このアプローチは大きな成功を収め，その結果として，矛盾するようにも思えるが，大統領研究の魅力は失われていく．大統領が立法に対して影響力を持てるのは，議会をはじめとする大統領を取り巻く政治状況が大統領にとって有利なときである，という知見が蓄積されていくためである．

1980年代には，大統領の影響力を一般化して叙述しようと試みた研究者たちが，「大統領の立法成功率（presidential success rate）」という指標を作り出した．これは，大統領が立場を表明した全法案中，大統領の希望通りの結果に至った法案の割合を示す指標である．大統領の政治的資源や政治的技術を独立変数，「大統領の立法成功率」を従属変数として，重回帰分析を行うというのが，この時代の主流の方法であった（Edwards 1989; Peterson 1990）．そこで得られた知見は主に，大統領の政治的技術[10]は政策実現には重要ではなく，むしろ議会内の議席配分などの，大統領が関与できない所与の政治的条件の方が重要であるというものであった．

1990年代になると，大統領と議会との関係を探る手法として，ゲーム理論を取り入れる研究が登場した．キース・クリーブルとチャールズ・キャメロンが重要な成果を上げている．彼らはそれぞれ，大統領と議会との交渉に着目し，どのような条件で法案が成立するのかを探った．彼らはともに，大統領を拒否権を行使するアクターとしてゲームの中に取り込み，議会が大統領による拒否権の発動を考慮に入れて動くために，結果として成立する法律が，大統領の選好に近づくことを示した（Krehbiel 1998; Cameron 2000）．特にキャメロンは，立法結果を大統領の選好に近づける力こそが，ニュースタットの指摘した大統領の「インフォーマルな権力」であると主張した．ただし，ここで忘れてはならないのは，議会における選好分布が，大統領の選好の実現の鍵を握っているということである[11]．

  される．例えば，ジョージ・W. ブッシュ大統領についてはGreenstein（2003），オバマ大統領についてはGreenstein（2009）といった研究がある．
10) 大統領の政治的技術とは何かについて，たとえば，デイヴィッド・メイヒューは「政策の優先順位をつける力，政策を提案する力，議会を説得し交渉する力，世論を動かす力」だと論じている（Mayhew 1991, 113）．
11) ゲーム理論を用いた研究は，今日ではさらに進んでいる．クリーブルやキャメロンが，

1980年代から1990年代に蓄積された大統領研究は，大統領は一定の制度の下で，どのような条件があれば，リーダーシップを発揮することができるのかを追究してきた．分析対象からは，大統領の個性といった一般化不可能な要素は取り除かれていた．その結果，大統領の影響力を左右する要因として，政治的条件の重要性が突出することになった．ここでいう政治的条件とは，議会内の議席配分や，議員の政策選好の分布の様態である．当然，この結果は，ニュースタットの示した枠組みと整合的である．制度が一定で，大統領の個性を問わないのであれば，議会構成こそが，変動する要素ということになる．

立法過程における大統領の影響力を追究した研究は，「現代的大統領制」において，大統領がどのような場合に他者をリードできるのかという条件を詳しく示してきた．忘れてはならないのは，「現代的大統領制」が，連邦政府として「大きな政府」を指向した時代に成立したという点である．イデオロギー的分極化の進展する1980年代以降，大統領研究には，どこか現実に即していないのではないかという違和感がつきまとっていた．

このようなニュースタットの枠組みからの脱却を目指したのが，ハウエルによる行政命令の研究である．彼は，大統領研究が立法過程の研究に集中していることを問題であると考え，行政組織を通じた政策変更に注目する必要性を説いた．ハウエルは，行政命令の特徴として，大統領が議会による授権に基づいて現状を変更し，議会と裁判所は事後的に大統領の行動に反応する点を挙げ，このような権力を「ユニラテラルな権力」と定義した（Howell 2003）．この点で，彼は従来の大統領研究から一歩踏み出したのだが，設定した問いは，大統領はどのような条件の下で行政命令を用いるのかというものであり，分析の結果は，大統領の行政命令による政策変更は，立法過程における大統領の影響力と同様に，議会構成に左右されるというものだった．なぜ，それ以前と同様の問いを立てたかといえば，ハウエルの言う「ユニラテラルな権力」とは，事前に議会から授権された範囲内で大統領が行動した場合には，大統領の決定の後にも議

大統領の立法に対する影響力を明らかにするために構築したゲームでは，大統領と議会の選好のみが考慮されていたが，ブランダイス・ケインズ-ローンは，ここに，世論の選好を加えている．この研究では，大統領の選好が世論と近いほど，議会は大統領の選好に接近するように立法を行うことが明らかにされた（Canes-Wrone 2006）．

会の姿が見えることはないという意味で，あたかも大統領には単独での政策変更能力があるように見える場合がある，ということを意味しているに過ぎないのであり，やはり議会との協同が前提となっているためである．その点では，やはりハウエルの行政命令研究も，「現代的大統領制」の枠組みの中に位置づけることができる．

　前節で述べたように，このようなハウエルの研究成果に基づいて，署名時声明を分析したのが，ケリーとマーシャルであった（Kelley & Marshall 2008, 2009）．彼らは，署名時声明が行政命令と同じ「ユニラテラルな道具」であるという前提から出発し，統計分析を行った．繰り返しになるが，彼らの分析結果は，大統領が議会の協力を得られない場合に署名時声明を用いる傾向にあり，行政命令とは異なる特徴を持つことを示した．それにもかかわらず，彼らは署名時声明を「ユニラテラルな道具」として位置づけ，ニュースタットの枠組みと整合的だとさえ主張した（Kelley & Marshall 2008, 265）．ここに，アメリカ大統領研究におけるニュースタットのフレームワークの影響力の強さを見てとることができる．

　政策形成に対する大統領の影響力に着目したそれまでの研究に対して，共通する問題点を指摘した研究がある．スティーヴン・スコウロネクは，ここまで紹介してきた研究とは異なり，大統領の影響力を説明するために，統計的手法ではなく，政治史のアプローチを用い，歴史的文脈の重要性を指摘した．彼は，V. O. キーとウォルター・バーナムらの提示した決定的選挙[12]によって区切られている期間を，同一の政治的イデオロギーと政治的利益が優勢を保つ一つの時代だと考える[13]．それぞれの時代には，政治的イデオロギーと政治的利益の台頭期，安定期，衰退期がある．スコウロネクは，それぞれの時期によって

---

12) ある選挙が決定的選挙であるのかどうかの判断は，その前後に巨大な社会的変動が生じているのかどうか，その選挙を境として支配的な政治勢力が交代しているかどうか，さらに，新しい勢力が安定的に政治権力を掌握しつづけるかどうかを基準としてなされる（Key 1955; Burnham 1970）．

13) スコウロネクによれば，決定的選挙によって区切られる時代とは，ジェファソニアンの時代（1800-1828），ジャクソニアンの時代（1828-1860），共和党の時代（1860-1932），ニューディールの時代（1932-1980）である（Skowronek 2011, 21）．

大統領の役割が，政治的イデオロギーと政治的利益を結びつけるコアリションの構築，維持，破壊のいずれかに定まると主張した．彼の主張の要点は，安定期と衰退期の大統領に比べて，台頭期の大統領は，影響力の行使が可能な状況に直面する傾向にあるというものであった．スコウロネクは，大統領の政治的影響力は，その時々の大統領の政治的資源と技術によってのみ左右されるわけではないことを示し，それまでの研究が歴史的文脈を無視している点を指摘した（Skowronek 2011）．

ただし，スコウロネクは，大統領の政治的影響力については大統領が位置する時期によって増減することを示しながら，大統領の権限については単線的に増大してきたとも述べている．スコウロネクの研究は，これから論じる大統領制の変容をも視野に入れていたが，こちらについては，大統領の影響力と時代背景との連関のようなメカニズムは提示されていない．スコウロネクの時代区分では，1932 年にニューディールの時代が始まり，1980 年に終わるとされており，これは「現代的大統領制」の成立していた時期とも一致する．しかしながら，彼は，1980 年以降にどのような大統領制が成立したのかは明らかにしていない（Skowronek 2011, 18, 21）．

3. 大統領制の変容と「現代的大統領制」への挑戦

アメリカにおける大統領研究のもう一つの潮流は，「大統領制がどのように変容してきたのか」という問いに取り組むものである．この研究の潮流は，大統領が自らを支える制度をどのように発展させてきたのかについての記述的な研究（Nathan 1983; Moe 1985; Burke 2000）と，大統領が用いる戦略の歴史的発展についての研究から構築されている（Tulis 1987; Kernell 1997; Mayer 2001; Cooper 2002; Rudalevige 2005）．研究の多くは，「現代的大統領制」の形成と発展を明らかにすることに主眼を置きながらも，その枠組みに挑戦してきた．そのような傾向は，1980 年代以降の研究に強く見られる．

「現代的大統領制」では捉えきれない大統領の姿に着目する研究のうち，大統領を支える制度の発展の研究として，リチャード・ネイサンのものを挙げることができる．ニクソン政権からレーガン政権にかけて，ホワイトハウスには，行政管理予算局や人事局（Office of Personnel Management）が設置された．

ネイサンによれば，ニクソン以降の大統領は，拡充したホワイトハウスの組織によって，行政組織をコントロールし，自らのアジェンダを実現しようと試みたという．彼はこのような大統領制のありかたを「行政的大統領制（administrative presidency）」と呼んでいる（Nathan 1983）．ネイサンが見いだしていたのは，議会との協力によってではなく，行政組織を動かすことによって，政策を実現しようとする大統領の姿である[14]．

大統領の用いる戦略の発展の研究として，サミュエル・カーネルは大統領の世論動員戦略（going public）を指摘している．彼によれば，1980年代以降，大統領が自らのアジェンダを，特にテレビを通じて世論に直接に訴えかけることが多くなったという．記者会見，年頭教書演説，ホワイトハウスでのセレモニーのテレビ中継などである．カーネルは現在の大統領にとって，世論動員戦略はありふれた手段となっているが，これには二つの原因があると言う．一つはメディアの発達であり，もう一つは政党の衰退である．カーネルによれば，大統領は選挙を戦うために政党に頼れなくなり，その結果として，常に世論からの支持を集める必要が生じたのであった．カーネルによれば，世論動員戦略は，議員との交渉によって自らの政策を実現するのではなく，「連邦議員の頭越しに彼らの選挙民に支持を訴え，ワシントンの政治家を無理矢理従わせる戦略」であり，「20世紀前半には知られていなかった」．カーネルは，ニュースタットの描いたような交渉によって目的を実現するという大統領像とは異なった大統領の側面とその危険性を指摘している（Kernell 1997, 2）．

「現代的大統領制」とは整合的ではない大統領の姿を描く研究の中には，大統領の署名時声明を扱う研究も存在する．フィリップ・クーパーは，署名時声明についての事例研究を行っており，議会と大統領の衝突を描いている（Cooper 2002）．行政命令を論じる際には，ニュースタットの枠組みから脱却しようとしつつも，結局は「現代的大統領制」を前提としていたハウエルも，署

---

14) ジョン・バークも，ネイサンと同様に大統領制の発展の歴史を描いている．バークは，大統領制の発展の契機をフランクリン・ローズヴェルトにまで遡り，三つの変化が継続的に生じているという．各省庁から大統領執政府への政策決定権の移動，大統領執政府内における階層構造の構築，大統領執政府における行政組織の代替機能の拡充といった変化である（Burke 2000）．

名時声明については，新しい視点から議論を展開している．彼によれば，大統領は，アメリカ国民からの過大な期待と，憲法による限定された権限との乖離に悩み，権限を追求するという性質を持つ．「現代的大統領制」であれば，その乖離に対応するために，大統領は議会に協力を求めたであろうが，ハウエルが描く大統領は，もはや他の部局に助けを求めず，むしろ，他からの介入を嫌い，独力で政策を変更しようとする．そのための方法の一つが，署名時声明であるとハウエルは言う（Howell & Brent 2013, 49）．このようなハウエルの見方は，ニュースタットの提示した他者を説得する大統領という姿とは異なっている．クーパーとハウエルの研究は，そのような署名時声明の新奇性を指摘している点で重要であり，本書と問題関心を同じくしているが，大統領がそのような新しい道具をなぜ・どのように獲得したのかについては，何も答えておらず，本書が貢献するところになる．

小 括

本書の目的を改めて確認しておけば，「大統領は署名時声明という制度をなぜ・どのように発展させてきたのか」を明らかにすることである．この問いを解くことにどのような意味があるのかを明らかにすることが，本章の課題だった．そこで，本章ではまず，視野を広く取って，アメリカの憲法秩序における大統領の位置づけの変化について論じた．

アメリカ大統領が，政策形成の先頭にたつことを期待されるようになったのは 20 世紀の初めであり，このとき，大統領と議会との協同は前提とされていた．この時代には「現代的大統領制」が成立していたのである．しかしながら，現代の大統領は署名時声明において，議会の意図に反するような法解釈や法執行の方法を宣言する．署名時声明は，議会との協調を前提とする「現代的大統領制」の枠組みからは逸脱しているのである．

そのような署名時声明はこれまで，「現代的大統領制」の枠組みの中で議論されてきた．ニュースタットによって設定された大統領研究のフレームワークに基づいて，どのような場合に大統領が政策形成に影響力を持つのかという問いが繰り返し問われ，議会構成が大統領の影響力を左右するという研究が蓄積

されていった．ここに登場する大統領は，制度の中で行動することが前提とされており，署名時声明のように，「現代的大統領制」の枠組みから外れるような行動を捉えることはできなかった．

そのような中で，大統領制の変容に注目する研究には，大統領による独力の政策変更を目指す動きを捉えるものもあった．そうした研究は，イデオロギー的分極化の進展と呼応するかのように，1980年代から見られるようになる．そのような文脈の中で，署名時声明も取り上げられている．ただし，署名時声明のこれまでの研究は，大統領がなぜ・どのように署名時声明を発展させてきたのかについては，明らかにしていない．

次章以降では，カーター政権以降のそれぞれの政権について，署名時声明がどのような道具として使われ，どのように正当化されていたのかを，政権内部の資料から明らかにしていく．第2章以降の叙述の中心は，どのように，という問いを解くための，記述的なものとなる．ただし，何が起きていたのかをただ記述するだけが目的ではなく，なぜ大統領が特定の方法で署名時声明を用いることを必要とし，なぜ大統領は署名時声明を用いることができたのか，という説明も同時に試みる．この作業を，各政権を通して行うことによって，署名時声明という制度の変遷に一定のパターンが見いだせる可能性がある．そのようなパターンとして，大統領は他の部局との協力が困難な場合に，政権内部の法律家に頼り，既存の制度を使い勝手のよい形に変えることを正当化する理論を準備させ，実際に制度を変更する，というものが考えられる．

そのようなパターンがもし発見できれば，署名時声明についての本書の分析は，既存の三権分立制の形を変えるような，新しい大統領制のあり方が，どのように生まれるのかを明らかにすることにつながるはずである．このような問題関心から，次章以降では，現代の大統領が署名時声明をどのように用い，正当化してきたのかを明らかにしていく．

第 2 章　カーター政権による署名時声明の転用

　本書の目的は，現代のアメリカ大統領が，議会との協調関係の構築の困難さゆえに，独力での政策変更に迫られており，既存の三権分立制の枠内から逸脱しつつあることを，署名時声明の発展に焦点を当てて示すことにある．そのために，本章以降では，大統領が署名時声明という制度を，非協力的な議会を前にして，どのように変化させてきたのかを明らかにする．

　本章の中心的な主張は，署名時声明に生じた最初の制度転用を，カーター政権に見いだすことができるというものである．制度転用とは，制度が当初の目的とは異なった目的に用いられるようになることを意味している．本章の議論を先回りすれば，カーター政権は，従来は大統領の立場の表明や，法案作成に関係した議員や利益団体へのねぎらいの言葉を伝えることを目的としていた署名時声明を，法案の内容を一方的に変更するという，実質的な目的のために用いるようになる．このような署名時声明の変容が，カーター政権においてどのように生じていたのかを明らかにすることが，本章の目的である．

　第 1 節では，カーター大統領がどのような時代に大統領に就任したのかを論じる．ここでは，ウォーターゲイト事件を受けて，議会が大統領に対する監視の目を強めるようになったことが明らかになる．第 2 節では，そのような議会に対するカーター大統領の巻き返しについて論じる．そこで用いられるのが，本書が注目する署名時声明である．第 3 節では，カーター大統領による署名時声明が，政権内部の法律家の法律論に支えられていたことを明らかにする．本章では以上の作業を通じて，カーター政権が，署名時声明を，議会に対抗するための道具として用いるようになったことを明らかにする．

第 1 節　「議会の復権」と議会拒否権

1.「議会の復権」とカーター大統領

　カーター大統領が政権に就いたのはどのような時代であっただろうか．その時代の特徴は，ニクソン政権が残した負の遺産であった．リチャード・ニクソンが大統領を務めていた頃，大統領制のあり方が「帝王的大統領制（imperial presidency）」と呼ばれていたことはよく知られている通りである．ヴェトナム戦争の失敗と，ウォーターゲイト事件を受け，議会は大統領の奔放な権力行使を制限する必要に迫られ，大統領権力を抑制するための立法を立て続けに行った．ニクソンの後任を務めたジェラルド・フォード大統領は，議会の攻勢に抵抗することなく，それらの立法を受け入れていった．その結果として，1970年代後半には，「議会の復権（resurgence of Congress）」が起こり，対照的に，「帝王的大統領制」は「危機に瀕した大統領制（imperiled presidency）」に転じたとされた（Sundquist 1981; Schlesinger 2004; Rudalevige 2005, 2006a）．

　カーター大統領は，そのような「危機に瀕した大統領制」の時代に，政権に就いた．これまでの研究では，大統領が議会に積極的に対抗するようになるのは，レーガン政権であったとされ，カーター大統領は議会による大統領権限の抑制を受け入れていたとされる（Rudalevige 2005）．それゆえに，署名時声明の先行研究も，レーガン政権から議論を始めてきた（Kelley 2007a, 2007b; Savage 2007b; Halstead 2008）．

　しかしながら，署名時声明については，カーター政権から積極的な運用がなされている．図 4 は，ニクソン以降の大統領が付与した署名時声明の中でも，具体的な条文の法解釈や，条文の違憲性について大統領が言及している実質的署名時声明の総数を示したものである．ここでは，1 期 4 年のみ務めた大統領と，2 期 8 年務めた大統領を分けていないが，さしあたり，フォードとカーターの間，カーターとレーガンの間に大きな隔たりがあることが確認できる．それでは，カーター大統領はなぜ署名時声明を積極的に用いるようになったのだろうか．次項ではその要因となる，「議会の復権」の時代に蓄積された，議会

図4　各大統領が付与した実質的署名時声明の総数
(1969-2014)

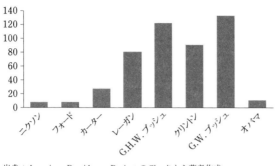

出典：American Presidency Project のデータから著者作成.

による大統領権限の抑制について論じる．

2. 行政特権，戦争権限，恣意的な法執行の抑制

1970年代の「復権する議会」は，大統領権力の抑制のために，様々な立法を成立させた．大統領権力を抑制しようとした1970年代の議会が，署名時声明という大統領の新しい権力行使の手段の遠因を作ったということは，歴史の皮肉であるが，その皮肉な結果がなぜ・どのように生じたのかを，ここでは論じたい．

先ほども述べたように，ウォーターゲイト事件以降の議会は，大統領による権力の濫用を抑制することを目指した．アンドリュー・ルダルヴィッジによれば，「帝王的大統領制」と呼ばれたニクソン政権は，三つの分野において大統領権力を濫用していた．行政特権の濫用，戦争権限の濫用，法執行権限の濫用である（Rudalevige 2005, 102）．ニクソンがどのように権力を濫用したのかについては，ヴェトナム戦争とウォーターゲイト事件という政治的大失敗と結びつけられ，政治学者と法学者が研究を蓄積してきた．

行政特権の濫用については，ニクソンによる行政特権の主張をめぐって争われた連邦最高裁判所判決[1]についての分析を始めとして，特に法学において

---

1) United States v. Nixon, 418 U.S. 683 (1974).

研究が蓄積されている (Fisher 2007a). 戦争権限の濫用に関しては, 1973 年の戦争権限法 (War Powers Resolution) による制限とその失敗について, 研究がなされている (Fisher 2004; Crenson & Ginsberg 2007). 法執行の権限については, 法学において, 大統領が法を執行しなくともよい場合があるのかどうかについて一連の研究がなされてきたものの (May 1994; Barron 2000; Johnsen 2000), 政治学では見落とされてきた.

ニクソン大統領は, 執政府と行政組織に関わるあらゆる情報を, 議会や裁判所に公開することを嫌っていた. 「国民, 裁判所, 議会に対して情報を秘匿しておく行政部の権能」を「行政特権 (executive privilege)」と呼ぶ[2]. ニクソン政権においては, 行政特権によって秘匿できる情報の範囲には, 軍事機密, 外交機密, 秘密裏の情報提供者からの報告書, 執政府と行政組織によって行われた調査の資料, 政府の決定や政策が形成される過程での助言, 勧告, および審議に関する政府内の資料といった情報が含まれていた (猪俣 1984, 92).

1966 年に情報公開法 (Freedom of Information Act of 1966) が制定されていたものの, ニクソンは, どの情報を公開するかについての裁量は, 大統領自身に属すると主張していた. ニクソンは, ウォーターゲイト事件をめぐる, 彼と補佐官たちの会話の録音テープの提出をめぐる裁判[3]において, それらのテープは行政特権によって秘匿できる情報だと主張した. 結局のところ, 連邦最高裁は, 執政府内の会話の秘密を保持する一般的利益と, 録音テープの公開によって得られる利益を比較考量し, ニクソンの主張した行政特権を否定したのであった (猪俣 1984, 97-98; Rudalevige 2005, 106).

1966 年情報公開法が存在していたにもかかわらず, 連邦最高裁がこのような法律構成をとらざるをえなかった理由は, 同法の規定に由来する. この法律は, 大統領に, 行政命令によって, どの情報が国家安全保障上もしくは外交上の機密情報に該当するかを決定する権限を与えると同時に, 裁判所に対しては, ある情報が機密情報として正しく指定されているのかどうかを判断する権限を

---

2) 猪俣弘貴によれば, "executive privilege" という言葉は, アイゼンハワー政権以降に使用されるようになった. この語は, これまでに「大統領特権, 行政特権, 執行権特権など様々」に翻訳されてきた (猪俣 1984, 89).

3) United States v. Nixon, 418 U.S. 683 (1974).

与えていなかった．そこで議会は，1974年情報公開法（Freedom of Information Act of 1974）を定め，司法府が特定の情報について機密指定されるべきかを判断できるようにした[4]．ニクソン政権において問題となった国家安全保障に関わる情報であっても，司法府は審査できるようになったのである（Rudalevige 2005, 107; 宇賀 2004, 36-39）．

議会は，情報公開法を修正するだけでなく，執政府と行政組織に対してさらなる情報の公開を求め，大統領記録法（Presidential Records Act of 1978），政府倫理法（Ethics in Government Act of 1978）を制定した．大統領記録法は，執政府内でやり取りされた全ての文書について保存を命じる法律であり，レーガン政権から適用された．大統領記録法が成立する以前については，ホワイトハウス内で作成された文書は大統領の私有物として考えられており，文書の記録と破棄は大統領の裁量に任されていたのである（廣瀬 2009, 76）．政府倫理法は，大統領を始めとして，議員，政府職員，裁判官などすべての公職者を対象に，「資産の公開義務」，「外部所得及び外部雇用の制限」を規定している（齋藤 2008, 30）．

以上のように，ニクソン大統領は，様々な場面において行政特権を主張し，情報の秘匿を試みたが，ウォーターゲイト事件以降，議会は，情報公開法，大統領記録法，政府倫理法などによって，大統領による行政特権の主張を困難にしていったのである．結果として，フォード大統領とカーター大統領は，行政特権を主張することはほとんどなかった（Rudalevige 2005, 106）．

ヴェトナム戦争の失敗を経験した議会は，大統領単独での軍事的決定を抑制しようとも試みた．1973年に戦争権限法，1978年に外国諜報活動監視法（Foreign Intelligence Surveillance Act of 1978），1980年に諜報活動監査法（Intelligence Oversight Act of 1980）が制定された．

戦争権限法は，二つの規定を備えていた．一つは，大統領は議会の承認なしに60日以上，軍を国外に派遣できないというものであり，もう一つは，議会は大統領の署名を必要としない両院共同決議（concurrent resolution）によっ

---

[4] 1974年情報公開法は，司法府による情報の審査を可能にしたのと同時に，一般の市民にとっても情報公開請求を容易にした．本書で引用しているレーガン政権についての資料の一部は，著者自身による情報公開請求によって開示されたものである．

て，大統領に軍の撤退を強制できるというものであった (Berry 2008, 60).

外国諜報活動監視法は，国内外の諜報活動を規制する法律であり，特に，米国内においてアメリカ市民を対象とする場合には，諜報の開始から72時間以内に裁判所に許可を求めるよう大統領に命じた．この法律は，ニクソン大統領による国内の諜報活動が発覚した後に，議会が不当な諜報活動を防ぐために設けたものであった．諜報活動監査法は，大統領に，諜報活動を議会の情報特別委員会まで報告するよう義務づけた (新田 2003, 60-61).

ニクソン大統領による行政特権と戦争権限の濫用については，広く知られているが，その他にも，ニクソン大統領は目立たない形で，大統領権限を濫用していた．それは，法に関する大統領の不作為であり，ニクソン大統領は，自分の政策目標と異なる法律について，その法律に予算が付されているにもかかわらず執行せずに放置し，いくつもの法を事実上の停止状態に追いやっていたのである．このような大統領の不作為は，法の不執行（non-enforcement）もしくは予算の執行留保（impoundment）と呼ばれている (Rudalevige 2005, 126; May 1994, 1998)[5].

大統領が予算のついている法律を執行しないということは，議会が制定した法律を無意味なものにする行為である．ルダルヴィッジによれば，1973会計年度における裁量的支出の20％が執行留保の対象とされていた (Rudalevige 2006b)．このような執行留保について，ニクソン政権内部で予算についての責任者の立場にあった行政管理予算局長のキャスパー・ワインバーガーは，「予

---

5) クリサンセ・グシスによれば，制定法の合憲性を裁判所において弁護する義務も，大統領の「法を誠実に執行する義務」に含まれている．つまり，制定法の合憲性の弁護を放棄することも，「法の不執行」に相当する．司法省には訟務長官がおり，連邦政府の弁護人として，通常は制定法を弁護する役割を担うが，カーター政権以降には，司法省による弁護の放棄が増加してきた．そこで議会は，司法省が制定法の弁護を放棄した場合には，議会が裁判所において司法省が本来担うべき役割を代理できるように，自前の法律家を用意することにした．1976年に設置された下院法務局（Office of the General Counsel of the House of Representatives）と1978年政府倫理法によって設置された上院法務局（Senate Legal Counsel's Office）がそれである．ウォーターゲイト事件を契機とした立法において，議会は司法省による弁護の放棄に対抗するために，法曹組織を自前で持つに至った (Gussis 1996, 601, 628; Tiefer 1998, 47-49).

算法は，大統領に執行を許可しているのであって，執行を命じているわけではない」と説明している (Fisher 2006, 116)．ニクソン自身も，「予算を執行しないという大統領の憲法上の権利は，明らかである」と述べている (Schlesinger 2004, 239)．ニクソン政権は予算の執行留保によって，政策そのものの凍結を試みていたのである．

　予算の執行留保にあたり，ニクソン大統領は「財政支出が物価上昇や増税に結びつく場合に，大統領が予算の執行を留保することは，明白に大統領の憲法上の権限である」とは述べているものの，具体的に大統領のどのような権限から導き出すことができるのかについては沈黙しており，その権限の根拠は，決して憲法上明白とは言えなかった (Pfiffner 1979, 43)．

　ただし，いかに論拠が不明確であったとはいえ，ニクソンが予算の執行留保を大統領の憲法上の権限だと主張した点は重要であった．ジェイムズ・フィフナーによれば，大統領が予算執行を行わなかった事例は19世紀からいくつか観察できるものの，ニクソン政権以前の事例はどれも，議会との交渉の上に調和的に解決されており，ニクソン大統領のように議会の意図に反するようなことはなかった．ましてや，執行留保が大統領の固有の権限だという主張はなされたことがなかった．予算の執行を停止することによって政策を変更する権限が，大統領の憲法上の権限だという主張は，ニクソン政権によって初めてなされたものであった (Pfiffner 1979, 43)．

　ニクソン政権による予算の執行留保を，民主党のヒューバート・ハンフリー上院議員は，「政策の執行留保 (policy impoundment)」と呼んでおり，議会を通過した法に対する，「完全な拒否権」であると批判した (Rudalevige 2006b, 5)．なぜ「完全」かと言えば，通常，大統領の拒否権が行使された場合には，議会には両院の3分の2の合意による法案の再可決という道が残されているのに対して，法案が成立した上で，大統領が予算を執行しないという場合については，公的な対抗手段が準備されていないためである．

　1971年3月に，上院司法委員会の権力分立小委員会委員長であった民主党のサム・アーヴィン議員は，ニクソンによる予算の執行留保を追及するための3日間の公聴会を開いた．その中でアーヴィンは，憲法は大統領に，どの法を執行するのか選り好みする権限を与えていないと主張し，ニクソンによる執行

留保を批判した（Rudalevige 2005, 126-127）.

　1973 年には，予算の執行留保について，ニクソン大統領は多くの訴訟を起こされていた．ニクソン政権は，予算の不執行を決定した際には，そのような訴訟を予想もしていなかった．訴訟の中には，連邦最高裁にまで登るものもあった．例えば，1972 年連邦水質汚染管理法修正法（Federal Water Pollution Control Amendments of 1972）をめぐる争いである．1972 年に，議会はニクソンによる拒否権を覆して，同法を成立させ，水質改善のために 23 億ドルの予算を付けた．ところが，ニクソンはそのわずか 55％しか執行しなかった．1973 年の末に，この予算の執行留保をめぐる訴訟が起こされ，連邦控訴裁判所は「執政府は，裁量の範囲を踏み越え」，「立法目的を実現不可能にしている」と判示した．この裁判は，1975 年 2 月に連邦最高裁が，控訴審判決を支持した判決6) を下したことによって結審した（Rudalevige 2005, 127）.

　その一方で，議会は連邦最高裁の判決を待たずに，自ら行動を起こしていた．1971 年からニクソンによる予算の執行留保を批判していたアーヴィンが中心となり，議会での議論が盛り上がっていった．アーヴィンは，予算の執行留保が，大統領による事実上の法の修正を意味すると捉え，議会の行動が必要だと考えていた（Rudalevige 2005, 128）．1973 年 1 月の終わりから 2 月にかけて，大統領の執行留保を制限する法案についての公聴会が上院権力分立小委員会で開かれた．この小委員会の委員長であったアーヴィンは，「予算の執行留保という手段によって，法案の一部分についての拒否権を大統領が得ることになる．このような権力を憲法は明確に否定している．大統領は予算を執行しないことによって，立法府を通過した法律を変更し，無効にしている．このような権能は，議会に属すべき立法権そのものである」と述べている7).

　かくして，1974 年に議会予算及び執行留保統制法（Congressional Budget and Impoundment Control Act of 1974，以下「執行留保統制法」）8) が制定さ

---

6) Train v. City of New York, 420 U.S. 35 (1975).
7) Joint Hearings on S. 373 before the Ad Hoc Subcommittee on Impoundment of Funds of the Committee on Government Operations and the Subcommittee on Separation of Powers of the Committee on the Judiciary, United States Senate, 1973, 3.
8) この法律は，予算作成過程の抜本的な変化をもたらしたものとして，広く知られてい

れた．執行留保統制法では，大統領による予算の執行留保を，「繰延（deferral）」と「廃止（rescission）」に分類した．予算の繰延とは，定められた予算の執行を，その予算年度の範囲内で延期するというものであり，予算の廃止とは予算そのものを取り消すことを意味している．大統領は，予算の繰延と廃止のどちらの場合についても，議会にその決定を，特別教書（special message）によって通知するよう義務づけられた[9]．予算の繰延は，大統領の通知に対して，上院と下院のどちらかが不承認の決議を行った場合には，無効とされると定められた．予算の廃止は，議会が大統領からの通知を受け取ってから45日以内に，上下両院が過半数によって承認した場合に，効力を持つと定められた（Rudalevige 2005, 128; Poling 2009, 1-2）．

この法律において大統領は，予算の繰延について，議会による不承認の決定がなされた場合に対抗するための手段を与えられておらず，繰延の申し出が否決された場合には，予算の執行をしなければならなかった．また，予算の廃止の場合，両院による議決が不可欠であるが，大統領は議会に議論や投票を要求する権利を認められてはいなかった．ニクソン政権では，大統領が一方的に予算の執行を留保していたが，執行留保統制法によって，議会は，大統領の恣意的な予算の執行留保を制限し，議会の定めた通りに法を執行するように要求することが可能になったのである（Rudalevige 2005, 128）．

執行留保統制法の定める予算の繰延と廃止のプロセスは，フォード政権から効力を持ち，今日まで継続している．図5は，行政活動検査院の調査による，各大統領による予算の廃止の要求額と，議会によって認可され，廃止となった予算額を示したものである．大統領による要求額と，議会が承認した金額の差が，議会が無効とした大統領の予算の廃止要求額である．この図からは，いず

る．上下両院には，予算委員会（Budget Committee）が設置され，ホワイトハウスの行政管理予算局に対抗するために，議会予算局（Congressional Budget Office）が設置された．この法律によって，議会は予算を作成するための専門スタッフを雇用することが可能になった．同法のもう一つの目的は，法律の名前が示すように，大統領による予算の執行留保を制御することにあった．同法は，予算作成プロセスと，執行留保の制限のどちらに主眼を置くかによって，"Congressional Budget Act" と呼ばれることも，"Impoundment Act" と呼ばれることもある（渡瀬 2005, 6; 渡瀬 2008, 34）．

[9]　2 USC Sec. 684.

図 5 大統領による予算の廃止要求額と議会の承認額
（1974-2001，単位：億ドル）

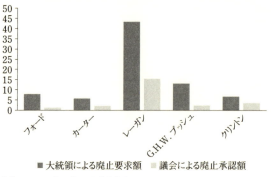

出典：Poling（2009）より著者作成．

れの政権においても，議会が大統領の提案を厳しく吟味していたことが読み取れる．

　執行留保統制法によって，議会は，大統領による予算の不執行を厳しく制限できるようになった．この法律の制定は，1970年代半ばに視点を限定した場合には，「復権する議会」の勝利であったと言える．ここで思い出さなければならないことは，序論でも述べたように，現代の大統領は署名時声明において，法の一部について執行の拒否を宣言しているということである．大統領による予算の執行留保と，署名時声明に基づく法の不執行との間には，共通性をみてとることができる．

　1970年代前半に議員たちが制限したはずの行為を，今日の大統領は継続しているのである．執行留保統制法による議会の勝利は，どこへ行ってしまったのだろうか．大統領は，執行留保統制法によって失ったはずの，恣意的に法律の内容を変更する力を，どのように取り戻したのだろうか．次節で論じるように，実は，執行留保統制法に含まれていた法的な仕掛けの中にこそ，大統領がその力を取り戻すためのきっかけが存在していたのである．

3. 議会拒否権とは何か

　1970年代の議会は，先にも論じたように，様々な立法によって，大統領権力が再び濫用されることのないように縛り付けようと試みた．これらの立法の

図6 各大統領の下で成立した議会拒否権を含む立法の総数（1931-2006）

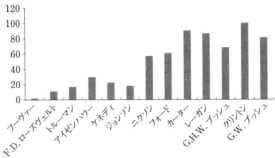

出典：Berry (2008) より著者作成.

成果から，1970年代が「議会の復権」の時代と呼ばれるようになったことは既に指摘したとおりである．ここでは，大統領の戦争権限の抑制を目的とした戦争権限法や，法執行権限の抑制を目的とした執行留保統制法といった，「議会の復権」を象徴する重要な立法には，共通した法的な仕掛けが施されていたという点に焦点を当てる．

戦争権限法では，大統領は派兵から60日以内に，議会の承認を得なければならないと定められていた．執行留保統制法では，大統領は予算の繰延と廃止について議会に通知することが義務づけられ，繰延の場合，議会はどちらか一院が過半数による決議で繰延をやめさせられると定められた．予算の廃止の場合は，大統領が議会に通知して45日以内に両院の過半数によって認可されなければ，効力を持たないと定められた．

これらの法律に共通しているのは，大統領が先に行動を起こし，議会が後から大統領の行動を取り消すことを可能にしているという点である．このような仕掛けは，「議会拒否権（legislative veto）」と呼ばれている（宇賀 2000, 22）[10]．本書では，「議会の復権」にまつわる象徴的な法律を取り上げたが，これから見るように，1970年代の多くの法律にこのような，議会による取り消しを可能にする条文が含まれている．

---

10) "legislative veto" は，"congressional veto" と呼ばれることもある（Berry 2008, 6）.

議会は，1930年代から用いてきた議会拒否権を，ウォーターゲイト事件が起きた1973年を分水嶺として，積極的に運用するようになった．図6は，ハーバート・フーヴァー大統領からジョージ・W. ブッシュ大統領までの各政権について，議会拒否権の条文を含む立法の数の変遷を示したものである[11]．この図は，それぞれの会期に成立した立法の総数の差異を無視しているものの，ニクソン政権期に，議会拒否権を含む法律の数が急増していることを示している．

　バーバラ・クレイグによれば，1930年代から60年代までの議会拒否権の6割は，行政組織の再編成に関連する法律に見られ，2割は外交と国防に関連していた．議会は，ニューディール政策による経済の立て直しの最中であった1939年に，行政組織再編法を成立させ，当時のフランクリン・ローズヴェルト大統領による経済的危機への迅速な対応を可能としたのである．行政組織再編法の重要な点は，立法過程の逆転であった．議会が立法し，大統領が拒否するか否かを決定するという通常の形式を，大統領が先に動き，議会が拒否するか否かを決定するという形に逆転させたのである．この逆転によって，議会は立法のコストを削減することが可能となり，大統領は時間のかかる議会の立法を待たずして，迅速に行政組織の再編成を行えるようになった．クレイグによれば議会拒否権はそもそも，大統領と議会のお互いの利益に適う仕掛けとして登場したのであった（Craig 1983, 29-30）．

　1960年代になると，道路建設などの連邦政府による公共事業を円滑に実施するために，行政組織による迅速な意思決定を可能にする必要に迫られた．その際に，議会は主に行政組織の改組に関する法律に用いられてきた議会拒否権の仕組みを公共事業分野に流用した．議会拒否権の導入によって，行政組織による迅速な政策決定と，その決定に対する議会の監督が両立することになった．クレイグによれば，ここにおいても，議会拒否権は，議会と行政組織の両者にとって有益な仕組みであった（Craig 1983, 29-30）．

---

11) マイケル・ベリーは，1931年から2006年までの全ての立法について，議会拒否権の条文を含んでいるかを調査し，その一覧を公開している（Berry 2008, 313-334）．図6もベリーのデータセットに依拠しているために，2006年までとなっている．図7～図10についても同様である．

図7　議会拒否権を含む立法の総数 (1969-2006)

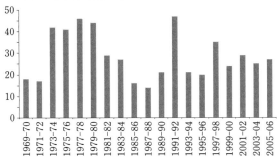

出典：Berry (2008) より著者作成.

図8　議会拒否権を含む重要立法の総数 (1969-2006)

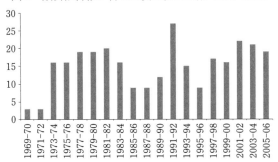

出典：Berry (2008), Policy Agendas Project より著者作成.

　ところが，図6で示したように，ニクソン政権期に，議会拒否権の数は急増している．ここでより分かりやすくするために，期間を1969年から2006年に限定し，議会がいくつの立法に議会拒否権を盛り込んだかを，会期毎に示したものが，図7である．ここで特に注目したいのは，1973年のウォーターゲイト事件を境に，議会が議会拒否権を多用するようになっていることである．このような傾向の変化は，図8が示すように，重要立法に焦点を当てた場合にさらに顕著になる．ベリーによれば，ウォーターゲイト事件を受けて，議会は行政組織による規制政策の形成に介入するようになり，議会拒否権を「帝王的大統領制」に対抗するために用いるようになった (Berry 2008, 66)．

第2節　署名時声明による議会拒否権規定の一方的な読み替え

1. 議会拒否権法案をめぐる対立

1970年代には，「帝王的大統領制」に対する議会の巻き返しが起きており，その一環として，議会は議会拒否権という仕掛けを法律の条文に盛り込むようになっていた．それでは，大統領は，そのような議会の動きに対して，どのように対応したのだろうか．本節では，カーター大統領が議会拒否権に対抗するために，署名時声明を用いるようになった経緯を明らかにする．

フォード大統領とカーター大統領は，自らが第二のニクソンとして見なされないように，様々な行動を自制し，議会の意向に沿うように行動していたと理解されている[12]．ところが，カーター政権は議会拒否権については，それを甘受するのではなく，議会と対立する道を選んだ．なぜ，カーター大統領は議会拒否権に対して立ち上がったのだろうか．

その理由は，カーター大統領が協力してきた議会が，議会拒否権をさらに強化しようとしたことにあった．カーターが政権について2年目を迎えたばかりの1978年2月23日，民主党のエリオット・レヴィタス下院議員は，議会拒否権のさらなる拡充をねらい，議会拒否権法案を提出した[13]．この法案は，議会が執政府と行政組織に権限を委譲する場合には，必ず議会拒否権の条文を盛り込まなければならない，と定めるものであり，議会が常に執政府と行政組織に授権した権限がどのように用いられているのか監視することを目指したものであった．この法案は，下院で200名以上の共同提出者を集めるに至り，上院でも共和党のハリソン・シュミット議員によって同様の法案が提出された（Friedman 2008, 4）．

---

12) 例えば，フォード大統領も，カーター大統領も，議会への情報提供の要求には積極的に応え，行政特権を主張することはほとんどなかった．フォードとカーターは共に，先任者たちが必ず作っていた行政特権についてのガイドラインを設けず，行政特権という言葉そのものの使用も控える方針を持っていた（Rudalevige 2005, 106）．

13) H.R. 11112, 95th Congress.

アメリカの連邦議会における法案審議の過程は，委員会での審議から始まり，本会議での審議と続いていくが，議会拒否権についてのこれらの法案は，上院と下院の本会議で審議される前に廃案となった[14]．これらの法案が廃案となった背景には，カーター政権による積極的なロビイングが存在した．議会の主要な議員がホワイトハウスに招かれ，政権が議会拒否権をどのように考えているのかを伝え，新しい法案についての協議が行われていたのである（Friedman 2008, 4-5; Sundquist 1981, 353）．

1978年6月の段階で，カーター政権は議会拒否権に対する断固とした意思表示を，議会に対して示す必要性を認識するようになっていた．ホワイトハウス国内政策室（Domestic Policy Staff）の法律顧問であったリチャード・M. ニュースタット[15]を中心に，議会拒否権について，どのようなメッセージを伝えるかを検討する会議が行われた．彼らは，議会拒否権についての警告的なメッセージを議会に送るにしても，それを議会に受け入れてもらうためには，事前に議会との協議を必要とするという認識を持っていた[16]．

1978年6月20日に，政権は，議会拒否権法案の推進者であったレヴィタスをホワイトハウスに招き，意見の調整を試みた．政権からは，ホワイトハウス国内政策室首席補佐官であるステュアート・アイゼンスタットが参加した．しかしながら，この会合では，議会拒否権について，両者が合意に至ることはなかった．この会合の決裂によって，カーター政権は，議会との穏和な交渉とい

---

14) 日本の国会で審議される法案は大半が内閣提出法案であり，その内容は与党内で事前に審議される．アメリカでは大統領に法案提出権はなく，全ての法案が議員提出法案となる．委員会での審議は実質的な意味を持ち，ここで廃案となる法案も多い．たとえ委員会審議を通過したとしても，本会議での審議を通過するとは限らない．武田興欣によれば，アメリカ連邦議会に提出された法案のうち，実際に法律になる可能性はわずか5％にすぎないという（武田 2013, 88-89）．

15) リチャード・M. ニュースタットは，第1章で取り上げた大統領研究者のリチャード・E. ニュースタットの息子である（"R. M. Neustadt, 47, A Network Founder," *New York Times*, July 8, 1995）．

16) Memo, Rick Neustadt to Stuart Eizenstat, June 16, 1978, Records of the Domestic Policy Staff, Box 44, Folder: Legislative Veto - Presidential Statement, 6/28/78 (6/6/78-6/29/78), Jimmy Carter Library.

う路線をあきらめ，大統領の立場を一方的に議会に通告するという方針をとることになる[17]．

2. 議会拒否権に関するカーター大統領の教書

カーターは，アイゼンスタットとレヴィタスの会合が物別れに終わった翌日に，議会に対して，議会拒否権に関する大統領の今後の方針を示す教書を送付した[18]．この教書は，ホワイトハウスにおいて議会拒否権についての調整を行っていたニュースタットが起草し，同じくホワイトハウスのアイゼンスタットと，司法省法律顧問室（Office of Legal Counsel）の室長のジョン・ハーモンの確認を受けた後に，カーター自身による修正を受け公表された[19]．カーターの教書の要点は，議会拒否権の否定であった．カーターによれば，議会拒否権は憲法の定める法執行のプロセスから逸脱しているという点で違憲である．カーター大統領は，この教書によって，議会拒否権を焦点として議会との衝突を始めた．

教書の中で，カーターはまず，1970年代後半の議会拒否権の隆盛について批判する．彼によれば，「過去4年間に成立した法律の，少なくとも48の条文に議会拒否権が含まれていた．これは，それ以前の20年間に制定された議会拒否権を含む条文の数よりも多い」．このような「議会拒否権は，これまでにアメリカの歴史において政府が運営されてきた方法から逸脱するもの」であり，「議会拒否権は不必要であり，正当性を欠き，さらに，政権にとっての障害になり，迅速な行政を実現しようと努力する議員にとっても同じく障害となる」と言う[20]．

---

17) Letter, Stuart Eizenstat to the President, June 20, 1978, ibid.; Letter, Rick Hutcheson to Stu Eizenstat, June 21, 1978, ibid.
18) Jimmy Carter, "Message to the Congress on Legislative Vetoes," June 21, 1978, *Public Papers of the Presidents, Jimmy Carter, 1978*, 1146-1149.
19) Memorandum, Rick Neustadt to Henry Geller, June 19, 1978, Records of the Domestic Policy Staff, Box 44, Folder: Legislative Veto - Presidential Statement, 6/28/78 (6/6/78-6/29/78), Jimmy Carter Library; Memorundam, Stuart Eizenstat and Rick Neustadt to the President, ibid.
20) Carter, "Message to the Congress on Legislative Vetoes," 1146.

カーターによれば，議会拒否権には二つの問題があるという．一つは，「大統領の，法を誠実に執行する義務を侵害している」という問題である．議会拒否権によって，「大統領や行政官によってなされた決定がすぐさま効果を持つのではなく，一定の期間，典型的には60日間，議会によって取り消される可能性を持つ．両院，もしくは一院，さらには委員会の過半数の票によって，大統領や行政官の決定は，取り消されるのである」．カーターは，執政府と行政組織による決定が，議会によって覆されるということが，大統領の法を誠実に執行する義務の侵害だと主張した[21]．

もう一つの問題は，議会拒否権が，「実際には立法の効果を持つにもかかわらず，大統領に拒否権を行使する機会を与えていない」という点で，法案に署名するという「憲法第1条第7節に示される大統領の立法上の権限を侵害している」という問題である．この条項は，議会の上下両院を通過した法案が法律として効力をもつためには，大統領へと送付され，署名される必要があるとしており，「送付条項（presentment clause）」と呼ばれる．カーターは，議会が法執行の方法を変更しようとするならば新しい立法が必要となるはずであり，議会拒否権が実質的に新しい立法に相当するために，憲法に定められている立法の要件として，大統領の署名を必要とすると主張したのである[22]．

カーターは，議会拒否権が内包するこれらの問題を指摘した後に，「議会が，議会拒否権の条文を法案に含めないように求める」と述べた．そして，今後，議会拒否権が法案に含まれている場合には，それは「拒否権を行使するか否かの，非常に重要な判断の基準になる」と警告した．同時に，カーターは，当時既に用いられていた「報告・待機（report-and-wait）」規定を議会拒否権の替わりに用いることを強く求めた[23]．

---

21) Ibid., 1147.
22) Ibid.
23) Ibid., 1148-1149. グリフィン・ベル司法長官は，カーターの教書が送付された日の記者会見において，報告・待機規定は，既に議会によって採用されたことがあり，新しいものではないと説明している（Breefing by Griffin B. Bell, Stuart E. Eizenstat and John Harmon, June 21, 1978, Records of the Domestic Policy Staff, Box 44, Folder: Legislative Veto - Presidential Statement, 6/28/78 (6/6/78-6/29/78), Jimmy Carter Library）．

報告・待機規定とは，執政府と行政組織が，今後執行を予定している政策の内容を，執行前に議会へ「報告」し，政策に効力を持たせぬままに，一定の期間「待機」するというものである．この待機期間は，大統領と議会が交渉し，もしも合意が得られない場合には，議会に新たな立法を成立させる猶予を与えるものである．報告・待機規定の場合，議会拒否権と異なり，新たな立法が準備されるために，大統領には拒否権を行使する機会が与えられ，通常の立法プロセスに準拠するものとなる．カーターはこのように報告・待機規定について説明した後に，以下のように述べた．

「既に制定されている立法に含まれる議会拒否権については，執政府は，それらを一律して，『報告・待機』規定として扱う．それらの法に基づいて，たとえ議会が執政府の決定を取り消す決議を採決したとしても，我々はその決定を重視はするものの，我々の憲法解釈に基づいて，法的拘束力を持つとは解釈しない．」[24]

カーターは，教書において，これまでに定められた議会拒否権の規定を，報告・待機規定に読み替えると，一方的に宣言したのであった．もちろんこれは，議会に大きく不利となる読み替えであった．議会拒否権の場合は，両院，一院あるいは委員会の過半数の投票によって，大統領の執行しようとする政策を差し止められるのに対して，報告・待機規定では，大統領の拒否権に対抗するために，上下両院の3分の2の票を固めなければ，大統領の法執行を差し止められなくなるのである．

議会にとって一方的に不利になる議会拒否権の読み替えを，カーター大統領は教書によって通告したが，当然，カーターによる教書は，議会との深刻な対立を引き起こしていく．この対立の中で，カーター大統領は署名時声明を用いるようになる．署名時声明の変容の経緯を追う本書にとっては，非常に重要な瞬間である．

---

24) Carter, "Message to the Congress on Legislative Vetoes," 1149.

3. 署名時声明による議会拒否権への対抗

前項で見たように，カーターは，1978年6月21日に，議会に対して議会拒否権の使用を控えることを求め，議会拒否権の規定を報告・待機規定として読み替えることを宣言する教書を送付した．しかしながら，議会はこの教書を受け取った後も，議会拒否権の規定を法案に盛り込むことを止めなかった．そこでカーターは，新たな立法に含まれる議会拒否権の規定に対して，報告・待機規定に読み替えると，一方的に宣言するようになる．このときに用いられたのが，署名時声明であった．

ここでは，1978年先物取引法（Futures Trading Act of 1978），1978年国際開発支援並びに食料援助法（International Development and Food Assistance Act of 1978）と，1980年海洋保護法（Marine Protection Act of 1980）を取り上げたい．先物取引法と国際開発支援並びに食料援助法は，本書の重要立法のリストにも入っている．

1978年10月2日に，カーターは先物取引法案に署名した．この法律は，1975年に独立行政委員会として設立された先物取引委員会（Commodity Futures Trading Commission）[25] に，先物取引市場について広範な規制をかける権限を与えるものであった（岡田 2010）．カーター政権は，先物取引委員会の権限を強化するという法律の全体の趣旨については賛同していたが，問題は議会拒否権規定だった．同法は，先物取引委員会が先物取引に関して新たな規制を設ける場合には，議会の担当委員会による承認を受けなければならないという条文を含んでいた．

カーターは，署名時声明において，このような「『委員会による承認』という類型は，議会拒否権の類型の内の一つである」と述べ，「議会拒否権の規定については6月21日の教書で宣言したように違憲であると見なしている」と続けた．そこでカーターは，先物取引委員会に対して，「議会拒否権の規定は，担当委員会に新たな規制について報告することを要求しているだけだと解釈す

---

[25] Commodity Futures Trading Commission, History of the CFTC (http://www.cftc.gov/About/HistoryoftheCFTC/index.htm).

べき」であり，同時に，「議会が改めて立法をしない限りは，議会に通知した通りに執行する」と伝えている．この事例では，大統領は先物取引委員会に対し，議会拒否権の規定を報告・待機規定に読み替えて行動するように要求している[26]．

国際開発支援並びに食料援助法は，1979 会計年度において，貧困な国家への経済支援のために，17 億 9400 万ドルの歳出を認めるものであり，1978 年 10 月 6 日にカーターが署名し成立した．カーター政権としては，この法案の目的と設定された予算額について異存はなかった．やはり問題は，法案に議会拒否権の規定が盛り込まれていたことである[27]．国際開発支援並びに食料援助法は，大統領に，国際開発庁の人事制度を改正する際には，その改正案について，議会からの審査を受けるように要求していた[28]．議会は，大統領から改正案が提出されてから 90 日以内に，上院もしくは下院のどちらか一院が不承認の決議をすれば，大統領の提案を取り消すことができるとする条文を含んだ法案を可決した．

この規定に対して，カーターは署名時声明において，自らが議会へと送付した教書を引用しながら，「一院の反対決議による不承認というのは，まさに議会拒否権にあたり，違憲な道具（unconstitutional device）である」と，議会拒否権規定の違憲性を批判した．その後，「国際開発庁は，人事制度改正案を議会に提出してから 90 日後までに，議会が新たな立法を成立させなければ，改正を実施する」と述べ，議会拒否権規定を報告・待機規定に読み替えると宣言した[29]．

---

26) Jimmy Carter, "Futures Trading Act of 1978 Statement on Signing S. 2391 into Law," October 2, 1978, *Public Papers of the Presidents of the United States: Jimmy Carter, 1978*, 1696-1697.

27) Jimmy Carter, "International Development and Food Assistance Act of 1978 Statement on Signing H.R. 12222 into Law," October 6, 1978, ibid., 1721.

28) 国際開発庁は，現在は国務省の下に組み込まれているが，1996 年までは大統領執政府の下に置かれていた（United States Agency for International Development, About USAID, http://www.usaid.gov/about_usaid/）．

29) Carter, "International Development and Food Assistance Act of 1978 Statement on Signing H.R. 12222 into Law," 1721.

これらの二つの事例と同じように，1980年海洋保護法に対する署名時声明においても，カーターは議会拒否権の規定を，一方的に報告・待機規定に読み替えている．同法は，海洋保護のために，商務省に22万5000ドルの支出を許すものであった[30]．また同法は，商務長官が新しい海洋保護区を設定する場合には，その案を議会に提出することを命じており，議会には不承認の両院共同決議によって商務長官の決定を拒否する権限を認めていた (Conley 2011, 23)．この規定も，議会拒否権を定めるものであった．

　カーターは署名時声明において，議会拒否権の行使を，新しい法の制定だと考えており，問題となっている条文について，「新たな法を制定する場合には大統領に提出しなければならないという，憲法第1条第7節が定める送付条項に違反している」と述べた．さらに，「6月21日に議会に送付した教書に従い，この条文を報告・待機規定として扱う．もしも，議会が不承認の両院共同決議を可決した場合には，我々はそれを重要なものだとして受け止めるが，私の憲法解釈では，それは拘束力を持たない」と続けた[31]．

　これらの例からわかるように，カーター大統領は，1978年に議会拒否権の規定を報告・待機規定に読み替えるという教書を議会に送付して以来，その通りに読み替えることを，署名時声明において宣言してきたのである．

　カーター政権における，議会拒否権と署名時声明の関係は，どれだけの立法に議会拒否権が盛り込まれ，そのうち，どれほどに大統領が署名時声明によって対抗していたのかを見ることによって，より明確になる．図9は，ベリーの議会拒否権についてのデータセットと，著者自身が構築した署名時声明についてのデータセットを用いて，ニクソンからジョージ・W. ブッシュまでの各大統領が，全ての立法に対して，どれほどの割合で署名時声明を付与しているのかを，議会拒否権との関係で示したものである (Berry 2008, 313-334)．ここでは，

---

30) Leo H. Carney, "Dumping of Sludge Expected to Go On," *New York Times*, November 2, 1980; Leo H. Carney, "New Concepts are Evolving on Ocean Dumping," *New York Times*, January 11, 1981.

31) Jimmy Carter, "Marine Protection, Research, and Sanctuaries Appropriations Bill Statement on Sinning S. 1140 into Law," August 29, 1980, *Public Papers of the Presidents of the United States: Jimmy Carter, 1980*, 1952.

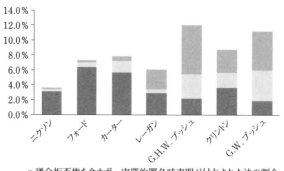

図9　全ての立法における議会拒否権と実質的署名時声明の関係（1969-2006）

■議会拒否権を含まず，実質的署名時声明が付与された法の割合
　議会拒否権を含み，実質的署名時声明が付与された法の割合
■議会拒否権を含み，実質的署名時声明を伴わない法の割合

出典：Berry（2008），著者作成の署名時声明のデータセットより作成．

署名時声明の中でも，大統領が条文解釈を示しているものと，違憲性の指摘をしているものに限っている．本書では，そのような署名時声明を特に，「実質的署名時声明」と呼んでいる．

あらゆる立法は，議会が議会拒否権を盛り込んでいるか否か，大統領が実質的署名時声明を付与したか否かという二つの基準によって，四つに分類できる．すなわち，「議会拒否権を含み，実質的署名時声明が付与された法律」，「議会拒否権を含むが，実質的署名時声明が付与されなかった法律」，「議会拒否権を含まず，実質的署名時声明が付与された法律」，「議会拒否権を含まず，実質的署名時声明も付与されなかった法律」という四分類である．なお，議会拒否権を含まず，実質的署名時声明も付与されなかった法律は図から除外している．

図9からは，カーター政権が，その前後の政権と比べて特異であったことがわかる．すなわち，先の政権と比べた場合，カーター政権では，議会拒否権を含む法律に対して付与された実質的署名時声明の多さが特徴的であり，後の政権と比べた場合には，議会拒否権を含まない法律に対する実質的署名時声明の少なさが目立つ．重要立法に限定すると，図10に示されるように，カーター政権と後続政権の違いはより際立つ．レーガン政権以降，実質的署名時声明が議会拒否権を含まない法律に用いられる傾向が強まるのである．

第2節 署名時声明による議会拒否権規定の一方的な読み替え

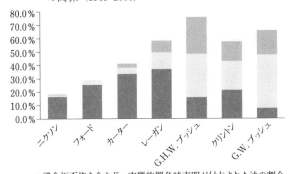

図10 重要立法における議会拒否権と実質的署名時声明の関係（1969-2006）

■ 議会拒否権を含まず，実質的署名時声明が付与された法の割合
■ 議会拒否権を含み，実質的署名時声明が付与された法の割合
■ 議会拒否権を含み，実質的署名時声明を伴わない法の割合

出典：Berry (2008), Policy Agendas Project, 著者作成の署名時声明のデータセットより作成.

　カーター政権ににおける変化を確認しておくと，ニクソン大統領とフォード大統領はともに，8本の法律に対して実質的署名時声明を付与したのに対して，カーター大統領は27本の法律に実質的署名時声明を付与した．カーター大統領による署名時声明の多さが際だつが，その中の19本には議会拒否権規定が含まれていたのである．特に重要なことは，議会拒否権規定を含む法律に対するカーター大統領の署名時声明の多くは，議会拒否権をその対象としていたということである．

　ニクソン政権とフォード政権においては，仮に議会拒否権規定を含む法律に署名時声明が付与される場合であっても，議会拒否権規定を主眼とするものではなかったということを指摘しておきたい．例えば，ニクソン大統領は1970年4月16日に成立した1969年初等・中等教育法修正法（Elementary and Secondary Education Amendments of 1969）に対して，署名時声明を付与している．この法律は，1970会計年度の教育予算の3倍の金額を，1971会計年度に支出するよう定める条文を含んでいたが，ニクソンは非現実的だとして，そのような条文は，あくまでも目標を定めているにすぎないと解釈すると述べており，議会拒否権規定には言及していない[32]．議会拒否権と署名時声明の関係性は，カーター政権に入って変化していたと言えよう．

議会拒否権と署名時声明の密接な関係という，カーター政権期の特徴は，レーガン政権の数字を見ると，一層際だつ．レーガン大統領の場合，81本の法律に実質的署名時声明を付与しているが，そのうち15本のみが議会拒否権を含んでいるに過ぎないのである．カーター政権とレーガン政権の間になぜこのような違いが生じたのかについては，第3章と第4章に譲る．ここでは，両政権には，署名時声明の運用上の差異が見られることが確認できた．実は，両政権の間には，署名時声明の運用の傾向だけでなく，起草過程にも違いが見られる．次項では，レーガン政権における変化を捉えるための準備作業として，カーター政権における署名時声明の起草過程を明らかにする．

4. 署名時声明の未成熟な起草過程

カーター政権における文書としての署名時声明の起草過程は，1979年に公布された行政管理予算局通達A-19（OMB Circular）に定められている．行政管理予算局のそもそもの役割は，名前の示すとおりに予算案を作成することであったが，同局は政権内における政策形成の過程についてのルールも定める．通達A-19では，「各行政組織は，大統領に，署名時声明を付与するように提案できる」と同時に，「行政管理予算局は，各行政組織に対して，署名時声明の草案の作成を求めることもできる」とされ，起草過程には二つの始点が存在していた[33]．第4章において詳しく述べるが，この過程がレーガン政権において整備されることになる．

カーター政権においては，司法省法律顧問室や，ホワイトハウスの大統領法律顧問室（White House Counsel's Office）が，署名時声明の草案作成過程にどのように組み込まれていたのかは不明である．カーター政権では，署名時声明に関係する資料は，基本的にホワイトハウスのスピーチライター室（Speechwriter's Office）が残した文書の中から見つかる[34]．

---

32) Richard Nixon, "Statement on Signing Bill Extending Assistance Programs for Elementary and Secondary Education," April 13, 1970, *Public Papers of the Presidents of the United States: Richard Nixon, 1970,* 352-353.
33) OMB Circular A-19 (http://www.whitehouse.gov/omb/circulars_a019/).
34) 署名時声明の草稿がスピーチライター室の資料として残されているという傾向は，レ

言うまでもなく，スピーチライター室の中心的な業務は，大統領の演説の草稿を準備することである．重要な法案に大統領が署名する際には，しばしば，署名のためのセレモニーが開かれる．大統領はこのようなセレモニーにおいて演説をし，法案を自分の業績としてアピールするだけでなく，議員や利益団体の協力を賞賛し，自らの支持基盤を補強しようとする．スピーチライター室が，署名セレモニーの演説を起草していることは想像に難くないが，同時に，修辞的署名時声明の原文も起草していたことは資料から明らかである[35]．

例えば，カーター大統領は，1977年11月8日に，アラスカから天然ガスを輸送するためのパイプライン建設プロジェクトを定める法案に署名している．この法案への署名に際してセレモニーが催され，カーターはそこで演説をするとともに，修辞的署名時声明を付与した．この日の演説と修辞的署名時声明はどちらも，スピーチライター室が準備していた[36]．1977年12月20日には，社会保障法（Social Security Act of 1977）が成立したが，社会保障法はカーター政権にとって最重要の法律の一つであり，署名のセレモニーはもちろん開催された．このときの演説と，同日に付与された修辞的署名時声明も，スピーチライター室によって用意されていた[37]．

　ーガン政権においては見られないものである．
35) 　第4章において詳しく論じるが，1985年まで，大統領の署名時声明は『制定順法律集』には記載されず，『週刊大統領文書集』と『大統領公文書集』に記載されるのみであった．また，それらの公的記録では，大統領によるセレモニーの演説を"Remarks"として記録し，大統領の署名時声明を"Statement on Signing"もしくは"Signing Statement"と記録している．
36) 　Jimmy Carter, "Alaska Natural Gas Transportation System – Statement on Signing H.J. Res 621 into Law," November 8, 1977, *Public Papers of the Presidents of the United States: Jimmy Carter, 1977*, 1980; Alcan Signing Statement, Folder "11/8/77 – Signing Statement – Alcan/Alaska Natural Gas Transportation System, 11/08/77-/11/08/77," Box 11, Records of Speechwriter's Office, Jimmy Carter Library; Memo, Jim Fallows and Griffin Smith to the President, ibid.
37) 　Jimmy Carter, "Social Security Amendments of 1977, Statement on Signing S. 305 into Law," December 20, 1977, *Public Papers of the Presidents of the United States: Jimmy Carter, 1977*, 2155-2157; Remarks of the President upon Signing H.R. 9346, a Bill to Amend the Social Security Act and the Internal Revenue Code of 1954,

1977年12月13日に成立した地方診療所法（Rural Health Clinic Services Act of 1977）は，地方診療所への援助を厚くするための法律であった．従来は，地方診療所において，看護師などによる医師の資格を持たない医療提供者が，医師の監督を受けないままに治療を行う場合，メディケアとメディケイドからは費用が支払われなかったが，同法は，そのような治療行為にもメディケアとメディケイドからの支出を認めた．地方診療所法に対して，カーター大統領は署名のセレモニーで演説すると共に，修辞的署名時声明の文書も付与した[38]．この修辞的署名時声明の準備はあわただしいものであった．12月5日に，行政管理予算局のジェイムズ・フレイから大統領に，地方診療所法案に署名するよう進言するメモが送られ[39]，12月9日にホワイトハウスのスタッフセクレタリーのリチャード・ハッチソンから，ホワイトハウスのスピーチライター室のジェイムズ・ファローズに，署名時声明を準備するようメモが送られた．そのメモには，「署名のセレモニーが12月13日に予定されている．大統領は，『署名時声明』を必要としている」と書かれていた[40]．メモを受け取ってから4日の間に，ファローズは，少なくとも二度，「署名時声明」の草案を書き直

December 20, 1977, Folder "12/20/77, Signing Statement, Social Security, 12/02/1977-12/02/1977," Box 12, ibid.; Statement by the President, December 20, 1977, ibid. スピーチライター室が起草を担当していた署名時声明として他に，1978年強姦被害者救済法（Rape Victims Act of 1978），1978年補正予算法（Supplemental Appropriations Act of 1978）などがある（Signing Statement – Rape Victim Act of 1978, Folder "10/30/78 – Signing Statement – Rape Victims Act of 1978 (H.R. 4727) CC, 10/30/1978-10/30/1978," Box 36, ibid.; Memo, Achsah Nesmith to Bert Carp, March 6, 1978, Folder "3/7/78 – Signing Statement – Supplemental Appropriations Act (H.R. 9375), 03/07/1978-03/07/1978," Box 19, ibid.).

38) Jimmy Carter, "Rural Health Clinic Services Bill Statement on Signing H.R. 8422 into Law," December 13, 1977, *Public Papers of the Presidents of the United States: Jimmy Carter, 1977*, 2104-2105.

39) Memo, James M. Frey to the President, December 5, 1977, Folder "12/13/77 – Signing Statement – Rural Health Clinic Services (H.R. 8422) GS, 12/13/77-12/13/77," Box 12, Records of Speechwriter's Office, Jimmy Carter Library.

40) Memo, Rick Hutcheson to Jim Fallows, December 9, 1977, Folder "12/13/77 – Signing Statement – Rural Health Clinic Services (H.R. 8422) GS, 12/13/77-12/13/77," Box 12, Records of Speechwriter's Office, Jimmy Carter Library.

し，13日の署名に間に合わせている[41]．

この資料からは，修辞的署名時声明の場合，行政管理予算局の意向を受け，ホワイトハウスのスタッフセクレタリーがスピーチライター室に起草を求めていたこと，スピーチライター室が全面的に責任を負って文章を作成していたこと，大統領が署名の際に付与する文書が「署名時声明」と呼ばれていたことが明らかである．

しかし，興味深いことに，何を「署名時声明」と呼ぶのかについて，政権内に一致した見解はなかったようである．1978年11月9日にエネルギー法 (National Energy Act of 1978) が成立したが，カーター大統領は法案への署名に際してセレモニーを開いた．この法案には，文書としての署名時声明は予定されておらず，スピーチライター室は，大統領の演説の起草をしていた．演説の最終案について，ホワイトハウス国内政策室のキティ・シャーマーは，スピーチライター室のファローズに対して，演説の最終案の変更の要望を出した．シャーマーは，ファローズに，「エネルギー法の『署名時声明』の最終案についての要望」として，法案作成に尽力した議員の名前を呼ぶ順番の変更を求めた[42]．シャーマーは，国内政策の中でも，特にエネルギー政策の専門家であり，議会拒否権対策に通じた専門家ではなかった．そのようなシャーマーが，大統領の署名の際の演説を「署名時声明」と呼んでいたのである[43]．

「署名時声明」という言葉が，大統領が法案に署名する際に付与する文書ではなくセレモニーの際の演説を意味している事例を，他にも挙げることができる．1979年7月26日，通商協定法 (Trade Agreements Act of 1979) が成立した．この法については，署名のためのセレモニーが催されたが，文書としての署名時声明は付与されなかった．セレモニーでの大統領の演説の起草は，スピーチライター室が担っていた．7月24日の時点での演説草稿のタイトルは，

---

41) Draft of Signing Statement: H.R. 8422, ibid.
42) Memo, Kitty Schirmer to Jim Fallows, Folder "11/9/78 – Signing Statement – National Energy Bills (H.R. 4018, H.R. 5263, H.R. 5037, H.R. 5146, & H.R. 5289), 11/09/1978-11/09/1978," Box 36, Records of Speechwriter's Office, Jimmy Carter Library.
43) "Paid Notice: Deaths Cochrane, Katherine," *New York Times*, October 1, 2004.

"Signing Statement on the Trade Agreements Act of 1979"であった[44]．7月25日に，スピーチライター室のウォルター・シャピロは，コミュニケーション担当大統領副補佐官（Deputy Assistant to the President for Communications）のグレッグ・シュナイダーズに対して，「通商法についての『署名時声明』の第1稿に，次の段落を付け加えたい」と，メモを送っている．このケースでは，大統領の演説を専門とするスタッフにも，「署名時声明」が，大統領による演説として認識されていたのである[45]．

同様の例は他にもある．1980年1月7日に成立した企業債務保証法（Corporation Loan Guarantee Act of 1979）は，経営危機に陥っていたクライスラー社を支援するために，クライスラーへの貸付債権を11億5000万ドルまで連邦政府が保証するものであった[46]．同法案への署名の際には文書としての署名時声明は付与されなかったが，セレモニーは開催された．セレモニーのための演説はスピーチライター室が起草しており，この草稿もやはり「署名時声明」というタイトルであった[47]．

スピーチライター室で作られた草稿や，スピーチライター室とホワイトハウスの他の部局とのやりとりからは，カーター政権のホワイトハウス全体において，「署名時声明」が，大統領が付与する文書と大統領による演説のどちらをも意味する言葉として用いられていたことがわかる．また，カーター政権では，

---

44) Signing Statement on the Trade Agreements Act of 1979, July 24, 1979, Folder "7/26/79 - Statement - Signing - Trade Act Bill (H.R. 4537) WS, 07/26/1979-07/26/1979," Box 51, Records of Speechwriter's Office, Jimmy Carter Library.

45) Memo, Walter Shapiro to Greg Schneiders, July 25, 1979, ibid. その後，7月26日に第2稿が作られ，この草稿では，"Remarks on Signing of the Trade Bill"と銘打たれている（Remarks on Signing of the Trade Bill, July 26, 1979, ibid.）．

46) この法案の署名のセレモニーには，全米自動車労働組合（United Auto Workers）会長のダグラス・フレイザーや，クライスラー社長のリー・アイアコッカらが招かれていた（Jimmy Carter, "Remarks on Signing Into Law H.R. 5860, the Chrysler Corporation Loan Guarantee Act of 1979," January 7, 1980, *Public Papers of the Presidents of the United States: Jimmy Carter, 1980*, 27-32）．

47) Chrysler Signing Statement, December 12, 1979, Folder "1/7/80 - Signing Statement - Chrysler (Corporation Loan Guarantee Act of 1979 (H.R. 5860)) AN, 01/07/1980-01/07/1980," Box 61, Records of Speechwriter's Office, Jimmy Carter Library.

演説としての署名時声明については、スピーチライター室が責任を負いながらも、その起草過程は未成熟なものであったことも明らかとなった。次節では、文書としての署名時声明を支えていた司法省法律顧問室に視点を移すことにしたい。

第3節　カーター政権を支えた法律論

1. 議会拒否権に関する司法省法律顧問室意見書

前節では、カーター大統領が、議会に送付した教書に従って、署名時声明によって議会拒否権の規定を報告・待機規定に読み替えると宣言してきたことを論じた。このような大統領の振る舞いは、一言でいって奇妙である。なぜカーター大統領は、過去に制定された全ての法の条文と、今後制定される法の条文を、一方的に読み替えると、自信を持って宣言することができたのだろうか。ここには、カーター大統領を支えていた法律家とその法律論が存在している。本節では、議会拒否権の読み替えを正当化した法律論を明らかにする。

カーター政権において署名時声明は、議会拒否権に対抗するために用いられるようになったが、それまでの政権で用いられた署名時声明が、法案の実質的内容に踏み込むことが稀であったことを考えれば、従来の署名時声明という制度の目的外使用であったといえる。そのような制度の転用を可能にしたのが、法律家の用意した法律論であった。

カーター政権の議会拒否権に関する最も重要な法律論は、1980年に出された一連の司法省法律顧問室意見書（Opinions of the Office of Legal Counsel）と、議会公聴会における司法省高官の答弁の中に見いだすことができる。そこで本節では、司法省法律顧問室意見書が出されるきっかけとなった出来事の説明から始め、法律論の内実に入っていくことにする。

繰り返しになるが、カーターは1978年に、議会拒否権を報告・待機規定と読み替えることを宣言する教書を議会に送り、二つの要求をつきつけた。ひとつは、既に制定されている法律に規定された議会拒否権を行使しないことを求めるものであり、もうひとつは、新たな立法に議会拒否権の規定を盛り込ま

いことを求めるものであった．カーターの教書は，一応の効果を発揮したようである．議会は，法案に議会拒否権の規定を盛り込むことを止めなかったものの，議会拒否権の規定によって，執政府と行政組織による決定を覆すことはなかった (Sundquist 1981, 353).

しかしながら，1980年に議会が教育振興法 (General Education Provisions Act) の議会拒否権の規定に基づいて，保健・教育・福祉省 (Department of Health, Education, and Welfare) から提出されていた四つの規則を白紙に戻すと[48]，カーター政権と議会は議会拒否権をめぐり，緊張状態に陥った[49]．

問題となった四つの規則について簡単に説明しておきたい．第一に，教育省内に設けられる教育上訴委員会 (Education Appeal Board) に関わる規則である．教育振興法では，教育上訴委員会への訴えがあった場合には，被告となった当事者は30日以内に答弁書を提出しなければならないと明記されていたが，保健・教育・福祉省は特別の事情がある場合には30日の期間を延長するという規則を定めた[50]．第二に，小学校，中学校，高等学校に対する，政府からの補助金に関わる規則である．教育振興法では，連邦政府から州政府と地方政府に対する補助金の使途として，体育館の設備購入に充ててはならないとされていたが，保健・教育・福祉省は購入を認めると規定した[51]．第三と第四の規則は，教養教育と法学教育への補助金の支給を定めるものであった．保健・

---

[48] 1980年5月4日に，保健・教育・福祉省から，教育行政のみを担当する省として，教育省が新設された．議会が議会拒否権を行使して白紙に戻した規則は，そもそも保健・教育・福祉省によって作成されていたが，議会による取り消しが行われた5月には，すでに教育省が発足していたため，任命されたばかりの教育長官が矢面に立つことになった．教育省は，議会の担当委員会との激しい対立という，難しいスタートを切った (U.S. Department of Education, Mission, http://www2.ed.gov/about/overview/mission/mission.html).

[49] "Quotation of the Day," *New York Times*, June 7, 1980; "Carter-Congress Legal Battle?" *Boston Globe*, June 7, 1980.

[50] Oversight Hearing on Congressional Disapproval of Education Regulations before Subcommittee on Elementary, Secondary, and Vocational Education of Committee on Education and Labor of the United States House, September 18, 1980 (Reprints from the collection of University of Michigan Library, 2012), 63.

[51] Ibid., 67.

教育・福祉省はこれらの規則に則り，すでに全国の学校へ補助金を支給していたが，議会はこれらの補助金の支給を差し止めたのであった[52]．

議会からの不承認の知らせを受け，教育長官シャーリー・ホフステッドラーは，司法長官ベンジャミン・シヴィリッティに対して，教育振興法の議会拒否権の規定の合憲性を尋ねた．なぜ，教育省が司法省に問い合わせをするかといえば，司法省の役割のひとつに，行政組織が法を執行するにあたり，執行方法が法に適しているか，憲法に則しているかを判断するというものがあるためである．ここで問題となっていた条文は，教育振興法の第431条であるが，そこには，「教育省が議会に提出した政策案は，45日の間に，上下両院が不承認の両院共同決議を出さなかった場合のみ，効果を持つ」と定められていた[53]．アメリカの連邦議会は，様々な形式の決議を行うことが可能だが，両院共同決議とは，本来，連邦議会内部にのみ効力を持つとされる取り決めである．そのため，大統領による署名を必要とせず，連邦議会外には法的拘束力を持つこともないとされる．しかしながら，教育振興法第431条は，両院共同決議によって，大統領の署名を必要とせずに，行政組織による法執行を差し止められると定めていた．

1980年6月5日に，シヴィリッティはホフステッドラーに対して，「議会拒否権を定める教育振興法第431条は違憲であるため，教育長官は議会の不承認を無視して，政策を執行してもよいと判断する」と返答した[54]．この法解釈は，司法省の中でも，特に憲法問題を担当する法律顧問室の公式の意見書である司法省法律顧問室意見書を通して伝えられた[55]．ここでは，シヴィリッテ

---

52) Ibid., 65.
53) 20 U.S.C. S1232 (d), Section 431.
54) Benjamin Civiletti, "Constitutionality of Congress' Disapproval of Agency Regulations by Resolutions Not Presented to the President," *Opinions of the Office of Legal Counsel*, Vol. 4a, June 5, 1980, 21-22.
55) 司法省法律顧問室意見書は，現在では法解釈の際に法学者によって引用される権威ある意見書として扱われており，法学の論文においては4a Op. Off. Legal Counsel 21というような形式で引用されている．ただし，法律顧問室が作成した全ての法的意見が司法省法律顧問室意見書に記載されるわけではなく，秘匿されるものもある（Ackerman 2010, 88）．

ィが議会拒否権の違憲性をどのように論じていたのかを明らかにするが，議論を先回りすれば，意見書での議論は，カーターの教書を踏襲するものであったと言える．シヴィリッティが意見書を出した当時の司法省法律顧問室長は，カーターの教書の作成に関わったハーモンであり，司法省として統一的な見解を持っていた56)．

　シヴィリッティは，議会拒否権が違憲である理由を三つ挙げている．第一の理由は，議会拒否権は，実質的な立法であるにもかかわらず，大統領に拒否権を行使する機会を与えていないという点で，憲法第1条第7節に定められている送付条項に違反し，大統領の立法上の権限を侵害している，というものである．シヴィリッティによれば，制定法の執行を差し止める「議会拒否権の使用は，立法行為に相当する」という．なぜならば，憲法制定者たちは，「法案 (bills)」という形式によるものだけを立法と呼んだのではなく，「決議（resolutions）」など他の形式によって，現状の制定法を変更する行為も含めて立法行為だと考えており，教育振興法に関する両院共同決議による法執行の差し止めも，立法行為に当たると判断されるためである．シヴィリッティは，議会拒否権による制定法の執行の差し止めが立法行為に当たるため，当然そのような決議について，大統領には署名もしくは拒否をする機会が与えられなければならないと主張する．法の制定にあたり，大統領が署名もしくは拒否をするということは，大統領の立法上の権限として，憲法第1条第7節に定められる送付条項によって認められているためである．シヴィリッティはこのように主張し，議会拒否権は憲法に定められた，大統領の立法上の権限を侵害しているために違憲であると述べた57)．

　第二の理由は，議会拒否権が，法執行に対する介入であり，憲法第2条第3節に定められている大統領の「法を誠実に執行する義務」を侵害している，というものである．シヴィリッティによれば，「憲法は，議会に広範な権限を認

---

56) Memorandam, John Harmon to Robert Lipshutz and Stuart Eizenstat, June 6, 1978, Records of the Domestic Policy Staff, Box 44, Folder: Legislative Veto - Presidential Statement, 6/28/78 (6/6/78-6/29/78), Jimmy Carter Library.

57) Civiletti, "Constitutionality of Congress' Disapproval of Agency Regulations by Resolutions Not Presented to the President," 23-24.

めているが，一旦ある権限が執政府に授権されたならば，その権限は執政府によって行使されるべきであり，議会は新しい立法以外によって，監視を継続しようとするべきではない」という．彼は，議会が子細に法執行を監視するという行為は，大統領の「法を誠実に執行する義務」の侵害だと論じる[58]．

　第三の理由は，議会拒否権が，司法府の法解釈の権限を侵害しているというものである．先に挙げた教育振興法の第431条には「上下両院が，その具体的内容が法律全体の目的と合致していないと判断し」，という文言がある．シヴィリッティは，「執政府の特定の行動が，制定法の範囲内に収まっているのか否かを判断するという，司法府が本来持つべき役割を，議会が持つことを意味している」と述べる[59]．ただし，シヴィリッティは議会が法を解釈する権能を持たないわけではないことも付け加えている．「大統領が，裁判所による法解釈と，議会による法解釈によって，自らの行動を覆される場面は，憲法に照らし合わせて，当然存在する．議会は，新しい法律を通すことによって」，大統領の行動を覆せるという．すなわち，大統領が間違った法解釈によって制定法を執行していると議会が判断した場合には，新しい立法によって大統領の法解釈を覆すべきだと論じているのである[60]．

　シヴィリッティは以上の三つの理由によって，教育振興法の定める議会拒否権の規定が，憲法に違反していると判断し，「教育長官には政策を執行する権限があるものと結論する」とホフステッドラーに返答した[61]．

　シヴィリッティの示した法律論は，議会拒否権に対抗する大統領の権限を示している．シヴィリッティによれば，議会拒否権の規定は，大統領への法案の送付を伴わない形での法の変更を可能とするために，違憲であり，「執政府は憲法を遵守する義務を負うために，憲法に違反するような侵害に対して，自ら権限を守らなければならない」[62]．すなわち，大統領が，自身の憲法上の権限が侵害されたと判断した場合には，裁判所による救済を待つことなく，法律の

---

58) Ibid., 27.
59) Ibid., 27-28.
60) Ibid., 28.
61) Ibid.
62) Ibid., 21.

一方的な変更をしてもよいという主張である．カーター政権の司法省は，これまで想定されていなかったような大統領の権限を正当化したのである．

2. 法の不執行に関する司法省の解釈

シヴィリッティは，先の意見書を公表した翌月に，上院から受けた，「司法省には，制定法の正当性を否定する権限があると考えているのか」という質問に対し，司法省は特定の場合に限り，制定法の違憲性を判断することができると返答している[63]．シヴィリッティの言う「特定の場合」とは，憲法と制定法との間に対立があると司法省が認識する場合である．「司法長官は制定法と憲法の間に衝突があることを発見すると，ジレンマに陥るが，そのジレンマを解決しなければならない」．その解決の方法とは，「制定法の執行の拒否」を大統領に進言することである．それにより大統領が法執行を拒否すれば，それは直ちに，「憲法秩序の均衡を乱す」ことを意味するように思われるが，シヴィリッティは，そのように考えてはならないと言う．なぜならば，「議会が定めた制定法が，執政府と立法府のバランスを変更している」のであり，「もしも，執政府がその制定法を認めたら，結果として，我々の憲法秩序が変更されてしまうことになる」ためである．言い換えるならば，司法省が違憲だと見なした制定法が「既に憲法秩序の均衡を乱している」のであり，大統領による法の不執行は，むしろ，崩れかけたバランスを回復するのだと言う[64]．

この点について，シヴィリッティは，「手に入る資料からは，憲法制定者たちが，大統領に対して，制定法の違憲性を認定し執行を放棄するという特権を与えたという証拠はない」ものの，「憲法に違反していると目される制定法について，大統領がどのような義務を負うのかについて，憲法制定者たちがどう考えていたのか，明確ではない」と述べる[65]．

---

63) Benjamin Civiletti, "The Attorney General's Duty to Defend and Enforce Constitutionally Objectionable Legislation," *Opinions of the Office of Legal Counsel*, Vol. 4a, July 30, 1980, 55.
64) Ibid., 55-57. 同時に，シヴィリッティは違憲だと判断した制定法について，司法長官には，その法律を裁判所で弁護する義務はないと述べる．
65) Ibid., 58.

シヴィリッティによれば,「違憲な制定法についての大統領の義務」と「違憲性の判定の権限」についての問題は, 1926 年のマイヤーズ判決[66] によって決着がついた. この判決が出された訴訟では, 大統領による郵便局長の罷免権が争われた. 1876 年に制定された法律[67]では, 大統領が郵便局長を罷免するためには上院の承認が必要であると定められていたが, 大統領は上院の承認を得ないままに郵便局長を罷免した. 連邦最高裁は, 制定法を違憲だと判示し, 制定法から逸脱していた大統領の行動を合法であったと判断した. シヴィリッティによれば, マイヤーズ判決は,「大統領の憲法上の義務は, 大統領に, 違憲な制定法の執行を命じていないことを示した」. 同時に, この判決は,「大統領は, 裁判所による違憲性の判断が下される前であっても, 条文を逸脱してもよいことを示した」のであった. 最高裁の判断がなくとも,「違憲な制定法は, 最初から違憲なのである」[68].

では, 大統領がある制定法を違憲だと判断し, 制定法から逸脱した行動をとり, 後に最高裁によってその制定法の合憲性が支持された場合はどうなるのだろうか. シヴィリッティによれば, ハンフリー判決[69]はそのような事例であった. この訴訟では, 大統領が独立行政委員会である連邦取引委員会の委員を, 政治的な理由によって罷免できるのかどうかが争われた. 1914 年連邦取引委員会法 (Federal Trade Commission Act of 1914) は,「非能率, 職務怠慢, 職務上の非行」があった場合にのみ, 大統領による罷免を認めていた. しかしながら, 時の大統領フランクリン・ローズヴェルトは, そのような罷免権の制限を大統領権限の侵害だととらえ, 連邦取引委員会の委員を, ニューディール政策に反対しているという政策的な立場の違いを理由に罷免した. 連邦最高裁は, マイヤーズ判決の郵便局長の場合と異なり, 連邦取引委員会が準立法的機能と準司法的機能を果たすために, 大統領の罷免権の制限は合理的であり, したがってローズヴェルトの行動は違法であったと結論した (Scalia 1989b, 851; 正

---

66) Myers v. United States, 272 U.S. 52 (1926).
67) 19 Stat. 80, Section 6; Killian (1996), 2006.
68) Civiletti, "The Attorney General's Duty to Defend and Enforce Constitutionally Objectionable Legislation," 59.
69) Humphrey's Executor v. United States, 295 U.S. 602 (1935).

木 2007, 83-84; Reinstein 2009, 309-310).

　シヴィリッティはこのような大統領と裁判所の関係を重視している．すなわち，ある時に大統領が制定法の合憲性を疑い，その法律から逸脱した行動をとったとしても，裁判所が後から認めなければ，大統領の振る舞いは違法であったということになる．シヴィリッティの法理論においては，制定法の合憲性を最終的に判定するのは，あくまでも裁判所であり，大統領が制定法から逸脱しようとするときには常に，将来の裁判所の判決を予測しなければならない．シヴィリッティは，裁判所が違憲性を指摘するとはっきりと予測できる場合に限って，制定法を無視することが妥当であるし，そのような大統領の逸脱行為の正当性は，最終的に裁判所によって保証されると考えた．この考え方は，裏を返せば，大統領は，将来の裁判所に追認されることを予想することができれば，裁判所の判断がなくとも，制定法を違憲だと見なして執行を拒否できるというものであった[70]．ただし，シヴィリッティの法の不執行論の根底には，裁判所による先例が存在しており，彼は，大統領は司法府と対立的に制定法の違憲性を判断することはできないと考えていたことを，指摘しておきたい．この点は，レーガン政権との対比で重要となる．

3. 議会拒否権をめぐる公聴会

　シヴィリッティが司法省法律顧問室意見書で示した法解釈は，行政組織内部にとどまらず，議会との対立の場でも主張されていた．そのことを確認するために，政権の強硬な態度に業を煮やした議会が開いた公聴会での議論を追っていくことにする．

　1980 年 9 月 18 日に，下院教育・労働委員会初等・中等・実務教育小委員会 (Committee on Education and Labor, Subcommittee on Elementary, Secondary and Vocational Education) が公聴会を開いた．小委員会の委員長である民主党のカール・パーキンス議員がこの公聴会の議長を務め，小委員会のメンバーとして他に 16 名の議員が参加した．公聴会には証言者として，教

---

[70] Civiletti, "The Attorney General's Duty to Defend and Enforce Constitutionally Objectionable Legislation," 60.

育省から教育長官ホフステッドラー，教育長官の弁護人として司法省法律顧問室長ハーモンが召喚され，議会拒否権の規定の支持者としてレヴィタス下院議員が招かれていた[71]．

改めて事実関係を確認しておくと，議会は議会拒否権の規定に従って，保健・教育・福祉省が作成した四つの規則を無効としたものの，司法省は議会拒否権の規定を違憲だと判断し，教育省は無効とされた規則を執行したのであった．パーキンスによれば，この公聴会の目的は，議会が承認しなかった四つの規則が現在どのような状態になっているのかを明らかにするという教育・労働委員会に固有の問題に取り組むことと，議会拒否権をめぐる大統領と議会との関係という一般的な問題を論じることであった[72]．

公聴会は，パーキンス議長がハーモンに，議会拒否権の規定を違憲だと判断した根拠を尋ねるところから始まった．ハーモンの主張の骨子は，議会拒否権の規定が憲法の送付条項から逸脱しているということだった．彼によれば，議会は法案もしくは両院合同決議（joint resolution）という形で，「両院を通過させ，大統領に送付するという方法でしか，立法の権力を振るうことはできない」のであった[73]．両院合同決議とは，両院共同決議とは異なり，大統領の署名を必要とする議会による決議の様式であり，法的拘束力を持つ．ハーモンの主張は，1980年6月5日のシヴィリッティのメモの内容の繰り返しであり，議員たちの前で，教育省が議会拒否権の規定を無視して，定めた通りの規則を執行したことの正当性を訴えた[74]．

当然のことながら，ハーモンの主張は，公聴会に出席した議員たちには受け入れがたいものであった．彼らは，議会が大統領に授権するのだから，授権した権力が正しく用いられているかを監視する権限を，議会が留保するのは当然

---

71) Oversight Hearing on Congressional Disapproval of Education Regulations before Subcommittee on Elementary, Secondary, and Vocational Education of Committee on Education and Labor of the United States House, September 18, 1980, iii.
72) Ibid., 2.
73) Ibid., 19.
74) ハーモンは，民主党のポール・サイモン議員からの質問に対して，「シヴィリッティ意見書の作成に協力した」と証言している（Ibid., 39）．

であると考えていた。民主党のデイル・キルディー議員は,「議会は,規則制定の権限を執政府に授権できるのだから,その権限に制限を設けることは当然可能である」と述べている[75]. また,共和党のアーレン・アーダール議員の言葉を借りれば,ハーモンの主張は「議会は権限を授権したら,それを取り戻せないのだと言っている」ように聞こえたのであった[76].

パーキンスは,議会拒否権の正当性を否定するハーモンの見解を,「議会が新しい立法で禁止しない限り,執政府は規則の制定によって,望むことをなんでも定められる」という主張だとして批判した. パーキンスにとって,司法省の主張は,まるで「大統領には無制限の権限があり,議会が制定法によって,大統領の権限に制限を付け加えることはできない」と言っているようなものであった[77]. パーキンスは,そのような考え方は「我々の憲法秩序の定めるものではない」のであり,本来,「執政府は議会から授権された権限に基づいて行動している」に過ぎないと述べた[78].

このような議員たちによる批判に対して,ハーモンは,大統領に無制限の権限があると主張しているわけではなく,司法省は議会の立法権を侵害しようとしているわけでもないと弁明した.「法が一旦成立した後に,大統領と行政組織は,己の法解釈によって法を執行する」が,「もしも,私人がその法解釈に不服であれば,訴訟を起こすことができる」し,「もしも,議会がその法解釈に不服であれば,両院によって新しい法を制定できる」. ハーモンは,議会が,執政府による法解釈を覆す権限を保持していることを認めるものの,その権限の行使の方法は,上下両院による合意と大統領への送付という条件を満たさなければならないと主張したのであった[79].

ハーモンの言う,両院による可決と大統領への送付とは,カーター大統領が教書で議会に提案した,報告・待機規定そのものであった. ハーモン自身も,公聴会において,報告・待機規定を用いることを提案している[80]. 議会拒否

---

75) Ibid., 58.
76) Ibid., 23.
77) Ibid.
78) Ibid., 22.
79) Ibid., 23.

権の規定のかわりに，報告・待機規定を用いるという提案は，議会にとっては受け入れられないものであった．キルディー議員がはっきりとその理由を述べている．両院による議会拒否権の場合，両院それぞれについて過半数の合意があれば十分であり，一院拒否権の場合は一院の過半数で良い．さらに委員会拒否権であれば，委員会の過半数で済む．しかしながら，報告・待機規定の場合，「問題は，大統領による拒否権に対抗するために3分の2の賛成を集めなければならない点」である[81]．議会にとって，合意を形成する難易度が格段に上昇するのである．

結局，議会拒否権の規定の正当性をめぐる議論は，平行線を辿るのみであった．小委員会の委員たちは，自らが授権した権限がどのように行使されているのかを監視することは議会の当然の権限であると考え，議会拒否権の正当性を主張した．一方，ハーモンは，既に法律が成立しているのだから，その内容の変更には新たな立法を必要とすると主張した．ハーモンの提案した報告・待機規定についても，議会は受け入れることはなかった．

ハーモンに対する次の質問は，「なぜ，大統領が一度合憲であるとして署名した法律に対して，後から議会拒否権の規定を取り出して違憲であるという判断を下すことができるのか」を問うものであった．大統領は，法案に署名する際に，その法案の中身を吟味しているはずで，法案に大統領が署名した段階で，合憲なものとして成立するはずである．それにもかかわらず，なぜ，大統領は後になって，法律の一部が違憲だと判断できるのだろうか．この論点は，署名時声明の運用をめぐり，長く問題となっていく．

制定法の一部を取り出して違憲であるために従わないということは，レヴィタス議員に言わせれば，「大統領には，好みの部分を選択して執行し，好まない部分を執行しないという権限は与えられていない」ために許されるものではなかった．彼は「もしも，議会拒否権に憲法上の問題があるとすれば，それは裁判所が解決するべきだ」と述べている[82]．制定法の一部について違憲だと主張することは，共和党のケネス・クレイマー議員によれば，司法権の侵害で

---

80) Ibid., 60.
81) Ibid., 62.
82) Ibid., 29.

もあった.「司法省は,大統領には,法を執行する権限だけでなく,彼自身が,制定法が憲法に違反しているかどうかを最終的に判断するという権限まで持っていると主張している.言い換えるならば,司法省の議論は,執政府に,司法権を認めている」[83].民主党のマリオ・ビアッギ議員も,「我々は制定法が合憲であるか違憲であるかを判断する権限は,司法府に属していると考える」と主張し,ハーモンに対して,執政府が制定法の合憲性判断を行えるという法的根拠を明らかにするよう求めた[84].

ハーモンは,1946年に出されたロヴェット判決[85]という最高裁判決を引き合いに出した.1943年に,戦争を遂行するための緊急歳出予算法（Urgent Deficiency Appropriation Act of 1943）が成立したが,この法律には,非米活動委員会によって共産主義者だと疑われた4名の国務省職員への給与支払いを禁止する付帯条項が含まれていた（横大道 2008, 9）.フランクリン・ローズヴェルト大統領は,法案への署名の際,この付帯条項に対して「愚かであるだけでなく,差別的であり,憲法に違反している」と述べた[86].連邦最高裁は,1946年にこの付帯条項について,大統領の解釈を支持し,憲法第1条第9節の私権剥奪にあたり違憲であると判示した（横大道 2008, 9）.ハーモンは,このロヴェット判決を引き合いに出し,大統領は違憲だと自ら判断した内容を含む法案に署名できること,連邦最高裁が後から大統領の行動の正当性を裏付ける場合があることを示したのであった.このようなハーモンの答弁に対して,共和党のウィリアム・グッドリング議員は,「カーター政権は,この問題について,法廷での決着を求めているのか」と問うた.ハーモンは,その通りだと答えている[87].

---

83) Ibid., 53.
84) Ibid., 37
85) United States v. Lovett, 328 U.S. 303 (1946).
86) ローズヴェルトが緊急歳出予算法案への署名の際に述べたというこの言葉は,United States v. Lovett の中に示されている（328 U.S. 312）.ただし,このローズヴェルトの発言は,*Public Papers of the President: Franklin D. Roosevelt, 1943* には見つからない.署名時声明の重要な事例であると同時に,署名時声明が定型的な形式で記録されていなかったことを示している.
87) Oversight Hearing on Congressional Disapproval of Education Regulations before

裁判所での決着を望む政権の姿勢は，議会にとって望ましいものには映らなかった．なぜならば，議会拒否権の規定が違憲であると裁判所が判断したならば，議会は立法の傾向を変えざるを得ないということを，議員たちは肌で感じていたためである．議員たちにとって，司法省の姿勢は，法律論を振り回し，技術的な問題に固執しているように見えた．

　例えば，民主党のジョージ・ミラー議員は，裁判において決着がついて，司法省が勝利したとしても，望ましい事態にはならないと述べている．ハーモンの提案するような報告・待機規定は，議会にとってコストの高いものであり，「裁判所が議会拒否権の規定を否定したら，議会は行政組織から規則を定める権限を奪い返し，立法府の中で，詳細な規則を定めるようになるだろう」と述べている[88]．民主党のウィリアム・フォード議員も同様に，「司法省が裁判所で勝利したら，議会は，執政府と行政組織に細かな規則を定めさせまいと，詳細な立法を行うようになるだろう」と述べている[89]．

　つまり，授権した権限を議会拒否権によって監視できるからこそ，執政府と行政組織に大きな裁量を与えていたのであり，監視の目を奪われてしまったならば，もはや，それまでと同様には権限を与えないだろうと，議員たちは考えていた．彼らにはそのような予感の裏付けがあった．フォードによれば，教育関連の法案は，議会拒否権の規定を盛り込むことによって，議員の間に妥協が成立し，僅差で成立していた．議会拒否権は，新たな権限を執政府と行政組織に授与して問題が生じた場合の「防御策と安全弁」だと，執政府に猜疑の目を向ける議員たちを説得するためのものだった[90]．

　ところが，司法省と教育省は，その安全弁を取り外そうとしていた．仮に，

Subcommittee on Elementary, Secondary, and Vocational Education of Committee on Education and Labor of the United States House, September 18, 1980, 22. 教育省による議会拒否権の無視をめぐる訴訟が，共和党議員によって起こされたものの，判決の前に取り下げられてしまった．他方で，議会拒否権の規定をめぐる裁判は，INS v. Chadha として，このとき争いの最中にあった．この裁判は，レーガン政権まで継続した後に結審したので，次章で詳しく取り上げる．

88)　Ibid., 61.
89)　Ibid., 62.
90)　Ibid., 63.

裁判所において，議会拒否権という安全装置が違憲であると判断されたとしても，それは，執政府がより大きな裁量を手にすることを意味せず，議会による詳細な立法によるがんじがらめで硬直的な行政につながると，議員たちは考えていた．フォードは，ハーモンに対して，「あなた方は，何に勝利しようとしているのだ？　あなた方は，法的に正しいと証明したいだけなのか，あるいは，何か国のために良いことを成し遂げたいと思っているのか？　あなたの法的見解が正しいとして，どのように『良き政府』につながるのか，それを説明してほしい」と問い詰めた[91]．ハーモンは，「『良き政府』とは，執政府と行政組織の作成した規則を，議会拒否権によってではなくて，大統領への送付を伴う立法の形式によって変更する，憲法の規定を遵守した政府である」と，それまでの見解を繰り返すのみであった[92]．

　結局，この公聴会では，議会拒否権の規定の正当性をめぐり，司法省と小委員会の議論は平行線を辿り，議会拒否権規定の代わりに報告・待機規定を用いるという提案も，議会は受け入れなかった．議員たちは，議会拒否権をめぐる対立を，単なる法律論だとは考えておらず，どのように政府を機能させるのが望ましいのかという，より大きな文脈に位置づけていた．共和党のトマス・ペトリ議員は，「これが党派的な対立ではないことを強調したい．我々は，望ましい憲法秩序とは何かを議論しているのだ．我々は，執政府の奢りを正さなくてはならない」と述べている[93]．

　この公聴会は，大統領と議会との関係が変化し始めていることを示していた．ウォーターゲイト事件以降，大統領は議会に恭順の姿勢を取ってきたが，議会拒否権をめぐる衝突は，「議会の復権」の終わりを予感させるものであった．フォード議員は，このような変化を感じ取っていた．彼は，次のように述べた．「抑制と均衡という，我々の政府の美しいシステムは，法的文書の引用から生まれたのではなくて，長期にわたるお互いの尊重の姿勢から生まれたのだ」．「私は，カーター大統領が，執政府の特権を強く主張し，大統領職を傷つけたとして，ニクソン大統領と共に，歴史に記録されることを危惧している」[94]．

---

91)　Ibid., 25-26.
92)　Ibid., 40.
93)　Ibid., 39.

公聴会の後，教育省法律顧問であったベッツィ・レヴィンと大統領法律顧問のロイド・カトラーは，教育振興法に含まれる議会拒否権の規定を，報告・待機規定として解釈するよう教育長官ホフステッドラーに伝えた．彼女はこの通達に従い，規定の日数を待機した後に，政策を執行した[95]．公聴会におけるハーモンの答弁に表れているように，シヴィリッティが司法省法律顧問室意見書で示した法解釈は，行政組織内部にとどまらず，議会との対立の場でも主張されていたのである．

小　括

本章では，カーター政権において，署名時声明が議会拒否権に対抗するための道具として用いられるようになった経緯を明らかにした．カーター大統領は，議会や支持者に対して大統領の立場を説明することを目的として使われていた署名時声明を，議会拒否権に対抗するための道具へと変え，署名時声明という制度を転用していたのである．

ウォーターゲイト事件を経験した後の議会は，緩んだ箍を締め付けるかのように，戦争権限法や執行留保統制法といった重要な立法を立て続けに成立させた．これらの立法についての議会の主要な関心は，大統領の監視であったとよく指摘されるが，さらに大統領の権限の内部まで立ち入って，議会の意図通りに大統領に制定法を執行させることも，この時期の立法の目的となっていた．議会は，ニクソン大統領による予算の執行留保という方法によって，煮え湯を飲まされていたのである．その対応策として，議会は，議会拒否権を活用したのだった．

---

94) Ibid., 26, 62.
95) Memo, Lloyd N. Cutler to Shirley M. Hufstedler, October 16, 1980, Folder: Legislative Veto Issue (2), 04/28/1980-12/12/1980, Box 5, Shirley M. Hufstedler Collection, Jimmy Carter Library; Memo, Betsy Levin to Shirley M. Hufstedler, November 12, 1980, ibid.; Letter, Carl D. Perkins to Shirley M. Hufstedler, November 20, 1980, ibid.; Letter, Shirley M. Hufstedler to Carl D. Perkins, December 16, 1980, ibid.; Sundquist (1981), 354; Friedman (2008), 8-9.

そもそも，議会拒否権の規定は，行政組織再編法に用いられた特殊な規定であった．議会拒否権の規定は，議会が法案をつくり，大統領が拒否もしくは署名をするという通常の立法プロセスを，行政組織の改組に限って，大統領が提案し，議会が拒否もしくは承認するという，「逆転した立法プロセス」へと作り変えるための規定であった．逆転した立法プロセスは，1930年代の経済的危機，対外的危機に素早く対応するために必要であると，大統領と議会の両者が合意した結果によって，生じたものであった．

　1970年代の議会は，行政組織再編法において形成されたような大統領との合意なしに，議会拒否権の規定を様々な分野の法案に盛り込むようになった．議会が権限を執政府に授権するのと同時に，その権限が議会の意図に沿わない形で用いられた場合には，執政府の決定を取り消せるという仕組みは，議会にとって魅力的であった．議会は，議会拒否権の規定によって，法案を煮詰めずに成立させ，行政組織に詳細を決定させ，気に入らない場合には取り消すことが可能になったのである．

　議会の思惑通りに，フォード大統領は議会拒否権の規定に忍従していたが，カーター大統領は抵抗を試みた．彼は，議会拒否権の規定が実質的な立法行為であるにもかかわらず，大統領に法案が送付されておらず憲法の定める立法の要件を満たしていないために違憲であると，議会へ送った教書で述べた．カーターはその教書において，議会拒否権の規定を報告・待機規定に読み替えると一方的に宣言したのであった．カーターは，教書を送るにとどまらず，実際に，過去に制定された議会拒否権の規定を議会が運用した際，真っ向から衝突したのであった．

　教育省が制定した規則に対して，議会が議会拒否権の規定に則って無効を宣言すると，司法長官シヴィリッティは教育長官ホフステッドラーに対して，規則をそのまま執行するよう伝えた．教育長官は，その法的助言に従って，規則を執行した．ここにカーター政権は，大統領による教書の通りに，議会拒否権の規定は違憲ゆえに無効であると，行動で示したのであった．議会は，民主党多数議会という状況において，民主党の大統領が議会と真っ向から対立したことに激怒し，公聴会に教育長官ホフステッドラーと，司法省法律顧問室長ハーモンを呼びつけ詰問した．しかし，議員たちとハーモンの議会拒否権について

の正当性をめぐる認識の溝は埋まらないままであった．

　他方で議会は，新たな法案に議会拒否権の規定を盛り込むことを止めようとはしなかった．この動きに対して，カーターは署名時声明において，議会拒否権の規定を報告・待機規定として読み替えると宣言したのである．カーター大統領によって付与された実質的署名時声明のほとんどは，議会拒否権規定の読み替えを宣言するものであった．カーター政権の署名時声明は，あくまでも議会拒否権の違憲性を指摘することを目的としており，その他には明確な目的を与えられてはいなかった．また，カーター政権においては，大統領が署名時声明によって議会拒否権を否認できるのは，大統領が憲法上の権限の侵害に対して自衛しなければならないとされたためであった．実質的署名時声明は，使い道が限定された道具として，大統領の道具箱に加えられたのである．

　後任のレーガン政権では，署名時声明は，さらなる発展を遂げることになる．署名時声明の目的は，議会拒否権に対抗することだけには留まらなくなり，支柱となる法律論も変化し，署名時声明の起草過程は固定化されていく．これらについて論じることが，第3章と第4章の目的である．

第3章　レーガン政権による署名時声明の継受

　第2章では，カーター政権において，署名時声明が，議会拒否権に対抗するための道具として用いられるようになったことを示した．大統領が，法律に定められた議会拒否権に対抗することを可能にしていたのは，司法省の法律家たちの準備した法律論であった．カーター大統領を支えた司法長官ベンジャミン・シヴィリッティは，議会拒否権が，実質的には立法に相当するにもかかわらず，大統領への送付を伴わないという点で違憲であるため，大統領は議会拒否権規定を報告・待機規定に読み替えることができると主張した．カーター政権期に，署名時声明は議会拒否権に対抗するために用いられるようになり，その運用を支える法律論も整えられたのであった．つまり，憲法そのものに変更が加えられることなく，大統領と議会の相互抑制の方法が変容していたのである．カーター政権期に生じた三権分立制の変容は，署名時声明による議会拒否権への対抗によってもたらされていた．それでは，続くレーガン政権は，署名時声明をどのように運用していたのだろうか．

　本論に入る前に，本章の道筋を簡単に示しておきたい．議会との関係について，レーガン大統領が最初に直面することになる大きな出来事は，1983年に連邦最高裁判所が示したチャダ判決であった．この判決は，簡単に言えば，議会拒否権の違憲性を裁判所が認定したものであり，大統領が署名時声明において展開してきた議会拒否権の違憲性の主張に対して，最高裁がお墨付きを与えることになる．しかしながら，この判決をめぐって，政権と議会は，それまでにないような形で争いを起こし，結果として，レーガン大統領は，政治的敗北を経験する．

　第1節では，チャダ判決後の大統領と議会の対応を明らかにし，第2節では，署名時声明による法の不執行をめぐる両者の対立について論じる．こうした作業を通じて，本章では，第4章で論じる，レーガン政権における署名時声明の

転用が引き起こされる背景を明らかにする．

第1節 チャダ判決をめぐる大統領と議会の対応

1. チャダ判決と議会拒否権

　カーター政権のシヴィリッティによれば，大統領は，裁判所が追認するだろうと確信する場合には，法律の違憲性を主張し，その条文の執行を拒否することができる．第2章で論じたように，このような確信をもって，カーター大統領は議会拒否権を違憲だとし，一方的に報告・待機規定に読み替えていた．実は，カーター政権は，裁判所に議会拒否権の違憲性を認めさせるために，とある裁判を争っていた．この裁判の最終的な判決は，レーガンが政権に就いてしばらくたった1983年に下された．チャダ判決がそれであり，1983年6月24日に連邦最高裁は，1952年移民国籍法（Immigration and Nationality Act of 1952）の議会拒否権規定は違憲だと結論した[1]．これは，議会拒否権規定の合憲性判断に，最高裁が初めて踏み込んだものであった．この判決は，当然のことながら，大統領と議会の関係をさらに変化させることになる．それまでは，大統領による議会拒否権の違憲性の主張には，自前で用意した正当性しかなかったが，チャダ判決は大統領の主張に最高裁のお墨付きを与えたのである．判決の衝撃は，大統領と議会の双方に，状況の変化への対応を迫り，その相互の対応の中で，両者はぶつかりあっていく．本節では，まず，チャダ判決の概要を示し，その後に，大統領と議会の相互対応について見ていくことにする．

　チャダ判決の発端は，アメリカにビザが切れた状態で滞在していたジャグディッシュ・レイ・チャダが，強制送還の停止を求めるために起こした裁判であった．チャダはインド系ケニア人であり，1966年に就学ビザでアメリカに入国した．彼はオハイオ州のボーリング・グリーン大学の修士課程で政治学を学び，1972年6月30日に就学ビザが切れた後もアメリカに留まった[2]．当時の

---

1) INS v. Chadha, 462 U.S. 919 (1983).
2) "Alien's Deportation Fight Led to Landmark Decision," *New York Times*, June 24, 1983.

ケニアでは，インド系の住民は人種的迫害の対象となっており，彼は帰国後の迫害を恐れたのであった．司法省移民帰化局[3]は，1973年10月11日に，チャダが不法滞在であることを突き止め，チャダは1974年1月11日に，ビザが切れていることを認めた[4]．移民帰化局は，強制送還が適当な事例だと判断したが，チャダは，ケニアへの強制送還は人種的迫害の危険を伴うとして，強制送還の停止を求めた．移民帰化局は1975年6月25日に審理を行い，移民判事（INS immigration judge）は，チャダが既に7年以上アメリカに居住しており，素行に問題がなく，さらに，強制送還された場合の危険性を認め，1952年移民国籍法の定める要件を満たしていると判断し，強制送還の停止を決定した．移民帰化局は，移民国籍法の手続きに則り，議会へ報告書を提出した（Craig 1983, 170）．

1952年移民国籍法は，第244条(a)項1号において，司法長官に強制送還の決定と停止の権限を授権しており，この権限は司法省の下部組織である移民帰化局によって行使されてきた．ただし議会は，司法長官に強制送還を停止する権限を授権する際に条件を設けていた．移民国籍法第244条(c)項2号において，司法省から強制送還の停止についての報告を受け取ってから，同会期内であれば，議会は一院による過半数の議決によって強制送還の停止を取り消すことができるという議会拒否権の規定を定めていたのである．1952年に設けられたこの規定は，1970年代の諸立法における議会拒否権のように大統領権限の抑制を目的としていたというよりも，煩瑣な問題の対処については，行政組織が先に行動し，議会が追認することによる決定の効率化を目的とするものであった（Craig 1983, 170）．

---

3) 移民帰化局は1933年に労働省の下に設立され，1940年に司法省に移設された．2003年に国土安全保障省が設立されると，移民帰化局は市民権入国管理局（Citizenship and Immigration Services）として編入された．移民を担当する部局が所属する省の変遷は，アメリカにおける移民の意味の変遷を表しているように思われる．すなわち，連邦政府は，20世紀初頭には移民を新しい労働力として管理していたが，現在では，安全保障上の対応が必要な対象として扱っている（Citizenship and Immigration Services, Our History, http://www.uscis.gov/about-us/our-history）．

4) "Excerpts from Supreme Court Decision on Legislative Vetoes," *New York Times*, June 24, 1983.

1975年12月12日,下院司法委員会の移民・市民権及び国際法小委員会(Judiciary Subcommittee on Immigration, Citizenship, and International Law) の委員長であった民主党のジョシュア・エイルバーグ議員は,チャダの強制送還の停止を取り消す決議案を提出した.この決議案は小委員会を通過し,12月16日に下院の本会議において,討論もされぬまま,発声投票によって可決された.この決議を受けて,移民帰化局はチャダの強制送還の手続きに入った[5].チャダは議会の決議の知らせを受け,移民帰化局に議会の決議は違憲であると訴えたが,移民判事は,移民国籍法が違憲であるのかを判断する権限はないとして訴えを退けた.チャダは入国管理不服審判所 (Board of Immigration Appeals) に上訴したが,同じく,憲法問題を判断できないという理由で退けられた (Craig 1983, 170).

困り果てたチャダに,アメリカ法律家協会 (American Bar Association),コモン・コーズ (Common Cause)[6],パブリック・シティズン (Public Citizen)[7] が手をさしのべた.さらに,移民帰化局の上部組織の司法省までも,チャダの後押しをしたのである.カーター政権の司法省は,チャダに対する強制送還の停止の取り消しという,議会拒否権の行使を,裁判で議会拒否権一般の違憲性を問うために利用できると考えたのであった[8].チャダは,利益団体と司法省の法曹に支えられて,1977年3月24日に第9区連邦控訴裁判所に,移民帰化局の命令は無効であると訴えた[9].

1980年12月25日に,第9区連邦控訴裁判所小法廷は,移民国籍法の議会拒否権規定が,憲法の定める権力分立の原則に違反しているために違憲だと判

---

5) Stuart Tayler, "Court Opposes Congressional Veto as Intrusion on Executive Branch," *New York Times*, December 25, 1980.
6) コモン・コーズは,開かれた政治を理念として掲げて1970年に設立された公共利益団体である (Common Cause, About Us, http://www.commoncause.org/about/).
7) パブリック・シティズンは,消費者保護を目的としており,ラルフ・ネーダーが設立に関わった団体である (Public Citizen, About Us, http://www.citizen.org/Page.aspx?pid=2306).
8) Tayler, "Court Opposes Congressional Veto as Intrusion on Executive Branch."
9) Linda Greenhouse, "Supreme Court, 7-2, Restricts Congress's Right to Overrule Actions by Executive Branch," *New York Times*, June 24, 1983; Craig (1990), 34.

断し，議会はチャダの強制送還の停止を取り消す権限を持たないと判示した．小法廷は3人の裁判官から構成されており，裁判長を務めたアンソニー・ケネディは，議会拒否権の規定によって，「執政府と司法府の権能に，立法府が侵入している」と判断した[10]．

　控訴審判決は，強制送還の停止を認めるものであり，チャダの勝利であった．敗訴した移民帰化局は，控訴審判決を不服として，連邦最高裁に上訴できるのであるが，ここに微妙な状況が発生した．本件では，移民帰化局の弁護人である司法省は，議会拒否権を違憲とする判決を得ることを目的としており，控訴審判決は，目的に沿うものであった．すなわち，原告たるチャダの側にも，被告である移民帰化局の側にも，これ以上の訴訟を続ける理由は本来なかったのである．ところが，移民帰化局は連邦最高裁に上訴した．これは，カーター政権の司法省が，連邦最高裁の場において，議会拒否権の違憲判決を得たいと考えていたためであった．司法副次官補のラリー・スミスは，「政権としてすでに満足な判決が出ているにもかかわらず，最高裁の審議を求めるということは，異例ではあるが，前例がないわけではない」と話している[11]．

　かくして，移民帰化局は連邦最高裁に本件を上訴し，最高裁はこれを受理した．1981年1月からレーガン政権が発足していたが，レーガン政権の司法省は，最高裁で議会拒否権の違憲判決を得るという目標を，カーター政権の司法省から引き継いだ．レーガン政権にとっても，最高裁での違憲判決は魅力的であったのであり，アメリカ法律家協会の支援を受けていたチャダに，レーガン政権の司法省も力添えをするようになったのである[12]．このように，本来は制定法の合憲性を弁護することを期待されている司法省がその役割を放棄した場合には，議会による介入が認められている．この裁判においても，議会は介入の決議を行い，最高裁は議会の決議を承認した．議会の主張の中心は，議会拒否権規定が合憲であるというものであった[13]．つきつめると，この裁判は，レ

---

10) Tayler, "Court Opposes Congressional Veto as Intrusion on Executive Branch."
11) Ibid.
12) アメリカ法律家協会は，保守派によってリベラルだと攻撃されている法曹団体である．共和党政権の司法省と，リベラル系の法曹団体が，チャダ事件においては奇妙な連合を組んでいた．

ーガン政権と議会との間で，議会拒否権の合憲性をめぐって争われたといえる (Fisher 1993, 285; Craig 1983, 171)．

　このような経緯で進められてきた裁判は，1982 年 2 月 22 日と 12 月 7 日に弁論がなされ，1983 年 6 月 23 日に最高裁は 7 対 2 で，移民国籍法の議会拒否権の規定は違憲であるとの判決を下した．主文は，連邦最高裁首席裁判官のウォレン・バーガーによって書かれた．まず，バーガーは，議会がチャダの強制送還の停止を議会拒否権によって取り消した行為を，立法行為だと認定した．バーガーは，立法行為を，「立法府の外の人々の法的権利，法的義務，法的関係を変化させる目的と効果を持つあらゆる行為」だと定義した．本件の場合，移民帰化局の移民判事によって，チャダの強制送還の停止が決定されており，下院による決議がなければ，チャダの強制送還は停止されていた．下院が議会拒否権の規定に基づいて移民帰化局の決定を取り消すという行為は，チャダの法的状態を変化させているため，議会拒否権の行使は，立法行為にあたるとされたのである[14]．

　その上で，バーガーは，憲法には連邦政府の立法権力がどのように用いられるべきかについて「単一の，よく考えられて定められた手続き」があると述べた．それは，両院の過半数による票決と，大統領への送付という手続きである．移民国籍法の定める議会拒否権はこの手続きを二つの点で逸脱していた．第一に，一院による拒否権という点で，両院の議決を必要とするという要件を満たしておらず，第二に，一院による議決で十分だとされているために，当然ながら大統領への送付はなされない．バーガーは，それゆえに，移民国籍法の議会拒否権規定は違憲であると判示したのであった[15]．

　同時にバーガーは，議会拒否権規定の分離可能性（severability）についても論じている．分離可能であるとは，制定法のある一部分が違憲無効となって

---

13)　その他にも，議会は，移民国籍法の定める議会拒否権規定は，強制送還の停止を定める条文から分離不可能であり，仮に，議会拒否権規定が違憲であったと判断された場合には，同時に強制送還停止の条文も違憲となるために，議会拒否権規定の判断が合憲であれ違憲であれ，チャダは強制送還される，という主張もしていた（Craig 1983, 171）．
14)　462 U.S. 919, 922.
15)　462 U.S. 919, 921.

も，制定法全体が無効となるわけではなく，他の部分は有効なまま存続するという意味である．移民国籍法の場合，もしも，議会拒否権の規定が分離可能でないとすると，議会拒否権の規定が違憲無効となれば，移民国籍法全体が無効となってしまう．そうなれば，仮に，司法長官の強制送還停止の決定に対する議会拒否権の規定が違憲であると判断されたとしても，移民国籍法全体が無効となってしまえば，司法長官へ授与されている強制送還を停止する権限も同時に無効となってしまうのである．それゆえ，判決において，議会拒否権規定の分離可能性は重要な点であった．判決においては，移民国籍法の第406条が重要であった．この条文は，「もしも特定の条文が無効であったとしても，他の条文にその判断は及ばない」と定めていた．それゆえ，バーガーは第244条について，たとえ議会拒否権の規定を定める(c)項2号がなくとも，独立して機能する条文として存続すると判断したのである[16]．

　以上が主文の中心的な法律論であるが，それはカーター大統領が署名時声明によって議会拒否権の違憲性を主張する際に根拠としていたシヴィリッティ司法長官の法律論とほとんど同じであり，大統領の行動が最高裁によって追認されたといえる[17]．チャダ判決は，形式的にはチャダの勝利であったが，実質的には，この裁判はレーガン政権と議会が議会拒否権の正当性をめぐって争った裁判であり，大統領側の勝利であった[18]．この裁判について，バーガー首席裁判官は，「お互いの府の権限の領域を拡張しようという圧力は，たとえそ

---

16) "Controversy over the Legislative Veto," *Congressional Digest*, December 1983, 29.
17) もちろん，最高裁はカーター政権の主張を単純に繰り返したわけではない．例えば，ルイス・パウエル裁判官は，主文の結論に同意しながら，別の理由をあげて，議会拒否権の違憲性を主張している．その理由とは，議会拒否権の規定は，議会による司法府の権能の侵害であるというものであった．議会は，チャダの強制送還の停止を取り消した際に，実質的に，チャダにとって強制送還が望ましいという判断をしているが，そのような行為は，パウエルによれば司法府の権限の侵害であった（462 U.S. 919, 960）．
18) チャダ判決は，チャダ自身にとっては名目上の勝利にすぎなかった．彼は，1980年にアメリカの市民権を持つ女性と結婚しており，たとえ裁判において敗北したとしても，強制送還される恐れは既になかった．裁判はチャダの頭越しに行われており，チャダは，勝訴の知らせを受けた後にも「このような小さな事件が重要なものになった理由が，未だによくわからない」と話していた（"Alien's Deportation Fight Led to Landmark Decision"）．

れが望ましい目的を実現するためのものであったとしても，制限されなくてはならない」と総括している[19]．

それでは，チャダ判決は，大統領と議会の行動に，どのような影響を与えたのだろうか．次に，一次資料を用いながら，大統領と議会によるチャダ判決への対応を明らかにする．議会拒否権をめぐる大統領と議会の争いは，チャダ判決によって終わったのであろうか．

2. 政権の対応

チャダ判決を受けて，レーガン政権において議論の対象となったのは，チャダ判決の効果の範囲であった．チャダ判決そのものの効果は，移民国籍法の議会拒否権規定を無効とするものであり，他の制定法に含まれる議会拒否権の規定を違憲無効とするものではない．ただし，先例拘束性という原則の存在によって，チャダ判決は，将来，ある制定法に含まれる議会拒否権の規定が行使され，その規定をめぐって訴訟が争われた場合に，やはり最高裁が違憲判断を下すであろうという期待を，政権の側に作りだしていた．このことは，政権高官の発言から確認できる．

例えば，判決の翌日には，ホワイトハウス行政管理予算局では，判決の効果について，行政管理予算局法律顧問のマイケル・ホロウィッツから，行政管理予算局長のデイヴィッド・ストックマンを始めとした他のスタッフに向けて報告書が送られている．ホロウィッツが重視していたのは，移民国籍法の議会拒否権規定が違憲だと判断された点，議会拒否権規定に分離可能性が認められた点，パウエル裁判官が「裁判所の結論は，すべての議会拒否権を無効にするであろう」と述べた点であった[20]．行政管理予算局にとって，チャダ判決の効果が及びうる重要な法律は，執行留保統制法であった．前章で見たように，同

---

19) Greenhouse, "Supreme Court, 7-2, Restricts Congress's Right to Overrule Actions by Executive Branch."
20) Memo, Mike Horowitz to David Stockman, Joe Wright, Don Moran, Fred Khedouri, Al Keel, John Cogan, Connie Horner, Chris DeMuth, Hal Steinberg and Pete Modlin, June 24, 1983, Folder "JGR Chadha 6 of 9," Box 8, John G. Roberts Files, Ronald Reagan Library.

法では，大統領が予算の執行を繰延する場合には，議会への通知義務が課せられており，議会は，両院共同決議によって繰延を拒否することが可能であった．ホロウィッツは，「この議会拒否権の規定は，チャダ判決によれば，明らかに違憲である」と述べている[21]．判決直後から，チャダ判決の持つ広範な影響力について検討を始めていたのは，行政管理予算局だけではなかった．米国通商代表部では，1974年通商法（Trade Act of 1974）の議会拒否権の規定が，有効のままであるのか，無効となったのかについて混乱していた[22]．また，大統領法律顧問室の中では，議会拒否権への違憲判決が，戦争権限法にも影響を及ぼすのではないかという議論が始まっていた[23]．

このように，様々な部局が独自にチャダ判決の効果を見極めようとしていたが，大統領法律顧問のフレッド・フィールディングが，政権としての見解を1983年6月29日にまとめている．基本的なトーンは，チャダ判決がレーガン政権にとって大きな勝利であったというものである．彼によれば，連邦最高裁は，「チャダ判決において，政権の主張に賛成し」，さらに「全ての議会拒否権規定を違憲だと判断した」という．フィールディングは，チャダ判決の効果はあらゆる議会拒否権の規定に及ぶものだと理解していた．この根拠として，フィールディングも，ホロウィッツと同様に，上記のパウエル裁判官の言葉を引用している[24]．

レーガン政権の高官たちは，チャダ判決が，あらゆる制定法の議会拒否権へと及び，それまでの大統領と議会の関係を一変させる可能性を感じ取るとともに，その機会に乗じて議会を出し抜くようなまねはしてはいけないと考えた．フィールディングは，レーガンの腹心であり大統領顧問であったエドウィン・ミースに，チャダ判決について政権がとるべき今後の方針を伝えている．このメモの中で，フィールディングは，「議会がチャダ判決に過剰に反応し，執政

---

21) Ibid.
22) Memo, Wendell W. Gunn to Edwin L. Harper, June 23, 1983, Folder "JGR Chadha 7 of 9," Box 8, John G. Roberts Files, Ronald Reagan Library.
23) Memo, Bob Turner to Fred F. Fielding, June 23, 1983, ibid.
24) Note, Fred F. Fielding, June 29, 1983, Folder "SMC/Legislative Veto," Box 7, Sherrie Cooksey Files, Ronald Reagan Library.

府の権限を早急に制限しようと試みるおそれがある」と指摘している25)．すなわち，フィールディングは，議会が議会拒否権によって執政府と行政組織を監視できないことを理由に，法律による授権を取りやめてしまう危険性に気づいていた．

　そこでフィールディングは，ホワイトハウス行政管理予算局の立法対策室（Office of Legislative Affairs）が中心となって，「主要な議員と会い，議員たちの不安を鎮める必要がある」とミースに伝えている．議員たちの不安を払拭するために，フィールディングは，議会拒否権の規定が無効だと考えつつも，「既存の議会拒否権の規定の中の，『報告』規定（"report" provision）にだけは従う」ことを提案している．すなわち，カーター政権と同様に議会拒否権規定を報告・待機規定として読み替えるという提案である．フィールディングは，このような読み替えの方針を，「控えめのアプローチ（low-key approach）」と呼び，「協力的な態度をとることによって，議会の恐怖を取り払い，議会の過剰反応を防ぐことができる」と考えていた26)．

　フィールディングは，この方針が，政権全体で共有されなければならないと考えていた．議会拒否権の規定を含む制定法に関連する省や独立行政委員会は多岐にわたっており，各部局が独自に行動すれば，どこかの部局が議会との衝突を起こすことになるだろうと考え，政権の中で，ホワイトハウスと司法省がリーダーシップを取る必要性があると主張した．なによりも，議会拒否権規定の無効化は，大統領と議会との関係の変容を意味しており，フィールディングによれば「執政権そのものが問題」となっていたために，ホワイトハウスと司法省が中心とならなければいけなかった27)．

　チャダ判決に政権としてどのように対応するべきかを定めるために，司法省が中心となってワーキング・グループが結成された．判決から4日後の6月27日に，その最初の会議が行われた．この会議の議長は，司法省法律顧問室

---

25) Memo, Fred F. Fielding to Edwin Meese III, James A. Baker III and Kenneth M. Duberstein, June 29, 1983, Folder "WH Staff Memos - Counsel's Office 3 of 4," Box 4, James A. Baker III Files, ibid.
26) Ibid.
27) Ibid.

長のセオドア・オルソンが務め，司法省からは他に，民事局（Civil Division）のポール・マクグラスらが参加した．ホワイトハウスからは大統領法律顧問室のジョン・ロバーツ[28]，立法対策室の代表と行政管理予算局法律顧問のホロウィッツが参加した．さらに，国防総省と国務省からも法律顧問が加わった．国防総省と国務省の法律顧問を加えた理由について，議長を務めたオルソンは，「戦争権限法といった，最もデリケートで論争の的になっている議会拒否権の規定が，これらの省に影響を及ぼすからである」と，ウィリアム・スミス司法長官に説明している[29]．

この会議では，チャダ判決にどのように対応するかが協議された．まず，司法省民事局が，議会拒否権の規定を含む制定法に関連する全ての訴訟の指揮を執ることが決まった．次に，司法省法律顧問室の下で，どの法律に議会拒否権の規定が含まれているのかを明らかにするために網羅的なリストを作成することが決められた．最後に，議会拒否権をめぐる議会とのやり取りは，立法対策室の下で一元化することが決められた．政権の対内的な方針としては，それぞれの省や独立行政委員会が，関連する制定法の議会拒否権について独自の利害関係を持っているとしても，議会拒否権に関する争点は全て，司法省とホワイトハウスが一元的に対処すると定められた．他方で，ワーキング・グループは対議会戦略として，報告・待機規定を遵守することを決定した．この会議では，議会と協調的な姿勢をとり，早急な変化を求めないというメッセージを伝えることが，「議会の攻撃的な反応や，議会との関係を危機においやらないために必要である」ことが確認された[30]．

議会を不用意に刺激しないという方針は，会議に参加していなかったスタッフの間にも共有された．大統領法律顧問室の副室長であったリチャード・ハウ

---

28) ジョン・ロバーツは，2005年にジョージ・W. ブッシュ大統領から，連邦最高裁判所首席裁判官に任命された．
29) Memo, John G. Roberts to Fred F. Fielding, June 27, 1983, Folder "JGR Chadha 7 of 9," Box 8, John G. Roberts Files, Ronald Reagan Library; Memo, Theodore B. Olson to William F. Smith, July 1, 1983, Folder "SMC/Legislative Veto," Box 7, Sherrie Cooksey Files, ibid.
30) Memo, John G. Roberts to Fred F. Fielding, June 27, 1983; Memo, Theodore B. Olson to William F. Smith, July 1, 1983.

ザーは，ホワイトハウスと各省との関係を調整するキャビネット担当大統領補佐官のクレイグ・フュラーとの間で，「我々のコンセンサスは，議会の過剰反応を防ぐことである」と，政権の方針を確認している．その上で，立法対策室のスタッフが，「議員と会い，彼らを落ち着かせ，政権が『報告』規定を遵守し，チャダ判決の効果について，議会と長期的に見極めていくつもりだと伝える」ことが必要だと述べている[31]．大統領顧問であったミースも，司法省のワーキング・グループの決定した方針に同意していた．彼は，行政管理予算局長のストックマンとの間で，「議会を挑発してはならない」ことと，「報告・待機規定には従わなくてはならない」ことを確認していた[32]．

この会議の後，決定された方針に従って，司法省法律顧問室は各省と独立行政委員会に対して，議会拒否権の規定を含む制定法を報告するよう通達を送り[33]，司法省民事局のマクグラスは連邦政府の全ての法曹と法律顧問に対して，「係争中の訴訟と，今後起こされる訴訟に，議会拒否権の規定が関連している場合には，司法省民事局に全て通知するよう」に要求した．この通達の中で，マクグラスは，チャダ判決は「広範囲に及びうる判決」であり，今後，多くの訴訟が生じることが予想されると述べている[34]．

マクグラスの予想は，1983年7月6日に下された連邦最高裁の判決によって現実のものとなった[35]．すなわちアメリカ消費者エネルギー評議会判決で，1978年天然ガス政策法（Natural Gas Policy Act of 1978）の一院拒否権と，1980年連邦取引委員会改善法（Federal Trade Commission Improvements Act of 1980）の二院拒否権に対して，違憲判断が下されたのである[36]．

---

31) Memo, Richard A. Hauser to Craig L. Fuller, July 1, 1983, Folder "JGR Chadha 6 of 9," Box 8, John G. Roberts Files, Ronald Reagan Library.
32) Memo, John G. Roberts to Fred F. Fielding, July 12, 1983, ibid.
33) Memo, Theodore B. Olson to All Agency General Counsel, June 30, 1983, Folder "SMC/Legislative Veto," Box 7, Sherrie Cooksey Files, Ronald Reagan Library.
34) Memo, J. Paul McGrath to All United States Attorneys and All General Counsels, June 28, 1980, ibid.
35) Process Gas Consumers Group v. Consumer Energy Council, 463 U.S. 1216 (1983).
36) 天然ガス政策法は，連邦エネルギー規制委員会に対して，天然ガス価格を規制する権限を認めると同時に，議会の少なくとも一院が30日以内に不承認の決議をすれば規制

第1節　チャダ判決をめぐる大統領と議会の対応　101

　この判決は，レーガン政権にとって重要であった．行政管理予算局法律顧問のホロウィッツは，天然ガス政策法には，チャダ判決で問題となっていた移民国籍法とは異なり，分離条項が含まれていない点に注目していた．アメリカ消費者エネルギー評議会判決によって，最高裁は分離条項がなくとも，議会拒否権の分離可能性を認めることが明らかになり，より多くの制定法において，議会拒否権規定が無効とされる可能性が高くなったのである[37]．

　チャダ判決に続いたこの判決を受けて，司法省法律顧問室のオルソンはスミス司法長官に対して，「12名の控訴裁判所裁判官，2箇所の控訴裁判所，6名の最高裁裁判官が，一院拒否権と二院拒否権の両方の議会拒否権を，違憲だと判断した」と伝え，あらゆる議会拒否権の合憲性が疑わしいものになったという内容のメモを送っている．オルソンは，チャダ判決におけるバイロン・ホワイト裁判官の言葉を引用し，これらの判決が「他の200の制定法の条文にとっての，死を知らせる鐘の音のように聞こえる」とも伝えていた[38]．

　議会拒否権の違憲性を最高裁が広く認めた後に，行政管理予算局は，各省と独立行政委員会に対して，法執行の際に，議会拒否権の規定が関連する場合に

　　は失効するという一院拒否権を定めていた．連邦エネルギー規制委員会の規制に対して，下院が拒否権を行使すると，不利益を被ったとして，アメリカ消費者エネルギー評議会が出訴した．D.C.特別区連邦控訴裁判所は，議会拒否権の規定が，二院による可決と大統領への送付という，憲法に明示されている立法の要件を満たさないために違憲であると判断した（673 F. 2d 425, 1982）．連邦取引委員会改善法事件の争点は二院拒否権であった．連邦取引委員会改善法第21条(f)項1号は，連邦取引委員会に対して，中古車販売についての規則を制定する権限を認めると同時に，議会には両院による不承認の議会拒否権の権限を留保していた．連邦取引委員会が，中古車の販売に関する正確な情報の開示に関する規則を発すると，両院は不承認の両院共同決議によって規則を無効としたのであった．D.C.特別区連邦控訴裁判所は，アメリカ消費者エネルギー評議会事件に対する控訴審判決を援用し，連邦取引委員会改善法の議会拒否権の規定を違憲とした（691 F. 2d 575, 1982）．最高裁は，この二つの事件に対して，略式裁判によって控訴審判決を容認した（宇賀2000, 227-228）．

37) Memo, Mike Horowitz to David Stockman, Joe Wright, Don Moran, Fred Khedouri, Al Keel, John Cogan, Connie Horner, Chris DeMuth, Hal Steinberg and Pete Modlin, June 24, 1983.
38) Memo, Theodore B. Olson to William Smith, July 8, 1983, Folder "JGR Chadha 7 of 9," Box 8, John G. Roberts Files, Ronald Reagan Library.

は必ず，行政管理予算局に報告するよう通達を出した．この通達では，「議会に提出する規則案や報告書など，あらゆるもの」を，行政管理予算局に通知しなくてはならないとされた[39]．この通達の草案のチェックを依頼された大統領法律顧問室のロバーツは，「この通達の目的は，無効となった議会拒否権に対して，足並みをそろえ，議会との無用な対立を防ぐことにある」と述べている[40]．

この通達が遵守されていたことは，レーガン政権の資料から明らかである．例えば，国務省は，議会拒否権の有効性について，行政管理予算局に問い合わせを行っている．戦争権限法，1961年対外援助法（Foreign Assistance Act of 1961），1976年武器輸出管理法（Arms Export Control Act of 1976），1978年核不拡散法（Nuclear Non-Proliferation Act of 1978），1954年原子力法（Atomic Energy Act of 1954）といった，国務省が関係する重要な法律には，議会拒否権の条項が数多く含まれており，国務省はそれぞれの規定の有効性を問い合わせた．行政管理予算局は，司法省と国家安全保障会議とに協力を求め回答集を作成し，「上記の全ての法律に含まれる議会拒否権の規定は，制定法全体から分離可能であり，その上で違憲無効である」としながらも，報告・待機規定を遵守し，議会との無用な対立を避けるよう伝えている[41]．

以上のように，レーガン政権は，司法省と大統領法律顧問室を中心として，チャダ判決が広範な影響力を持つと理解し，それゆえに，議会に過剰な反応を起こさせぬように，協調姿勢を取ることを決定していた．それでは，議会はチャダ判決と政権の穏健な方針に対して，どのような反応を示したのだろうか．

3. 議会の対応

議会から政権に対してまず直接意見を伝えたのは，カーター政権期から議会拒否権の推進者であったエリオット・レヴィタス下院議員であった．レヴィタ

---

39) Memo, Fred F. Fielding to Richard Darman, July 25, 1983, Folder "JGR Chadha 7 of 9," Box 8, John G. Roberts Files, Ronald Reagan Library.
40) Memo, John G. Roberts to Fred F. Fielding, July 25, 1983, ibid.
41) Memo, John G. Roberts to Fred F. Fielding, July 28, 1983, Folder "JGR Chadha 5 of 9," Box 8, John G. Roberts Files, Ronald Reagan Library.

スは 1983 年 7 月 19 日にレーガン大統領に宛てて書簡を送り,「議会は,裁判所の決定に従ったとしても,執政府の決定に対抗するために,様々な対応をとることができる.例えば,授権していた権限のほとんどを与えないというような方法である」と述べ,政権が議会の監視の目から逃れることに対して警告を送っていた[42].

他の議員も,チャダ判決以降,議会の様々な場で,議会拒否権を議題として取り上げた.そこでは,今後の対応方針については議論が分かれていたものの,チャダ判決は広範な影響力を持つという共通認識が広がっていた.例えば,民主党のジョン・モークリー下院議員は,6 月 29 日に,「チャダ判決は,全ての類型の議会拒否権を無効とし,執政府と立法府の関係を抜本的に変化させるだろう」と述べている[43].あるいは,下院司法委員会に所属する共和党のハミルトン・フィッシュ議員は,1984 年 2 月 23 日に下院議事運営委員会に呼ばれ,「チャダ判決は,あらゆる類型の議会拒否権規定を違憲であると結論した」とチャダ判決の効果について説明している[44].チャダ判決の効果が限定的であるという主張は議会の中にも見られず,既存の議会拒否権規定が無効であるならば,今後どうするのかという点に議論は集中した.

議会の中で主張された対応策の一つは,議会拒否権を捨て去るというものであった.例えば下院では,民主党のニール・スミス議員は,6 月 27 日に,「常々,議会拒否権は幼稚で,違憲な道具だと考えてきた.すでに議会は執政府に授権しているのであり,執政府の決定を覆すというのは,執政権の侵害である」と述べており,議会拒否権への否定的な見方を示した.スミスは,「行政組織を監視するための適当な手段は,予算の決定権そのものである」と主張している[45].上院でも同様の主張を見つけられる.民主党のウェンデル・フォード議員が,1983 年 7 月 19 日に,「私は,ずっと,議会拒否権の規定について明確に反対を唱えてきた.私は,議会拒否権が違憲であるばかりでなく,

---

42) Leslie Maitland Werner, "Two Officials Say Ban on Congress Veto Poses Few Problems," *New York Times*, July 21, 1983.
43) "Controversy over the Legislative Veto," 301.
44) *Congressional Record*, February 28, 1984, E661.
45) "Controversy over the Legislative Veto," 301.

非効率だと考えている」と述べており、議会がとるべき対応策は、行政組織のスタッフの公聴会への召喚などの「通常の監視」であると訴えている[46]。ただし、これらの声は、議会の中では少数派であった。ほとんどの議員は、チャダ判決を前にしながら、いかに議会拒否権の仕組みを存続させられるかに心を砕いていた。

その最も大胆な対応策は、民主党のデニス・デコンシーニ上院議員による憲法修正の試みであった。この憲法修正案は、憲法上の議会の権限に、議会拒否権を行使する権限を追加しようとするものだった。仮にこの憲法修正が成功すれば、チャダ判決で下された違憲判決を根本から覆すことができるはずであった。しかしながら、多くの議員たちは、憲法修正には乗り気ではなかったようである。デコンシーニの憲法修正案は、7月27日に上院司法委員会に付託され、憲法問題小委員会において公聴会も開かれたものの、上院本会議に提出されることなく廃案となった[47]。当然ながら、レーガン政権も、デコンシーニの憲法修正案に反対であった。司法省は、彼の憲法修正案に対して、「チャダ判決は、建国の父祖たちの構想した権力分立原則を反映している憲法の条文から導かれたのであり、技術的に修正できるものではない」とし、憲法修正によっても、議会拒否権の規定を有効にはできないものと考えていた。大統領法律顧問室も、この司法省の意見に同意していた[48]。

議員たちは、憲法修正という実現可能性の低い方法ではなく、より堅実な対応策を模索していた。チャダ判決において、移民国籍法の議会拒否権が違憲とされた理由は、第一に、上下両院による議決を伴わないためであり、第二に、大統領への送付を伴わないためであった。そこで、議員たちは、この二つの条件を満たすような一律の修正を試み、二種類の修正案を議論した[49]。

---

46) Ibid., 297.
47) S.J. Res. 135, 98th Congress; Berry (2008), 70-71.
48) Memo, John G. Roberts to Fred F. Fielding, May 14, 1984, Folder "226000-236999," Box 2, WHORM: Subject File, Ronald Reagan Library.
49) Hearings on the Impact of the Supreme Court Decision in the Case of Immigration and Naturalization Service v. Chadha which found the legislative veto unconstitutional, before the Committee on Rules, House of Representatives, Ninety-Eighth Congress, Second Session, May 10, 1984, 749.

第一の修正案は，民主党上院議員のカール・レヴィンとデイヴィッド・ボーレンによって提案された．彼らは議会拒否権規定を，カーター政権以来，政権が支持してきた報告・待機規定に修正すべきだと論じた．行政組織と独立行政委員会は，予定している規則を議会へと報告し，一定の期間待機する．議会はその期間に，大統領への送付を必要とする両院合同決議によって，提案されている規則を差し止めるというものである．この場合，大統領は議会の両院合同決議に対して拒否権を行使できるため，議会は規則を取り消すために，実質的には3分の2の賛成を必要とする．事実上，議会が法案を大統領に提出することと同じであり，大統領に有利な修正案だと言える[50]．

第二の修正案は，共和党下院議員のトレント・ロットとチャールズ・グラスリーが提案していた．この修正案では，行政組織と独立行政委員会が作成する主要な規則はすべて，議会の両院が可決した上で，大統領の署名によって効力を持つとされた．この修正案について，1984年5月10日に，下院の議事運営委員会において公聴会が開かれ，行政管理予算局からクリストファー・デムースが召喚され，批判的な証言をしている．彼によれば，「この方式では，議会の一院が規則を否決すれば，規則の発効を止めることができる．この方法は，チャダ判決以前の一院拒否権と実質的に同じ効果を持っている」ために，憲法上疑わしいのであった[51]．

結局のところ，これらの修正案も，憲法修正案と同じく，両院を通過することはなかった．議会は一律に問題を解決するという方法をとらずに，個別の法律について一つずつ，対応していった．議会は，多くの事例で裁判所の意向に従ったといえる．ここでは，代表的な事例として戦争権限法，国家緊急事態法（National Emergencies Act of 1976），執行留保統制法を取り上げ，議会拒否権規定の修正が広く行われていたことを示す事例として，1973年に制定されたワシントンD.C.自治法（D.C. Self-Government and Governmental Reorganization Act）[52] について見ていきたい．

レーガン政権は，チャダ判決が下された直後から，戦争権限法の議会拒否権

---

50) Ibid.
51) Ibid.
52) ワシントンD.C.自治法は，"Home Rule Act" とも呼ばれる．

の規定は違憲であるという立場を取っていた53)．メディアも，「戦争権限法で定められているような，大統領に撤兵を強制する権限は，チャダ判決によって，議会から奪われるだろう」と論じていた54)．議会の中にも，チャダ判決によって，戦争権限法が無意味な法律になっているのではないかという考えが広がっていた．共和党のバリー・ゴールドウォーター上院議員による議会演説が，そのことをよく示している．彼は，1983年7月12日に，チャダ判決の効果が戦争権限法の議会拒否権の規定にも及び，戦争権限法の全体が今や無効となっているという主旨の演説を行った．ゴールドウォーターは，「最高裁がチャダ判決において行った違憲性の判断が，戦争権限法を無効にする効果を持っている」と述べている．もしも，戦争権限法の議会拒否権の規定が違憲であり無効であるならば，それは，戦争権限法の全体の陳腐化を意味していた．戦争権限法の「心臓部分は，議会拒否権の規定である．それゆえ，戦争権限法は，議会拒否権が違憲であるなら，明らかに効果を失っている」というのである55)．

　ゴールドウォーターは，7月13日に，大統領法律顧問室に宛てて，戦争権限法の有効性について問い合わせている56)．その答えが，大統領法律顧問のフィールディングからゴールドウォーターに届けられたのは，7月28日のことであった．フィールディングは，「戦争権限法の議会拒否権の規定は違憲」であり，同時に，「戦争権限法全体から分離可能である」と指摘し，戦争権限法そのものは有効であると強調した．さらに，フィールディングは，「我々は，チャダ判決を『利用する』つもりはなく，これまで議会拒否権の対象となっていた事柄について，議会と密接に連絡を取り合い，協調していく」という方針を伝えた57)．

---

53)　Note, Fred F. Fielding, June 29, 1983, Folder "SMC/Legislative Veto," Box 7, Sherrie Cooksey Files, Ronald Reagan Library.

54)　Greenhouse, "Supreme Court, 7-2, Restricts Congress's Right to Overrule Actions by Executive Branch."

55)　*Congressional Record*, July 12, 1983, S9670.

56)　Letter, Barry Goldwater to Ken Duberstein, July 13, 1983, Folder "JGR Chadha 6 of 9," Box 8, John G. Roberts Files, Ronald Reagan Library.

57)　Letter, Fred F. Fielding to Barry Goldwater, July 28, 1983, ibid.; Memo, John G. Roberts to Fred F. Fielding, July 28, 1983, ibid.

同日，国務副長官のケネス・ダムが，上院外交委員会において，チャダ判決が戦争権限法にどのような影響を及ぼすのかについて，証言を行っている[58]．彼の証言の内容は，フィールディングによる返答と歩調を合わせていた．ダムは，開戦宣言を伴わずに敵性地域に派遣されている軍の撤退を，議会が両院共同決議によって決定できるとする条文は違憲であり，他の部分から分離可能であると証言した[59]．

議会は，戦争権限法がチャダ判決の下で死文となっており，大統領に撤兵を迫る権限を失うのではないかという恐怖から，修正に臨んだものの，両院共同決議を両院合同決議へと修正することはなかった．最終的に，議会は，撤兵を強制する両院共同決議の規定を残したまま，大統領に撤兵を求める両院合同決議の規定を追加することで，チャダ判決に対応した（Fisher 2005b, 2）．

1985年には，国家緊急事態法の，両院共同決議による議会拒否権の規定が，両院合同決議へと切り替えられた．もともとの法律は，大統領に，2年を最長の期間として，緊急事態を宣言する権限を与えると同時に，議会が両院共同決議によって，いつでも緊急事態を解除できると定めていた．1985年の法改正によって，大統領は，議会が緊急事態の解除を求める両院合同決議を可決した場合にも，それに拒否権を用いる機会が与えられ，議会は，実質的には3分の2の合意がなければ，緊急事態を終了させられなくなった（Fisher 2005b, 2; Relyea 2001, 13-15; 中山 2003, 180）．

執行留保統制法の議会拒否権規定も修正された．第2章で論じたように，ニクソン大統領による予算の執行留保に対抗するために議会が立法した執行留保統制法の心臓部にも，戦争権限法と同じく，議会拒否権の規定が盛り込まれていた．この法律は，大統領に予算の繰延の権限を与えると同時に，一院の決議による拒否権を議会に留保していたのであった．1986年に，レーガン大統領が予算の繰延を議会に通達すると，その繰延によって，本来であれば予算を受

---

58) Martin Tolchin, "Congress Digs In after Legislative Veto," *New York Times*, July 31, 1983.
59) Statement, Kenneth W. Dam, Before the Committee on Foreign Relations of the United States Senate, July 28, Folder "JGR Chadha 6 of 9," Box 8, John G. Roberts Files, Ronald Reagan Library.

け取るはずであったニューヘイヴン市が，連邦政府を訴えた．この裁判では，大統領による予算の繰延権限が有効であるかどうかが争点となった．原告側は，チャダ判決によって一院拒否権は無効となっており，議会拒否権の規定は大統領の繰延権限と不可分に結びついているので，同時に，大統領の繰延権限も当然に無効であると主張した．D.C. 特別区連邦控訴裁判所は原告の主張を支持する判決を下した[60]．この事例では，議会拒否権の規定と，大統領に授与されている権限とが，分離不可能だと判断されたのである．議会は，この判決を受けて，1987年に執行留保統制法を修正し，一院拒否権の規定を削除するとともに，大統領から繰延権限を剥奪した．ただし，行政組織を運営する上で必要不可欠な繰延に限っては，認められるものとされた（Fisher 2005b, 3）．

議会拒否権規定をチャダ判決に沿うものへと修正するという議会の努力が，様々な立法でなされていたことを示す事例として，ワシントン D.C. 自治法がある．ワシントン D.C. は，行政上の特別区としての地位を持ち，首長と議会を持つ．ワシントン D.C. 議会は，ワシントン D.C. に関する立法権を持つが，この立法に対して，ワシントン D.C. 自治法は，連邦議会に拒否権を認めていたのである．議会拒否権の及ぶ範囲は広く，刑法については一院拒否権を，その他の法について両院共同決議による二院拒否権を認めていた[61]．レーガン政権の司法省は，「最高裁のチャダ判決は，ワシントン D.C. 自治法の議会拒否権の規定に適用される」と結論しており，この見方は，大統領法律顧問室にも共有されていた[62]．連邦議会の議員たちも，同様に，ワシントン D.C. 自治法の議会拒否権規定に，チャダ判決の効果が及ぶものと考えていた．これらの一院拒否権と二院拒否権の規定を両院合同決議へと修正するという法案が，下院と上院で可決されることとなった[63]．

---

60) City of New Haven, Conn. v. United States, 809 F. 2d 900 (D.C. Cir. 1987); City of New Haven, Conn. v. United States, 634 F. Supp. 1449 (D.D.C. 1986).
61) Memo, John G. Roberts to Fred F. Fielding and Richard A. Hauser, March 12, 1984, Folder "JGR/Chadha 1 of 9," Box 8, John G. Roberts Files, Ronald Reagan Library.
62) Ibid.; Memo, John G. Roberts to Fred F. Fielding, April 19, 1984, Folder "JGR/Chadha 1 of 9," Box 8, John G. Roberts Files, Ronald Reagan Library.
63) 下院の法案は，1983年9月20日に提出された（H.R. 3932, 98th Congress）．上院の法案は，下院の法案とほぼ同じ内容で成立した（S. 1858, 98th Congress; 98 Stat S131,

連邦議会がこれらの立法において，議会拒否権規定を修正したのは，チャダ判決に沿った形で，できるだけ，議会による監視を残そうとしたためであった．いかに連邦最高裁が違憲判決をだそうとも，議会が執政府と行政組織に授権した権限の監視を試みるのは当然であった．

4. 議会拒否権の存続

これまで，議会が様々な立法において，チャダ判決に対応してきたことを示したが，議会は，既存の制定法すべてを修正したわけではなかった．先行研究は，議会が議会拒否権の規定を含むいくつもの制定法をそのままに残したばかりでなく，チャダ判決以降も，新たな立法の中において，従来通りの議会拒否権規定を導入してきたことを指摘している[64]．

マイケル・ベリーが作成したデータセットは，どのような変化が議会拒否権に生じたのかをよく表している（Berry 2008, 313-334）．図11は，ベリーのデータセットによって，1931年から2006年までに制定された法律の中で，議会拒否権規定と報告・待機規定を含むものだけを取り出し，類型毎の割合を示したものである．この図では議会拒否権規定と報告・待機規定とを分け，それぞれの中で，一院もしくは二院が主体となっているものと，委員会が主体となっているものとを分けた．この図からは，チャダ判決以後，一院もしくは二院による議会拒否権規定が減少しており，その減少分を，委員会を主体とした拒否権規定と報告・待機規定が補うように増加していることがわかる．

図11で，大きく割合を減らしている類型が，一院もしくは二院による議会拒否権であり，これはまさしく，チャダ判決によって違憲判決が下された類型である．この類型が減少しているという点で，議会は最高裁判決に基本的には従っていたということができる．その意味では，議会拒否権に対抗することを目的とした署名時声明は，1983年以降，そもそも用いる必要が低くなっていると言える．

他方で，委員会による拒否権という類型は増えている．委員会に認められた

1984; Fisher 2005b, 2).

64) チャダ判決後の議会拒否権の変遷については以下を参照．Berry (2008), 71; Berry (2009), 247; Epstein & O'Halloran (1999), 100-101; Fisher (2005a), 1; Fisher (2005b), 1.

図 11 議会拒否権・委員会拒否権と報告・待機規定

出典：Berry（2008）より作成．

拒否権は，「委員会拒否権（committee veto）」と呼ばれている．委員会拒否権も，議会拒否権と同様に，執政府と行政組織に対して，規則を制定する際に委員会に報告することを義務づける．委員会には，報告を受けた内容について，承認もしくは不承認の決議を下す権限が与えられる．一見すると，議会拒否権規定と何ら変わった点はなく，やはりチャダ判決の効力が及ぶようにも見える．しかし，拒否権を与えられた主体が，議会の本会議ではなく委員会であったという点が重要であった．

1983 年以降の委員会拒否権規定において，拒否権を付与されていたのは，多くは歳出委員会（appropriation committee）と歳出授権委員会（authorization committee）であった．これらの委員会は，委員会拒否権規定に従って，行政組織からの法執行の報告を受け，それに対する歳出の承認もしくは歳出授権の承認を行う．つまり，これらの委員会が，提案されている具体的な法執行に対して予算を認めなければ，行政組織はその法執行を行うことができなくなるのである．注意しなくてはならないことは，歳出委員会と歳出授権委員会の決定はあくまでも，連邦議会における歳出の手続きに影響を及ぼすものであり，連邦議会の外部の権利義務関係を変化させるものではない，とされたことである（田中 2012, 51）．

議会は，委員会拒否権を，あくまでも，連邦議会内部の手続きに関するものに過ぎず，チャダ判決に違反するものではないとしていたが，実際には，行政組織の法執行を抑制することができるという点で，効果の上では，従来の議会

拒否権規定と似通ったものであった．当然の帰結として，レーガン政権は委員会拒否権をめぐって，議会と対立することになる．チャダ判決への対応を，政権と議会がともに探っていた1984年に，1985会計年度住宅・都市開発省及び独立行政機関歳出予算法（Department of Housing and Urban Development - Independent Agencies Appropriation Act, 1985）をめぐって，政権と議会の間で激しい交渉が行われた．同法は，航空宇宙局の予算も定めており，航空宇宙局が予算を流用する場合には，事前に歳出委員会からの承認を必要とするという，委員会拒否権規定を含んでいた（Fisher 2005b, 3）．

　レーガン政権は当初，この予算法の委員会拒否権の規定は違憲であり，歳出委員会からの承認を得ずとも，航空宇宙局は予算を流用することができると主張した[65]．このような政権の主張に対して，議会は真っ向から対立する姿勢をとった．下院歳出委員会は，委員会拒否権の規定を削除すると同時に，これまで航空宇宙局に与えていた予算流用の権限を削除すると宣言したのであった．もしも，予算流用の権限が翌年度の歳出予算法から削除されたならば，航空宇宙局は予算を流用しようとするたびに，新たな立法を必要とすることになる．もちろん，航空宇宙局はそのような面倒な事態を望まなかった．航空宇宙局局長のジェイムズ・ベッグズは1984年8月9日に，歳出委員会に書簡を書き，妥協を求めた．ベッグズはこの書簡の中で，航空宇宙局の予算流用権限を継続するよう求めると同時に，歳出委員会の同意なしに予算を流用しないことを誓った．最終的に，委員会拒否権は存続し，航空宇宙局の予算流用の権限は維持された（Fisher 2005b, 3-4）．

　この事例では，レーガン大統領は，委員会拒否権の規定を嫌ったが，行政組織である航空宇宙局は，委員会からの監視に服してでも，柔軟に予算を用いたいと考えたのであった．また，議会の歳出委員会は，航空宇宙局を監視しなければならないと考えていた．すなわち，大統領を別として，行政組織と議会は，委員会拒否権を存続させることに共通の利益を持っていたのである．それゆえ，チャダ判決以降，様々な政策分野で委員会拒否権という類型が増加していった

---

65) Ronald Reagan, "Statement on Signing the Department of Housing and Urban Development - Independent Agencies Appropriation Act, 1985," July 18, 1984, *Public Papers of the Presidents of the United States: Ronald Reagan, 1984*, 1056-1057.

(Fisher 2005b, 4; Kaiser 1984, 243).

　委員会拒否権が用いられた事例としてもう一つ，国際開発庁に関わる歳出予算法を取り上げたい．議会は，対外援助を主な業務とする部局である国際開発庁に対して，予算を流用する場合には，歳出委員会から書面による許可を得るように定め，1988 会計年度対外活動，輸出金融及び関連歳出予算法（Foreign Operations, Export Financing, and Related Programs Appropriations Act of 1988）に，委員会拒否権を盛り込んでいた（Berry 2008, 72）．

　行政管理予算局のジェイムズ・ミラーは，議会に対して書簡を送り，委員会拒否権は，チャダ判決に照らして違憲であると述べ，今後は，委員会拒否権の規定を予算法に盛り込まないように求めた．下院歳出委員会は，ミラーからの要求に対して，委員会拒否権の規定を削除するならば，同時に，国際開発庁の予算流用の権限も削除するとミラーに返答した．下院歳出委員会は，国際開発庁が特定の予算を流用する度に新たな立法を必要とするようになるとして，ミラーを脅したのであった（Fisher 2005a, 23）．下院歳出委員会の対外援助小委員会の委員長であった民主党のデイヴィッド・オベイ議員は，「私にとって，ミラーの書簡は，もはや政権が妥協をしないということを通告してきているように思えた．それならば，我々は政権に対して，歳出予算法で決定している通りに，全ての予算を執行するよう求める」と述べている[66]．

　ミラーの通知に対する下院歳出委員会の強硬な態度を受けて，レーガン政権は，歳出予算法に盛り込まれた委員会拒否権の規定を黙認したのであった．1989 会計年度対外活動，輸出金融及び関連歳出予算法（Foreign Operations, Export Financing, and Related Programs Appropriations Act of 1989）の審議が始まると，ミラーは再び，国際開発庁の予算流用に対する委員会拒否権が違憲だと下院歳出委員会に伝えた．すると，議会は，ミラーからの求めに応じて委員会拒否権の規定を削除すると同時に，国際開発庁に対して授権していた予算流用の権限を削除したのであった．議会は，政権側が最も恐れていた，授権そのものの削除という強力な手段に訴えたのであった（Fisher 2005a, 23）．

---

66) Edward Walsh, "OMB Objection Raises House Panel's Hackles," *Washington Post*, August 13, 1987.

レーガン政権は，議会からのこの対応にあわて，1990 会計年度対外活動，輸出金融及び関連歳出予算法（Foreign Operations, Export Financing, and Related Programs Appropriations Act of 1990）の審議では，議会との妥協点を探ることになった．その結果として採用されたのは，委員会への報告と待機を定める報告・待機規定であった．国際開発庁は，上下両院の歳出委員会に，流用について報告をして，それから 15 日間待機する．もしも，委員会がその期間内に反対の立場を示した場合には，国際開発庁は，非常な危険をもってその流用を実行することになる．委員会からの反対を無視すれば，翌年度の予算法における流用権限の喪失につながりかねないからである（Fisher 2005a, 23; Berry 2008, 74）．

　報告・待機規定は議会拒否権の規定と異なり，委員会が行政組織の政策を法的に無効にすることを認めるものではないが，行政組織としては委員会との長期的な関係を考慮せざるを得ず，報告・待機規定であったとしても，行政組織にとっては，委員会の意図から逸脱した行動をとることに対する強力な威嚇の手段として機能していたのである．

　1983 年のチャダ判決とその後の一連の判決をうけて，レーガン政権は，議会拒否権が無効であると考え，議会による両院合同決議への修正を歓迎した．ただし，議会は唯々諾々と判決に従ったわけではなく，一方では委員会拒否権という形で執政府と行政組織を抑制する方法を残し，他方では，図 11 で見たように，従来通りの議会拒否権規定も，継続して法案に盛り込んでいたのである．本節では，レーガン政権による委員会拒否権への対応について例を挙げて示した．次節では，従来通りの議会拒否権規定に対して，レーガン政権がどのように対応したのかについて論じる．カーター政権において，署名時声明は議会拒否権に対抗するために用いられていたが，やはり，レーガンも署名時声明をそのように用いていたのだろうか．

第2節　法の不執行をめぐる議会との対立

1. 契約競争法の成立とレーガンの署名時声明

1984年契約競争法（Competition in Contracting Act of 1984）が，オムニバス法である1984年財政赤字削減法（Deficit Reduction Act of 1984）の一部分として，1984年7月18日に成立した．レーガン政権と議会は，1984年から1985年にかけて，同法の条文をめぐって争っていく[67]．

契約競争法は，増大する政府予算の削減のために，政府調達について競争的な入札制度を実現することを目的としていた[68]．この法律は，入札に敗北した業者に，入札の公正さに疑問がある場合，会計検査院[69]への抗告の申し立てを認めた．会計検査院長は，抗告受理から90日の間，入札対象の契約の開始を遅らせ，入札に問題がなかったか審理を開き，勧告の意見を出す権限を授権された．会計検査院長が必要と判断した場合には，審理の期間を延長することもできるようになった．会計検査院長には，抗告を認めた場合に，抗告者に，行政組織に対する請求権を認める権限も与えられていた[70]．アメリカの会計

---

[67] David Burnham, "Reagan in Dispute with Congress on Law for Review of Bids," *New York Times*, January 2, 1985.

[68] 下院政府運営委員会が1984年に行った政府調達についての調査によれば，政府調達の案件の60％が競争入札なしで業者に委託されており，それらは国防総省，エネルギー省，退役軍人省，運輸省，航空宇宙局に集中していた．これらの機関では，ほとんど入札は行われていないにもかかわらず，金額ベースで見ると，政府調達の94％を占めていた．さらに，軍事部門の政府調達に至っては，契約を結んでいる上位25社が，全体の50％を占めるという状況であった．議会は，このような政府と企業との強力な結びつきが，無駄な支出を増大させているとして，公正な入札制度の導入を求めたのである (ibid.).

[69] 会計検査院（General Accounting Office）は，2004年に行政活動検査院（Government Accountability Office）に名称変更した（益田 2010, 8）．

[70] Larry L. Simms, "Implementation of the Bid Protest Provisions of the Competition in Contracting Act," *Opinions of the Office of Legal Counsel*, Vol. 8, October 17, 1984, 238; David Burnham, "Accounting Office May Review U.S. Contracts, Judge Rules," *New*

検査院は，日本の会計検査院が内閣と国会から独立した機関であるのに対して，議会のための調査・監査機関として位置づけられている（益田 2010, 17）．ただし，会計検査院長の人事は，大統領が指名し，上院が承認するという手続きを必要としており，この点が，会計検査院が立法府に属すのか，執政府に属すのかという，これから取り上げる論争の起点になっている．

　レーガン政権の司法省は，契約競争法案の審議中，契約の開始時期を任意に変更できる権限を会計検査院長に与えることに反対していた．司法省は，1984年4月20日に，契約競争法案を審議していた下院政府運営委員会委員長のジャック・ブルックス民主党議員に対して，意見書を送っている．この中で，司法省は第一に，会計検査院長は立法府に属する役職であるために，そのような立法府のエージェントに，任意に政府調達の契約の開始時期を設定するという，執政府に属する権限を与えることは，権力分立の原則に違反すると主張した．第二に，会計検査院長が，正当な申し立てを行った抗告者に，行政組織への請求権を認めてもよいとされた点について，執政府と司法府の権限の侵害であると主張した[71]．

　しかしながら，議会は司法省の反対を無視し，契約競争法案を，財政赤字削減法案の一部として大統領に提出した．財政赤字の削減は，政権にとっても悲願のアジェンダであり，レーガン大統領は法案に署名をせざるを得ない状況に追い込まれた（Kmiec 1993, 349）．そこでレーガンは，契約競争法を含む財政赤字削減法に署名時声明を付与した．その中で，レーガンは，「いくつかの条文に強く抗議しておきたい．この法案は，議会の所属である会計検査院長に対して，執政府にのみ許されている権限を授権しているが，これは憲法に反している」と述べ，契約競争法が違憲な条文を含むと主張した．さらにレーガンは，その条文を，「憲法から逸脱せぬように執行するにはどうすればよいか，すべての行政組織に対して，司法長官に通達させる」と宣言した[72]．レーガンは，

York Times, April 3, 1985.
71) Simms, "Implementation of the Bid Protest Provisions of the Competition in Contracting Act," 238.
72) Ronald Reagan, "Statement on Signing the Deficit Reduction Act of 1984," July 18, 1984, *Public Papers of the Presidents of the United States: Ronald Reagan, 1984*, 1053.

契約競争法の条文が，執政府の権限を立法府に不当に与えるという点で違憲だと主張し，さらに，その文言に従わないように，司法省を通じて行政組織に命じると宣言したのである．この署名時声明は，次項で詳しく論じるが，議会拒否権規定に対抗することを目的としており，カーター政権が用いたものと似通っていた．

2. 契約競争法に関する司法省の見解と連邦地方裁判所判決

司法省法律顧問室は，レーガン大統領からの要求に応え，契約競争法についての意見書を 1984 年 10 月 17 日に発表した．ここでの結論は，先に取り上げたブルックス下院政府運営委員会委員長への 4 月 20 日付けの書簡とほぼ同じものであった．司法省法律顧問室は，入札抗告があった場合に，会計検査院長が政府調達の契約開始日を任意に変更できる権限と，抗告費用と入札費用の請求権を抗告者に与える権限を，違憲だと判断した[73]．

司法省法律顧問室の主張の根幹は，連邦政府における会計検査院長の位置づけであった．司法省法律顧問室は，会計検査院の根拠法である 1921 年予算及び会計法（Budget and Accounting Act of 1921）の中で，会計検査院長という役職は「執政府から独立して」設けられており，立法府に属すると明示されていると指摘した[74]．会計検査院長が議会に所属しているとなると，90 日を越えて契約の開始を遅らせる権限が憲法上の問題を内包することになる．議会はしばしば，執政府に対して，なにか行動を起こす場合には，議会に通知し，一定の期間待機するように求める．司法省法律顧問室は，このような規定は「いわゆる『報告・待機規定』と呼ばれるものであり，最高裁がチャダ判決において合憲だと認めたものである」と述べる[75]．ところが，契約競争法は，会計検査院長に対して，契約の開始日を，90 日を越えて任意に遅らせる権限

---

73) Simms, "Implementation of the Bid Protest Provisions of the Competition in Contracting Act," 236; Burnham, "Reagan in Dispute with Congress on Law for Review of Bids."
74) Simms, "Implementation of the Bid Protest Provisions of the Competition in Contracting Act," 239.
75) Ibid., 246.

まで認めている．司法省法律顧問室によれば，「これは，チャダ判決の言葉を借りれば，『立法府外の法的な権利義務関係を変更する』権限であり，議会拒否権と同義」であり，それゆえに違憲であった[76]．

また，契約競争法では，会計検査院長が抗告者に，行政組織に対する抗告費用と入札費用の請求権を認めることが許されているが，これは司法省法律顧問室によれば，「立法府外の法的な権利義務関係を変更する権限」であり，権力分立の原則に違反している[77]．

このように，司法省法律顧問室は，会計検査院長が議会の部局であるという前提から出発し，契約競争法の契約開始日に関する規定と入札及び抗告費用請求権を定める規定については「どのような憲法解釈によっても執行できない」と結論した[78]．11月21日，スミス司法長官は司法省法律顧問室の結論を受け，議会に対して契約競争法を条文通りに執行しないことを通知すると共に，契約競争法をめぐって裁判が起きた場合には，司法省は裁判所で契約競争法の合憲性を弁護しないことを伝えた (Kmiec 1993, 349)．12月17日には，ホワイトハウス行政管理予算局が全ての行政組織に対して，契約競争法について，会計検査院からの待機命令に従わぬように通達した[79]．

契約競争法をめぐる問題はすぐに生じた．きっかけは，あらかじめ筋書きが書かれていたかのような入札であった．1985年1月9日，陸軍工兵隊は，ニューヨーク州ウェストポイントの陸軍士官学校の下水の清掃と修繕の業務を入札にかけた．アメロン社 (Ameron, Inc.) は最低金額となる103万3000ドルで入札した．二番手の入札者は，125万5000ドルを付けたスピネロ社 (Spiniello Construction Company) であった．陸軍工兵隊は，アメロン社の金額について特に理由を明示せずに「妥当ではない」とし，スピネロ社に業務を委託した．アメロン社は会計検査院に，入札結果を不服として抗告を申し立てた．先にも述べたように，レーガン政権は，入札への不服申立が会計検査院長

---

76) Ibid., 247.
77) Ibid.
78) Ibid., 236.
79) Burnham, "Reagan in Dispute with Congress on Law for Review of Bids."; Cooper (2002), 226.

に受理されたとしても，契約競争法の定める待機期間を無視して，契約を結ぶように各行政組織に通達している．もちろん，この通達は陸軍工兵隊にも届いていた．そこで，アメロン社は，会計検査院長が抗告の審査を終えるまで，陸軍工兵隊とスピネロ社が契約を結ばぬよう，契約の差止命令を求め，連邦地方裁判所に訴えを起こした[80]．

差止の申し立てが正当なものであるかどうかの審理が，ニュージャージー州の連邦地方裁判所で行われ，原告のアメロン社は契約競争法の執行を求め，被告の陸軍工兵隊とスピネロ社は，契約競争法が違憲であるために，会計検査院長には契約締結を先延ばしにする権限はなく，待機する必要はないと主張した．連邦政府の一組織である陸軍工兵隊は，先のスミス司法長官の宣言と符節を合わせるように，契約競争法を弁護しないばかりか，その違憲性を率先して主張したのであった．1985年3月27日に，ハロルド・アッカーマン裁判官は，アメロン社の訴えを認めて，差止命令を出した[81]．

アッカーマン裁判官は，司法省の主張を二つの点で否定した．会計検査院長が議会のエージェントであるという点と，会計検査院長が任意に契約の開始日を遅らせる権限は議会拒否権であるという点である．アッカーマン裁判官によれば，会計検査院長は，大統領が指名し，議会が承認するという点で，両者の協同によって設置される役職であり，実際には，執政権と立法権の両方を，大統領と議会から独立して行使することを期待されている．この点では，会計検査院長は，司法省の主張するような，単なる議会のエージェントではない[82]．会計検査院長が，大統領と議会から独立した地位を持ちながら，執政権と立法権を行使する役職だとすると，会計検査院長が契約の開始を任意に変更する権限が議会拒否権に相当するという司法省の主張も崩れる．会計検査院長は，議会から独立しており，実際に，議会は抗告の審理プロセスに何も関与しない．「議会拒否権とは異なり，議会の影響力は排除されている」とアッカーマンは述べた[83]．

---

80) Ameron, Inc. v. U.S. Army Corps of Engineers, 607 F. Supp. 962 (1985).
81) 607 F. Supp. 962.
82) 607 F. Supp. 970–973.
83) 607 F. Supp. 973.

3. レーガン政権の敗北

連邦地方裁判所の判決を受けて，下院政府運営委員会は公聴会を開き，1985年1月に司法長官に就任したばかりのミースを召喚した．ミースは，契約競争法は大統領の権限を侵害しており，政権として，そのような法律を執行するつもりはないと証言した（Cooper 2002, 226）．ミースは，4月には下院司法委員会の公聴会にも召喚され，そこでは，最高裁の判決が下されるまで，契約競争法を執行せよという下級審の判決には従わないと宣言した[84]．

ミースの強硬な態度は，議会からの攻勢を強める結果となった．5月8日，下院司法委員会は，レーガン政権が契約競争法に従わない限り，司法長官オフィスの来年度予算470万ドルを凍結することを，12対9の賛成多数で決定した．下院司法委員会委員長であった民主党のピーター・ロディーノ議員は，レーガン政権が頑なに契約競争法に従わないことについて，「我々の政府の根本のシステムを揺るがすものだ」と述べている[85]．もっとも，下院司法委員会のフィッシュは，司法長官のオフィスで勤務する56名分の予算を削除するという方法は，「原始的」だと述べ，批判していた．また，司法長官オフィスの予算凍結に，共和党から唯一賛同したハンク・ブラウン議員は，「たとえ制定法の内容に同意していなくとも，また，たとえ制定法が合憲ではないと考えていたとしても，制定された通りに，政府が適切に法を執行することが重要だ」と述べている[86]．ブラウンの発言は，この問題が，単なる党派対立以上のものであったことを示唆している．

下院司法委員会の議決から6日後の5月14日，下院政府運営委員会は，超党派の発声投票によって，レーガン政権が契約競争法の一部を執行していないことは憲法違反であるとして，譴責決議を可決した．この委員会に所属する共和党のフランク・ホートン議員は，「共和党議員であっても，大統領に制定法の一部が違憲だと宣言する資格があるとは，誰も信じてはいない」と発言して

---

84) David Burnham, "House Panel Blocks Funds for Meese's Office," *New York Times*, May 9, 1985.
85) Ibid.
86) Ibid.

いる．下院は民主党が多数を占めていたが，この問題は，共和党と民主党の対立というよりも，議会と大統領の対立だと理解されていた．下院政府運営委員会委員長のブルックスは，「大統領と政権の行動は，我々を，他に選択肢がないような場所へと追い込んでいる．政権は，契約競争法の合憲性に疑問を呈しているだけでなく，憲法秩序そのものに挑戦しているのだ」と述べている[87]．

自らの公聴会での発言が司法長官オフィスの予算の凍結という，過去に例を見ないような激しい反発を引き起こしたミースは，政権の立場を擁護するために，5月21日に『ニューヨーク・タイムズ』に論説を寄せている．ミースは，政権が契約競争法を執行しないのは，「裁判所と議会を尊重していないからではなくて，議会と執政府との間の意見の食い違いを，最も早い段階で裁判所に提示するためであった」と弁解している．ミースは，大統領による署名時声明，訴訟，その後の公聴会までの一連の流れを指して，「我々は，議会と建設的な対話を継続している」と主張した[88]．

ミースの弁解は，火に油を注ぐ結果となった．6月7日に，下院司法委員会委員長のロディーノが同じく『ニューヨーク・タイムズ』に論説を寄稿した．ロディーノは次のように述べる．「司法長官は，政権が法を遵守しないことによって，大統領と議会の間の『建設的な対話』が促進されると考えているようだが，これはまったく『建設的』ではない」．議会は，「大統領に法を執行させるために裁判所に出向く」か，「司法長官オフィスの予算凍結を審議せざるを得ない状況」に追い込まれている．ロディーノによれば，「この状況は，対話ではなく対立であり，議会は，憲法秩序を守るために通常ではありえない方法を採用している」と論じた[89]．

ロディーノは，大統領が署名時声明において，制定法の一部を執行しないと一方的に宣言する行為について，次のように批判している．

---

87) David Burnham, "Panel Condemns Reagan Orders to Ignore Contract Review," *New York Times*, May 15, 1985.
88) Edwin Meese, "Letter: On Separation of Powers – President's Right to Challenge a Law," *New York Times*, May 21, 1985.
89) Peter W. Rodino, "Even the President Is Not above the Law," *New York Times*, June 7, 1985.

「レーガン政権による，拘束されていない執政権というラディカルな主張は，権力分立という原則に違反している．もしも大統領が，彼の同意しない法律を無視できるのだとすれば，大統領は，法を制定し撤廃するという議会の権限を侵害する．そして，もし大統領が，彼自身が違憲だと判断した法律の執行を拒否できるのであれば，それは裁判所の法を解釈する権限を侵害することになる．」[90]

議会による正面からの批判を受けながらも，レーガン政権は，連邦地方裁判所の判決を不服として第3区連邦控訴裁判所に控訴した．この裁判では，上院と下院の政党指導部が，アメロン社の原告団に加わった[91]．最終的な判決は，1986年3月27日に下された．判決の内容は，地方裁の判決を支持するというものであった[92]．1984年財政赤字削減法の一部として成立した契約競争法をめぐるレーガン政権と議会の争いは，最終的には，政権側が議会の求めるように，契約競争法を執行するという形で幕引きとなった（Kmiec 1993, 349）．議会からの強い反発と連邦控訴裁判所での敗北という結果を受けて，ミースは最高裁判決を待たずに議会に譲歩した[93]．

レーガン大統領は署名時声明において，司法省が議会拒否権だと認定した契約競争法の条文に対して不執行を宣言したが，結局のところ，議会からの反発を受けて譲歩し，不執行を貫徹することはできなかった．契約競争法をめぐる

---

90) Ibid.
91) 連邦控訴裁判所の判決に，上下両院の指導部が加わっていることが示されている（Ameron, Inc., Appellee, and United States Senate Thomas P. O'Neill, Speaker of House of Representatives and Bipartisan Leadership Group, and Charles A. Bowsher, the Comptroller General of the United States, Intervenors-Appellees, v. United States Army Corps of Engineers; Lt. Col. Michael K. Collmeyer, Contracting Officer, United States of America and Spiniello Construction Company, 787 F. 2d 875）．
92) 809 F. 2d 979.
93) レーガン政権は，議会に譲歩したものの，控訴審判決を不服として最高裁に上訴した．しかしながら，最高裁は受理せず，控訴審の判決が最終のものとして確定した（109 S. Ct. 297, 1988; Gressman 1989, 491）．

図12 レーガン政権における議会拒否権と実質的署名時声明（1981-1988）

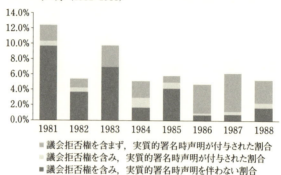

出典：Berry (2008), Policy Agendas Project，著者作成の署名時声明のデータセットより作成．

一連の出来事は，新しく司法長官に就任したばかりのミースの下で生じたものであり，新しい司法省にとっても，大きな敗北だった．

図12は，レーガン政権において成立した全ての立法について，議会拒否権規定が挿入され実質的署名時声明が付与された法律，議会拒否権規定が挿入され実質的署名時声明が付与されなかった法律と，議会拒否権規定が挿入されず実質的署名時声明のみが付与された法律の割合を示したものである．この図が示すように，レーガン政権は，契約競争法の議会拒否権をめぐる争いで政治的敗北を経験した後に，議会拒否権規定を含まない法律に署名時声明を多く用いるようになった．この図からは，レーガン政権が，契約競争法での敗北を境として，署名時声明の運用方針を変えたのではないかと推察できる．次章では，この点について詳しく論じる．

小 括

本章では，まず，カーター政権から問題となっていた議会拒否権の違憲性が，連邦最高裁判所によって認められたことを示した．次に，レーガン政権と議会が，チャダ判決の効果について，議会拒否権一般に及ぶものだと認識していたことを，政権内部の資料と，議会の記録から明らかにした．実際に，議会は戦

争権限法といった重要な法律について，議会拒否権の規定を修正していった．

議会が執政府を監視しようと試み，大統領がその監視の目から逃れようとする争いは，大統領と議会との間の抑制と均衡の関係そのものをめぐる対立であった．1970年代に，議会が議会拒否権によって監視の力を強め，大統領の領分へと侵入すると，大統領はその侵入に対して，署名時声明という手段で対抗を試みた．カーター政権期から生じていたこの争いは，1983年のチャダ判決という司法府の結論によって調整されたかのように思われた．

しかしながら，議会は，監視の道具と執政府への授権とを抱き合わせることによって，執政府からの妥協を引き出したのであった．行政組織にとって，議会からの監視の目は煩わしいものであったが，議会からの授権は柔軟な行政の実現のためには必要不可欠であった．執政府の中で，ホワイトハウスの利害と，行政組織の利害が一致していないところを，議会は突いたのであった．その結果として，連邦最高裁による違憲判決にもかかわらず，委員会拒否権という形で議会拒否権は存続したのである．

契約競争法をめぐる大統領と議会の対立は，議会との妥協を望む行政組織を介在しない直接の対立であった．ここでは，大統領は躊躇せず議会とぶつかった．その結果として大統領が得たものは，ミースの司法長官オフィスの予算凍結という議会からの脅しであった．レーガン大統領と司法省は，自らが違憲であると捉えた条文を執行しないと宣言することで大きな政治的敗北を経験することになったのである．

興味深いことに，図12で見たように，契約競争法をめぐる争いのあった翌年以降，レーガン政権は，署名時声明を議会拒否権規定の含まれない法律に用いる傾向を強めた．レーガン政権は，敗北の経験を踏まえて，署名時声明をどのように運用するようになったのだろうか．次章では，レーガン政権二期目に署名時声明に生じた変化を辿ることにする．

第4章　レーガン政権による署名時声明の転用

　これまでに見てきたように，アメリカ大統領と議会との関係は，1970年代以降，少しずつ変化を遂げてきた．カーター大統領は，議会に対抗するために，署名時声明によって議会拒否権の違憲性を主張し，レーガン大統領もカーターと同じように署名時声明を用いた．ところが，第3章で示したように，レーガン政権一期目に起きた議会拒否権をめぐる大統領と議会との激しい対立は，チャダ判決によるお墨付きがあったにもかかわらず，大統領の政治的敗北に終わった．ここで，レーガン大統領は署名時声明を使い勝手の悪い道具として，道具箱の片隅にしまいこんでもよかったはずであるが，奇妙なことに，レーガン大統領は署名時声明を二期目にも用いる．なぜであろうか．この問いを，本章では解き明かすことにしたい．

　本章では，第1節において，レーガン政権二期目における署名時声明に対する認識の変化を論じる．第2節では，政権内部で署名時声明に新たな目的が設定され，起草過程が整えられていく様子を，レーガン大統領図書館とアメリカ公文書館の資料に基づいて記述する．第3節では，新たな目的に沿った署名時声明の実際の運用と，司法省による署名時声明改革の総括について論じる．本章の作業を通して，大統領が署名時声明という制度を，自らに使い勝手のよいものへ，どのように転用してきたのかを明らかにする．

第1節　署名時声明に対する認識の変化

1. 署名時声明の新たな目的

　レーガン政権二期目において署名時声明になんらかの変化が生じていたことについては，既に先行研究が指摘している．中心的な業績は，クリストファ

ー・ケリーによるものであり,署名時声明が,行政組織に対して法執行の方法を伝達するための道具として使われるようになったと主張する.彼がそのように考えた根拠は,この時期に署名時声明が『制定順法律集』に記載されるようになったという変化であった (Kelley 2007a, 738; Kelley 2007b, 3).

しかしながら,『制定順法律集』は,制定法を収録する法令集であり,その主要な読者は,訴訟に携わる弁護士と裁判官である[1].『制定順法律集』は,法律事務所とロースクールの図書館に必ず所蔵されている基本的な文献であり,それに記載されるようになったことをもって,署名時声明が行政組織への通達の手段として使われるようになったと考えることはできない.そもそも,第2章で見たように,カーター大統領は署名時声明の中で,議会拒否権の規定を報告・待機規定に読み替えて執行するように行政組織に命じていた.つまり,署名時声明による行政組織への通達は,カーター政権に既に見られるのである.

『制定順法律集』に署名時声明が記載されるようになった事実が,別の変化を意味していたとは考えられないだろうか.署名時声明は,『制定順法律集』の中で,「立法史(Legislative History)」の一部として記載されるようになった.立法史とは,制定法の文言が,立法過程においてどのように理解されていたのかを示すものであり,従来は,議会議事録と委員会報告書から構成されるものだと考えられていた (Kelley 2007b, 3; 田中編 1991, 511).つまり,あくまでも立法の歴史は議会が作り上げるとされていたのに対して,レーガン政権二期目以降,大統領による見解も立法の一部として,少なくとも『制定順法律集』の中では認められるようになったのである.立法史とは,制定法の条文解釈が問題となった場合に,法律家や裁判官が立法者意思の確認のために用いるものであり,署名時声明は,法曹にとって重要な文書へと変容していたのではないか

---

1) 『制定順法律集』は,ウェスト出版によって出版されている民間の法令集であり,月刊の法令速報として発行され,各会期の終わりに製本される.アメリカでは,公式の会期別の法令集としては『合衆国法律全集』(*Statutes at Large*) が出版されているが,この発行は,『制定順法律集』の製本版よりも遅く,『制定順法律集』の重要性は高い.また『合衆国法律全集』には立法史の記載はない (Government Printing Office, About United States Statutes at Large, http://www.gpo.gov/help/index.html#about_united_states_statutes_at_large.htm).

と推察できる．

　先行研究では，署名時声明が『制定順法律集』に記載されるようになったきっかけは，レーガン政権による働きかけであったことが明らかにされている[2]．なぜ，レーガン政権は，『制定順法律集』に署名時声明を載せ，大統領の見解を法曹に伝えようとしたのだろうか．この背景には，1970年代後半から進展していたイデオロギー的分極化がある．レーガン政権は，よく知られているように，「大きな政府」から「小さな政府」へと政策の舵を切ろうとしたが，法曹界には従来の多数派であるリベラル派が多く，特に連邦裁判所には，過去の政権によって任命されたリベラルな裁判官が多く残っていた．このことは，レーガン政権にとって大きな問題であった．たとえレーガン政権が保守的な立場から法を執行したとしても，訴訟が起こされ，リベラル派の裁判所によって取り消されることが予見されたためである（Teles 2008, 22-24; Southworth 2008, 12）．

　それでは，「リベラル」と「保守」という言葉は，法曹界において何を意味していたのだろうか．法曹界におけるリベラル派とは，政府の力によって人種間の平等，男女間の平等，経済的平等，あるいは少数者保護，消費者保護を実現するべきだという考え方をもった法律家を意味する（Avery & McLaughlin 2013, 1）．彼らは，裁判を通して社会改革を目指し，新しい権利の獲得に貢献してきた．20世紀のアメリカにおける法律家の華々しい活躍の多くは，リベラル派によるものである．例えば，1954年のブラウン判決[3]である．ブラウン判決では，公教育の現場において，白人と黒人との扱いは「分離すれども平等」であるとしていたプレッシー判決[4]が覆された．ブラウン判決の後，社会運動の果実を法廷で勝ち取るという動きが広がり，公民権運動に加わったリベラルな法律家たちは，様々な社会運動へと散っていった．彼らは，女性問題，

---

[2]　2005年から2006年にかけて，サミュエル・アリートが最高裁裁判官に指名された際に，アメリカ国立公文書館がアリート関係の資料を大量に公開した．アリートは，レーガン政権の司法省法律顧問室に勤務しており，その時の資料を先行研究は用いている（Cooper 2007; Savage 2007b; Kelley 2007b）．法学の分野では，レーガン政権が法解釈に影響を与えようとしたことを指摘する研究がある（Popkin 1991; Garber & Wimmer 1987; Carroll 1997）．

[3]　Brown v. Board of Education, 347 U.S. 483 (1954).

[4]　Plessy v. Ferguson, 163 U.S. 537 (1896).

環境問題や消費者保護などの新しい分野における訴訟を担うようになった[5]．1950年代以降の連邦最高裁は，立法によって解決されていない社会問題に対して，革新的な判決を立て続けに下した[6]．

対して，法曹界における保守派とは，連邦政府による経済規制が望ましくないと考えるリバタリアン的な法律家や，1950年代から70年代にかけて最高裁がリベラルな判決によって様々な権利を「創出」したと考え，そのような司法積極主義に反対する法律家を意味する．彼らは，連邦政府が人々の生活に介入しすぎていると考え，例えば，連邦政府が消費者保護のために規制政策を策定することに反対し，人工妊娠中絶のような社会争点に連邦政府が介入し新しい権利を創出することに反対する（Teles 2008, 64）．1970年代後半から積極的に活動を始めたこのような保守派は，今日までずっと少数派の地位に留まっている[7]．

レーガン政権は保守的なアジェンダを実現するために，リベラルな法曹界と対峙しなければならなかった．連邦裁判所の変革のための最も直接的な手段は，保守的な考えを持つ人物を裁判官に任命することだが，連邦裁判所裁判官の任期は終身であるために，そう簡単ではない．そこでレーガン政権は，署名時声明を『制定順法律集』に収録することによって，大統領の法解釈を法曹に伝えようとしたのではないかと考えることができる．

2. 転機としてのチャダ判決とシェヴロン判決

なぜ，レーガン政権は，法曹へ大統領の法解釈を伝えるために署名時声明という形式を選択したのだろうか．その理由は，二つの連邦最高裁判決にある．

---

5) 1950年代以降に花開いた，裁判による社会改革を目指した法律家たちの運動は，「リーガル・リベラリズム」と呼ばれた（Teles 2008, 58）．

6) 例えば，女性の中絶の権利を認めたロー判決は，この流れに位置づけることができる（Roe v. Wade, 410 U.S. 113, 1973）．

7) アメリカ最大の法曹団体はアメリカ法律家協会である．アメリカ法律家協会の会員の多くは，リベラル派であるとされる．ただし，アメリカ法律家協会は，設立当初からリベラル派のための団体であったというわけではない．スティーヴン・テレスによれば，1940年代まで，リベラルな法律家たちは法曹集団の中ではマイノリティだった．裁判所では，リベラリズムは疑いの目を向けられており，社会変革のために法律を用いることを教えるロースクールは少数であったという（Teles 2008, 22-24）．

一つは，第3章で詳しく論じたチャダ判決である．最高裁は，議会拒否権の違憲性を論じる際に，「ウィルソン以降の大統領はみな，議会拒否権について，違憲であるとの見解を述べてきた」と指摘し，大統領による様々な形態での見解の提示を「大統領見解（presidential statement）」と，ひとまとめにして呼んだ[8]．この判決は，レーガン政権にとって，最高裁が大統領の法解釈についての見解，とくに「大統領見解」に注意を払うというメッセージであったと考えることができる．

その裏づけとなるような資料が司法省に存在する．1985年に，司法省法律顧問室のラルフ・タールは，過去に署名時声明が裁判所によってどのように用いられてきたのかについて調査を任され，約2ヶ月の調査の後に，「裁判所もしばしば署名時声明を，制定法を議論する際に引用してきた」ことを突き止めた．例えば，「リンドン・ジョンソン大統領が1966年情報公開法に付与した署名時声明では，その法律の目標が述べられているが，少なくともこれまでその箇所は，裁判所によって3回引用されている」．あるいは，「1964年の公民権法についてのジョンソン大統領の署名時声明は，法の目標を設定するものとして，何度も引用されている」．その中でも，「最も重要なものは，議会拒否権の合憲性に関する事例である」．タールは，最高裁がチャダ判決において，「ウィルソン大統領からレーガン大統領まで，議会拒否権が違憲であると主張してきた」と論じている部分に注目し，「裁判所は，ケースは多くないものの，署名時声明を法解釈の指針として使用してきた」と述べている[9]．チャダ判決は，レーガン政権の司法省にとって，大統領が，署名時声明によって法解釈を公にすることの重要性を示した判決であったと言える．

1984年に下されたシェヴロン判決[10] は，大統領が法解釈を公にすることの重要性をさらに高めた．シェヴロン判決において，最高裁は，曖昧な制定法の解釈の手順についてのガイドラインを定めたとされている．そのガイドライン

---

8) 462 U.S. 942, footnote 13.
9) Memo, Ralph Tarr to Kenneth Cribb, October 28, 1985, Record Group 60: Department of Justice, Files of Stephen Galebach, 1985-1987, Box 3, Folder: SG/Chronological File, National Archives and Records Administration.
10) Chevron U.S.A. Inc. v. Natural Resources Defense Council, 467 U.S. 837 (1984).

とは,制定法の文言が曖昧である場合に,裁判所はまず,議会が直接に述べていることを,議会の意図だと見なさなければならず,議会の議論を参照した後にも不明確な点がある場合には,行政組織による法解釈を合理的な解釈として参照しなければならないというものであった (Eisner 2001, 412).すなわちシェヴロン判決は,行政組織の長たる大統領の法解釈が,裁判所によって参照される基準を定めたのである (Kelley 2002, 30).司法省法律顧問室長のダグラス・クメックによれば,「シェヴロン判決は,大統領が法解釈を表明することの重要性を認識したきっかけであった」[11].

　チャダ判決は,署名時声明が大統領の法解釈として裁判所で参照される可能性を示し,シェヴロン判決は,どのような場合に大統領の法解釈が参照されるのかという基準を示した.これらの判決は,レーガン政権の司法省にとって,署名時声明の意義を示すものであった.ただし,当時,署名時声明の多くは,裁判所に参照されることを前提として書かれていたわけではなかった.署名時声明が法的文書であるという認識は,レーガン政権一期目ではそもそも共有されていなかったのである.

3.「署名時声明」の問題点の認識

　現在では,「署名時声明 (signing statement)」とは,大統領が付与する文書の名称であるという認識が,政権担当者,議員,メディアと研究者に共有されているものの,カーター政権においては,「署名時声明」は,大統領が法案に署名する際に開かれるセレモニーでの演説と,大統領が立法についての見解を表明する文書の両者を意味していたことを,第2章で指摘した.それでは,レーガン政権では「署名時声明」はどのようなものとして認識されていたのだろうか.レーガン大統領図書館の資料を見てみると,少なくとも政権一期目においては,カーター政権と同様に,口頭の演説と文書の両方を意味していたようである.レーガン政権一期目とカーター政権の間の類似性は,これまでの研究では見落とされてきた.

---

11) Neil Lewis, "Legal Scholar Is Considered for Court," *New York Times*, December 10, 2002.

ここでは，1981年に成立した1982会計年度国防総省歳出授権法（Department of Defense Authorization Act of 1982）と，農業・食糧法（Agriculture and Food Act of 1981）を例に，レーガン政権一期目において，「署名時声明」がどのように認識されていたのかを描き出すことにしたい．1981年12月24日，司法副長官のエドワード・シュムルツは，大統領首席補佐官のジェイムズ・ベイカーにあてて，二つの立法の「署名時声明」を，ホワイトハウスが司法省に断りなく変更したことについて，抗議の書簡を送っている．レーガン大統領は，12月1日に国防総省歳出授権法案，12月22日に農業・食糧法案に署名したが，シュムルツによれば，「これらの二つの法はいずれも，議会拒否権の規定を含んでいた．司法長官は，議会拒否権が権力分立の原則に違反しており，大統領の権限を侵害するという理由で違憲だと見なしていた」のであった．そこで司法省は，「議会拒否権の規定の合憲性について疑いがあるという旨を，二つの立法への『署名時声明』に含めるよう」進言していた．シュムルツによれば，司法省は，このどちらの法案についても，「署名時声明」の草案を用意していたという．しかしながら，「国防総省歳出授権法については，大統領は『署名時声明』を付与しなかった．農業・食糧法については，大統領は『署名時声明』を付与したものの，議会拒否権の違憲性を主張する段落は削除されていた．このどちらの決定も，司法省への確認なしに行われた」と，シュムルツは述べる[12]．

これら二つの立法について，レーガン大統領の実際の行動を確認するために，『大統領公文書集』を参照してみると，国防総省歳出授権法については，署名のセレモニーもなければ，その法律の内容についての大統領の見解を述べる文書も付与されてはいない．農業・食糧法については，12月22日に署名のためのセレモニーが開かれ，レーガンはそこで演説を行っているが，文書は付与していない[13]．ここからわかることは，司法副長官のシュムルツが，12月22日

---

12) Memo, Edward C. Schmults to James A. Baker III, December 24, 1981, Folder "LE002 042073-069999," Box 1, WHORM: Subject File, Ronald Reagan Library.

13) Ronald Reagan, "Statement on Signing the Agriculture and Food Act of 1981," December 22, 1981, *Public Papers of the Presidents of the United States: Ronald Reagan, 1981*, 1177-1178.

の農業・食糧法のセレモニーの際の演説を,「署名時声明」と呼称していたということである．それでは,そもそも実現しなかった,国防総省歳出授権法への「署名時声明」は大統領による演説を意味していたのか,あるいは,文書を意味していたのだろうか．

シュムルツから抗議を受けて,大統領法律顧問室のマイケル・ルティッグが経緯を調査していたが,彼のメモには,「シュムルツは二つの『署名時声明』について抗議している．一つは口頭によるもの,一つは文書によるもの（one oral and one written）である」と記されている[14]．すなわち,司法省のシュムルツも,大統領法律顧問室のルティッグも,署名時声明には,口頭によるものと文書によるものがあると認識していたのである．レーガン政権の一期目には,「署名時声明」という言葉は,セレモニーの際の大統領の演説と,大統領が法案署名に際して付与する文書の両者を意味するものとして用いられており,この状況は,政権内部で署名時声明とは何かについての認識が共有されていなかったことを示している．

レーガン政権一期目には,その他にも,文書としての署名時声明の起草過程が整備されていないという問題があった．当時の起草プロセスは,審議中の法案に利害関係を持つ省庁が,法案が大統領に送られる直前になって,法案の問題性をホワイトハウスの行政管理予算局へと伝え,行政管理予算局が署名時声明を作成するかを決定し,その後に,司法省法律顧問室に24時間以内に草案を作成するよう求めるというものであった．司法省法律顧問室は,そのような要求があって初めてその法案の調査に入るのが常であり,限られた時間の中で,関連省庁と行政管理予算局,大統領法律顧問室と調整し,「拒否権を推奨するか,署名時声明を勧めるか,より非公式な対応をするか決断する」必要に迫られていた[15]．つまり,レーガン政権一期目においては,署名時声明は,時間をかけてじっくりと吟味した上で公表される文書ではなかったのである．

署名時声明を,限られた時間の中で準備しなくてはならない状況は,実際の問題を起こしていた．例えば,先にあげた国防総省歳出授権法と農業・食糧法

---

14) Memo, Michael Luttig to Fred F. Fielding, February 9, 1982, Folder "LE002 042073-069999," Box 1, WHORM: Subject File, Ronald Reagan Library.

15) Memo, Ralph Tarr to Kenneth Cribb, October 28, 1985.

の「署名時声明」の事例である．ことのあらましを調査していた大統領法律顧問室のルティッグは，司法省とホワイトハウスとのすれ違いの原因が，司法省内にあることを発見した．農業・食糧法の演説草稿に，最終的な修正を施したのは，ホワイトハウスのスピーチライター室のジュリー・ケイヴであったが，彼女は司法省法律顧問室のラリー・シムズと話をし，議会拒否権に言及する段落を最終案から削除することに同意を得ていた[16]．さらに，大統領法律顧問室のリチャード・ハウザーも司法省法律顧問室に電話をかけ，もう一度，「署名時声明」において議会拒否権に言及しないことを確認していた[17]．つまり問題はホワイトハウスと司法省との間ではなく，司法省内で生じていた．司法省法律顧問室と司法副長官との意思疎通がとれていなかったのである．シュムルツの抗議は，大統領法律顧問によって「誤っている」と判断され，「署名時声明」の起草過程が整備されていないという問題が認識されるようになった[18]．

　レーガン政権の一期目には，「署名時声明」が何を意味するか共通認識が存在せず，文書としての署名時声明の起草過程も整えられていなかった．それでは，このような問題を抱えた署名時声明を，一体誰が，法曹に大統領の法解釈を伝えるための道具として整備したのだろうか．次節では，レーガン政権を支えていた保守的法律家に焦点を当てる．

第2節　保守的法律家による署名時声明の改革

1. フェデラリスト協会と司法省

　レーガン政権の司法省の特徴は，保守的な法律家を多く雇い入れた点にある．レーガン政権がそれまでの政権と比べて，政治任用の際にイデオロギーを重視

---

16) Note, Julie Cave, February 2, 1982, Folder "LE002 042073-069999," Box 1, WHORM: Subject File, Ronald Reagan Library; Memo, Michael Luttig to Fred F. Fielding, February 9, 1982.

17) Memo, Fred F. Fielding to James A. Baker III, March 8, 1982, Folder "LE002 042073-069999," Box 1, WHORM: Subject File, Ronald Reagan Library.

18) Ibid.

していたことはよく知られているが，その方針は司法省の人材登用にも同様に用いられていた（梅川 2009, 50）．レーガン政権が，そのような法律家を大量に雇用することが可能であった背景には，フェデラリスト協会（The Federalist Society for Law and Public Policy Studies）[19]という，ロースクールの保守的な学生を中心とした全国規模の組織の存在があった（Fried 1991, 183; Teles 2008, 141）．

先ほども述べたように，アメリカの法曹界の中心はリベラル派であり，保守的法律家の組織化は，1980年代まで待たねばならなかった．組織化は，ロースクールから始まった．1982年に保守的な法学生の組織としてフェデラリスト協会が設立され，イェール大学，シカゴ大学，ハーヴァード大学とスタンフォード大学に支部が設立された．フェデラリスト協会は着実に支部を拡大していき，1983年の秋になると，ユージーン・メイヤー[20]をフルタイムの理事として迎え，事務所を構えるようになった（Teles 2008, 138-141）．

フェデラリスト協会の支部はアメリカ全土の大学へと広がっていったが，中でも，コロンビア大学支部は重要であった．この支部の設立には，ブレント・ハッチが関わっており，彼は，ユタ州選出の上院議員で，保守派として知られるオリン・ハッチの息子であった．ブレントが父親に保守的な学生が集う団体について紹介したことがきっかけで，オリン・ハッチはフェデラリスト協会に関心を抱くようになり，団体の資金集めの顔役を務めることになった．スティ

---

19) フェデラリスト協会の発展については，梅川（2014）において詳しく論じた．現在，アメリカには法曹資格を持つ法律家が約120万人おり，アメリカ法律家協会には40万人が所属し，フェデラリスト協会には4万人が所属している．数の上では少ないが，フェデラリスト協会は共和党を支える重要な法曹組織である．例えば，フェデラリスト協会はジョージ・W. ブッシュ政権において連邦裁判官の司法人事に協力していた（岡山 2009; American Bar Association, Membership in the ABA, http://www.americanbar.org/membership.html; Federalist Society, About Us, http://www.fed-soc.org/aboutus/）．

20) ユージーン・メイヤーは，保守系の雑誌として知られる『ナショナル・レビュー』の編集者，フランク・メイヤーの息子である（Teles 2008, 314）．また，ユージーン・メイヤーは，1983年から2015年6月現在まで，フェデラリスト協会の理事長を務めている（Federalist Society, Eugene B. Meyer, http://www.fed-soc.org/publications/author/eugene-b-meyer）．

ーヴン・テレスによれば，フェデラリスト協会は団体の設立期にオリン・ハッチというワシントン政界の大物と関係を持つことで，資金集めに困らなくなり，その後の成長が可能となった（Teles 2008, 151）．実際に，フェデラリスト協会はアメリカの保守派を支えてきた巨大な団体と財団からの資金を，設立当初から得ていた．例えば，教育問題研究所（Institute for Educational Affairs）[21]，オリン財団（Olin Foundation）[22]，JM財団（JM Foundation），サラ・スカイフ財団（Sarah Scaife Foundation）といった保守系の団体と財団である（Teles 2008, 315）．

　フェデラリスト協会の設立には，各大学のロースクールの保守的な教員も力を貸しており，中でも，当時シカゴ大学のロースクールに在職していたアントニン・スカリアと，イェール大学のロースクールに在職していたロバート・ボークの協力が重要であった．スカリアもボークも，保守的な憲法解釈を主張することで知られており，スカリアは1982年に連邦最高裁裁判官に任命されるほどの法律家であった．彼らは，ロースクールの学生に対して，後述するような保守的な憲法理論を教育するという人材育成の役割を果たすと共に，共和党政権への人材供給の役割をも果たしていた．スカリアは，保守系シンクタンクであるアメリカン・エンタープライズ研究所（American Enterprise Institute）とフェデラリスト協会との間を取り持ち，ボークは，フェデラリスト協会に所属する多くの法学生をレーガン政権の司法省に紹介した（Teles 2008,

---

21) 教育問題研究所は，アーヴィング・クリストルが設立した団体である．団体の目的は，企業から集めた献金を，大学内部における保守的団体に注入することであった．例えば，ダートマス大学において出版されている学内新聞の *The Dartmouth Review* は，アファーマティブ・アクションへの反対や，同性愛への反対を強く主張している新聞として知られているが，この新聞は1979年に教育問題研究所による資金援助を受けて始められた（Emma Ruby-Scuhs and Timothy Waligore, "A Once-Bright Star Dims," *Nation*, January 30, 2003）．

22) オリン財団は，2006年に解散した保守系財団である．この財団は，ロースクールの法と経済学の講座への寄付でよく知られており，イェール大学を始めとして，シカゴ大学，ハーヴァード大学，スタンフォード大学には，オリンの名前を冠するプログラムがある（John J. Miller, "Foundation's End," National Review Online, April 6, 2005, http://www.nationalreview.com/article/214092/foundations-end/john-j-miller）．

138-141; Avery & McLaughlin 2013, 2)．

　レーガン政権の司法省において司法長官顧問を務めていたケネス・クライブによると，レーガン政権は保守的な政策の実現のために，心の底から保守のイデオロギーを信奉している法律家を必要としていた．クライブは「フェデラリスト協会の人材は，個人的な損得によってイデオロギーを表明しているのではなく，保守の原則にただ忠実であるということが明白であるために非常に重要であった」と，フェデラリスト協会の人材供給源としての側面を評価している．同様に，司法省法律顧問室のチャールズ・クーパーも，フェデラリスト協会について「レーガン政権にとって，哲学的な支持者であり，知的なリソースであった」と述べている．さらには，法学生にとってはフェデラリスト協会の会員であることが，レーガン政権の司法省での上級職の雇用の前提条件になっていたとさえ言われていた（O'Neill 2005, 148)．

　実際に，フェデラリスト協会の多くの会員がレーガン政権の司法省に雇用されている．例えば，フェデラリスト協会のイェール大学支部の設立メンバーであるスティーヴン・カラブレシは，司法長官特別補佐官という上級の肩書きで司法省法律顧問室に採用された．他にもフェデラリスト協会の共同設立者は司法省に採用されており，シカゴ大学支部を立ち上げたデイヴィッド・マッキントッシュとリー・リーバーマン・オーティス[23]が，カラブレシと同じく司法長官特別補佐官に任命されている．また，設立時からフェデラリスト協会に加わったゲアリー・ローソンも，司法省法律顧問室に職を得た（Teles 2008, 141; Teles 2009, 73)．

　フェデラリスト協会は，1985年には，ロースクールの学生だけでなく，実務家も会員に迎えるようになった．フェデラリスト協会に新しく加わった実務家として，スティーヴン・マークマンが重要であった．彼は，フェデラリスト協会に加わる前から，上院司法委員会のスタッフを務めており，ワシントン政治に関わっていた．彼は，議会と行政組織に勤務している法律家の中には，保守的な価値観を抱いている者が少なくないことに気がついていたが，そのよう

---

23) リー・リーバーマン・オーティスは，ジョージ・H. W. ブッシュ政権では大統領法律副顧問（Associate Counsel to the President）を務めた（Georgetown Law, Our Faculty, Lee Liberman Otis, http://www.law.georgetown.edu/faculty/otis-lee-liberman.cfm#)．

な法律家を結びつける集まりがないことに問題を感じていた．そこで，マークマンは，フェデラリスト協会に加わり，ワシントン支部を設立したのである（Teles 2008, 145）．

ワシントン支部の意義は重大であった．それまでは繋がりのなかった保守的な法律家たちが，ネットワークを形成する場所として，ワシントン支部が機能したのである．ここには，実務家としてフェデラリスト協会に参加した者も，あるいは，学生の頃から協会に参加し，ワシントンに職を見つけた者も集まった．ワシントン支部では昼食時に，議会の委員会付きのスタッフや，行政組織に勤務しているスタッフが集まり，どのような問題が扱われているのかについての情報交換が行われていた．彼らが議論していたのは，具体的な政策論だけではない．それぞれの政策論を，どのような法的な立場から組み立てるべきかという，より包括的な法律論についての議論が行われていた（Teles 2008, 145）．

マークマンによれば，支部開設直後の議論では「厳格な解釈論」であるとか，「法と秩序」といった用語が飛び交っており，ニクソン政権で使われていた法律論とほとんど代わり映えのないものであったという．しかしながら，ワシントン支部での会員たちの議論の積み重ねによって，彼らが共有し，よって立つことの可能な法理論が組み上げられていった．この法理論は，後述する「原意主義」として結実する（Teles 2008, 145）．レーガン政権はフェデラリスト協会によって，新しい人材を政権に取り入れることが可能になり，彼らは「原意主義」という新しいアイディアを政権に持ち込んでいく．

2. 原意主義と三権同格主義

フェデラリスト協会出身の法律家たちがレーガン政権に持ち込んだ法理論は，リベラル派のそれとは大きく異なっていた．リベラル派は，合衆国憲法を現在の価値にあわせて再解釈するべきであるという考えに則り，裁判で多くの新しい権利を獲得してきた．このような憲法解釈の方法を，「生きた憲法（living constitution）」と呼ぶ．これは，憲法のテキストや歴史を相応に重視するが，それらを絶対視せず，現在のアメリカの問題を解決するために，現在のニーズや価値に照らし合わせて憲法を解釈しなおすべきだという憲法解釈の方法である．「生きた憲法」においては，適用されるべき「憲法」は，成文憲法典ない

し憲法条文規定に限られない．リベラルな法学者にとって条文規定は，唯一の正当な憲法解釈基準ではなく，彼らは，自然法，社会的価値，社会的コンセンサスや伝統，道徳や宗教などの非条文的テキストを「憲法」として認めてきた (O'Neill 2005, 135-136; 松井 1991, 130)．

　リベラル派の「生きた憲法」という憲法解釈に対して，保守派の法律家は，「原意主義（originalism）」という憲法解釈を唱えた．憲法は，憲法制定者たちが解釈していたように解釈しなければならないという憲法解釈の方法である．「生きた憲法」解釈と原意主義解釈の違いは，何を解釈の対象とするのか，どのように解釈をするのかという，二点にある．上述したように，「生きた憲法」解釈においては，「憲法」を通常の意味で理解されるところの合衆国憲法に限定せず，自然法や道徳や社会的コンセンサスも「憲法」の一部を構成すると考える．これに対して，原意主義の解釈においては，解釈の対象となる「憲法」は，合衆国憲法に限定される．原意主義は，まず，「何が憲法を構成するのか」という点において，「生きた憲法」解釈とは異なった憲法観を抱いていると言える (Whittington 1999, 50)．

　次に，「憲法」をどのように解釈するべきかという点についても，「生きた憲法」解釈と原意主義解釈とでは異なっている．原意主義は，憲法解釈を憲法条文の中に定式化された制憲者意思の確定と理解する．原意主義者が重視するのは，成文の憲法典である．しかし，原意主義者は制憲者意思に訴えるとはいえ，それは起草者たちの主観的意図ではない．それはあくまで憲法条文に表明された制憲者意思であり，それは条文を歴史と構造に照らし合わせて読むことによって，明らかになると考えられている (松井 1991, 235-236)．「生きた憲法」のアプローチが新たに生じた問題に対して解決を与えることに長けているのに比べて，原意主義のアプローチは，憲法を制定者の意図から解釈するために解釈の揺らぎが少ないという長所があるといえる．

　レーガン政権において，原意主義を政権の公式の憲法解釈の方法論として打ち出したのは，政権二期目に司法長官を務めたエドウィン・ミースであった．ミースは，1985年7月9日に，リベラル派が大半を占めるアメリカ法律家協会の集会において，「憲法の原意をよりどころにしない裁判官は，憲法制定者たちの政治的思考ではなくて，裁判官自身の政治的傾向によって判決を下して

いる」と述べ，リベラルな憲法解釈の方法は法の支配にはそぐわないと主張した（Meese 2007b, 52）．

ミースによれば，憲法制定者たちは，憲法解釈の方法までを意図していた．それは，裁判官が憲法の文言をそれぞれの時代のニーズに合わせて適応させるのではなく，憲法の文言と制憲者たちの意図をくみ取り，裁判における判断の基準とするというものであった．ミースによれば，憲法制定者たちは「裁判官が憲法を根元的な法と見なし，それによって彼らの判断を制限するだろうと信じていた」し，「裁判官が，憲法の文言と制憲者たちの意図を判断の基準として採用することを期待していた」のであった（Meese 2007b, 53-54）．

それでは，ミースにとって，憲法はどのように解釈されるべきなのだろうか．彼は，「望ましいのは，原意に基づく法学（jurisprudence of original intent）である」と述べる．ミースは，アメリカ法律家協会でのスピーチの最後には，「原意に基づく法学を押し進めていくことは，この政権のこれまでの政策であり，これからの政策でもある．我々が関わる訴訟において，唯一頼ることのできる判断の導き手として，憲法の原意を回復していく」と述べ，原意主義がレーガン政権公式の憲法解釈の方法であると宣言した（Meese 2007b, 52-54）．

ミースの原意主義には，「三権同格主義（departmentalism）」という政体についての考え方が付随していた．三権同格主義では，憲法制定者たちが，執政府，立法府，司法府のそれぞれに憲法を解釈する権限を与えたと理解する．三権同格主義は，憲法を最終的に解釈する権限が司法府に与えられていると考える司法優越主義と対立する政体観である（Whittington 2007, 22-23; 大林 2008）．ミースは，1986 年 10 月 21 日に行ったスピーチにおいて，三権同格主義について詳しく述べている．ミースはこのスピーチにおいて，まず，「憲法典（the Constitution）」と「憲法（constitutional law）」とを別々に定義している．彼によれば，「憲法典」とは「我々の最高法規の文書であり，修正条項までふくめて，約 6000 語からなる文書」であり，「憲法」とは「最高裁の判決から構成される法の総体である．単純にいうなら，『憲法』とは，最高裁が，訴訟に判決を下す際に『憲法典』について述べた事柄」である（Meese 2007a, 101）．

ミースによると，連邦最高裁の判決は「憲法」を構成し，「最高裁の判決は拘束力を持つ．その拘束力は，訴訟に関わった原告と被告に及び，さらには執

行が必要な場合には執政府に及ぶ．しかし，最高裁の判断は，将来にわたって全ての人と政府の全てを拘束するような最高法規をつくりあげるわけではない．もしも，最高裁の憲法判断が最高法規であったとしたら，連邦最高裁はジレンマに陥る．最高裁の判断が最高法規であるなら，それは最高裁そのものも拘束するために，最高裁はその考えを二度と変更できなくなるのである．自分自身で先例を覆すことができなくなってしまう」．ミースは，最高裁の判決は「憲法」を構成するのみであって将来の人々を拘束しないと論じ，さらには，最高裁の憲法判断が将来の政策を拘束しないと考えたならば，次の事柄を理解できると主張する．すなわち，「憲法解釈は裁判所だけの仕事ではなく，三権それぞれの仕事」であり，「最高裁は『憲法典』の唯一の解釈者ではない」というのである．「憲法によって創造された同格の三権のそれぞれは，政府としての機能を果たすために，憲法典を解釈する義務がある」と述べ，ミースは三権同格主義の主張を公にした (Meese 2007a, 102-106).

　フェデラリスト協会からレーガン政権に採用され，司法省法律顧問室に勤めたカラブレシによれば，三権同格主義では，司法府による憲法解釈を最終的な判断としては受け入れない．つまり，それぞれの府が，それぞれに憲法解釈を行い，その憲法解釈が永続的に効果を持つと考える．それゆえに，三権同格主義は，司法優越主義に理論的に対抗するだけでなく，司法府による違憲判決の正当性を疑うという点で，司法積極主義を抑制しようとする政治的主張でもあった (Calabresi ed. 2007, 21-22).

　本項ではここまで，レーガン政権を支える保守的法律家が，リベラル派とは異なった憲法観を共有していたことを論じてきた．このような考え方を持った法律家たちが，新たな目的をもった道具として署名時声明を整備していく．次項では，レーガン政権二期目において署名時声明の制度転用がどのように生じたのかを明らかにしていく．

3. 署名時声明の改革案

　レーガン政権二期目において，署名時声明は起草過程が整備され，新しい目的を与えられ，制度転用が進んでいく．これらの改革は，大統領の憲法上の権限を守ることを職務とする司法省法律顧問室を中心として進められた．その中

でも重要な役割を果たしたのは，フェデラリスト協会から司法省法律顧問室に抜擢されたカラブレシである．カラブレシは，1985年8月23日にミース司法長官に対して，署名時声明の運用方法の改善についてのメモを提出している．彼は，「司法積極主義の裁判所が，制定法の解釈の際に，議会委員会の報告書や議事堂での議論から構成される立法史から，恣意的に解釈の根拠を選び判決を下してきた」ことを問題視していた[24]．

カラブレシは，このような恣意的な法解釈を制限するために，「立法過程の不可欠な参加者としての大統領」が，法案の内容と合憲性について，どのような意見を持っていたのかを明らかにすることによって，司法積極主義を掲げる裁判官たちの恣意的な法解釈を制限するべきだと主張した．カラブレシは，そのための方法として署名時声明がふさわしいと考えていたが，署名時声明が法律家にとってアクセスしにくい点，その内容と重要性が法律家たちに知られていない点，署名時声明を作成するプロセスが整っていない点を問題視していた[25]．

具体的な問題点は，第一に「『制定順法律集』の出版元であるウェスト出版は，誰にでも手に入るような形で議会の報告書を出版してきたが，署名時声明については公刊されていない」こと，第二に「弁護士と裁判官は，署名時声明の存在を知らない．もしくは署名時声明が，立法史を構成するという議論を知らない」こと，第三に「司法省の法律家は，議会の報告書を引用する一方で，署名時声明をめったに引用しないこと」，第四に「現在の署名時声明は，法的文書として不完全であり，きちんと準備されていない」ことであった．カラブレシはこれらの問題点に対して，次のような改善策を提案している．「ウェスト出版に書簡を書き，大統領の署名時声明を，議会の報告書と同様に印刷し出版するように求めること」，「ミース司法長官が，法曹の集会において，署名時声明についてのスピーチを行うこと」，そして「司法省の法律家，並びに執政府内の法曹に署名時声明を周知徹底すること」であった[26]．カラブレシは署

---

24) Memo, Steven Calabresi and John Harrison to Edwin Meese, August 23, 1985, Record Group 60: Department of Justice, Files of Stephen Galebach, 1985-1987, Box 3, Folder: SG/Chronological File, National Archives and Records Administration.

25) Ibid.

名時声明を，行政組織の監督のためにではなく，法曹に対して大統領の法解釈を伝達する手段として用いるべきだと考えていたのであった．

カラブレシのメモはミース司法長官の目にとまり，クライブ司法長官顧問を調整役としながら，署名時声明の運用についての改革が始まった．1985年9月3日にクライブは，訟務長官のチャールズ・フリードに対して，ミースが署名時声明の改革に乗り出していることを伝えている．訟務長官とは，連邦政府を代表して訴訟に臨む役職であり，司法省の重要職である．クライブはフリードに対し，ミースが「署名時声明は立法史の一部」であり，「裁判所によって立法史が濫用されていることに対抗するために行使されるべきだ」と考えているということを伝えている．またクライブは，ミースが「司法省や裁判官が，署名時声明を法解釈のガイドとして用いた場合に生じる問題を検討する」意向を示しているとも伝えている．このメモは，将来の訴訟において法解釈の指針となるように署名時声明の運用を改めることを伝えるものであった[27]．

クライブはフリードにメモを送った同じ日に，司法省法政策局（Office of Legal Policy）のジェイムズ・スピアーズに，署名時声明を立法史の一部とした場合に生じる法的問題について調査するとともに，『制定順法律集』を出しているウェスト出版に対して，署名時声明を立法史の一部として記載するよう求める書簡の草案作成を依頼した[28]．スピアーズはクライブからの依頼を受けて調査を行い，署名時声明を立法史の一部として用いることについて法的問題は生じないと回答した．またスピアーズは，「署名時声明は現在，『週刊大統領文書集』と『大統領公文書集』の中にしか記載されていない．これらは，ウェスト出版の『制定順法律集』に比べれば，裁判官にとって一般的ではない」との意見を述べるとともに，ウェスト出版に宛てた書簡の文面を作成した[29]．

1985年12月13日に，ミースからウェスト出版の社長であるドワイト・オ

---

26) Ibid.
27) Memo, Kenneth Cribb to Charles Fried, September 3, 1985, Record Group 60: Department of Justice, Files of Stephen Galebach, 1985-1987, Box 3, Folder: SG/Chronological File, National Archives and Records Administration.
28) Memo, Kenneth Cribb to James M. Spears, September 3, 1985, ibid.
29) Memo, James M. Spears to Kenneth Cribb, October 25, 1985, ibid.

パーマンへと，『制定順法律集』に署名時声明を記載するよう求める書簡が送られ[30]，12月26日にはオパーマンから承諾の返事が届けられた[31]．その結果，1986年から『制定順法律集』の立法史には大統領の署名時声明が記載されるようになった[32]．

4. 署名時声明の新たな運用目的の確立と起草過程の固定化

カラブレシは，司法の場において大統領の法解釈を重視させることが重要だと考えていたと先に指摘したが，そのような署名時声明の用い方は，従来の署名時声明の用い方とどのように異なっていたのだろうか．この点について，司法省法律顧問室のタールが，1985年10月のメモで整理している．タールによれば，署名時声明には「少なくとも三つの使用方法がある．第一に，行政組織に対して，大統領による制定法の解釈を通達するという使用方法」である．この通達によって大統領は，「省庁による独自の解釈をやめさせる」ことができるという．第二に，「議会に対して，制定法が内包する問題を警告する」ための手段として使われる．そのような署名時声明は，非公式の道具として用いられ，政策争点についての大統領の立場を議会に伝え，拒否権を用いたくはないが大統領にとって重要な争点についての大統領の立場を保つために用いられる．第三の方法として，「裁判所に対して，どのように法を解釈するかについての追加の情報を与える」という使用方法である．タールは，このような運用は，「現在では限られているが，今後拡張されると信じている」と述べている[33]．

タールの論じた第三の方法が，署名時声明の新たな運用方法であるという認識は，署名時声明改革の発端となったカラブレシの提言にも見られたが，1986年になると，司法省法律顧問室の他のスタッフにも共有されるようになった．2006年に連邦最高裁裁判官に任命されたアリートは，レーガン政権では，カラブレシと同じく司法省法律顧問室に勤務していた．アリートは，1986年2月5日のメモにおいて，現在の裁判所における法解釈の問題点として，「裁判

---

30) Letter, Edwin Meese to Dwight D. Opperman, December 13, 1985, ibid.
31) Letter, Dwight D. Opperman to Edwin Meese, December 26, 1985, ibid.
32) Memo, Steven Calabresi to Samuel Alito, January 3, 1986, ibid.
33) Memo, Ralph Tarr to Kenneth Cribb, October 28, 1985.

所において法律を解釈する際に，立法者意思として議会の意図が考慮されるだけである．めったに大統領による法解釈には言及されない」ことを指摘し，「大統領による法解釈は，議会での議論と同等の重要性がある」と主張している[34]．

裁判所において，大統領の法解釈が参照されてこなかった原因としてアリートは，「議会での議論は立法史として定期的に公にされている」が，「大統領は，議会と同じ程度に，法律について論じなかった」ことを挙げており，解決策として，「大統領の署名時声明をはっきりと公にするべきである」と論じている．アリートは，署名時声明の積極的な使用によって，司法を抑制できると考えると同時に，議会からの反発を招くだろうと予測していた．彼は，「このような新たな種類の署名時声明は，議会に歓迎されないだろう．議会は，大統領が法律についての解釈を最後に付け加えることに憤るだろう．議会からの反応を考慮に入れなければならない．過去には司法省法律顧問室によって準備された署名時声明が，ホワイトハウス，または行政管理予算局によって，議会対策のために内容を変更されたこともあった．このような事態は今後さらに増えるだろう」と述べている[35]．

アリートは，署名時声明の作成プロセスについても具体的な方策を提示している．「各省庁はそれぞれに，解釈をほどこす署名時声明を付与する法案の数を絞るべきである」と述べ，署名時声明を付与する法案については，「議会を通過する見込みがある法案，重要性のある法案，解釈について重大な問題を抱えている法案」という基準を提案している[36]．

署名時声明を，裁判所による恣意的な立法史の解釈を妨げるために用いるという，署名時声明の新たな運用方法は，カラブレシやアリートといった，司法省法律顧問室の若手の法律家たちによって提起され，この改革案は，ミー

---

34) Memo, Samuel Alito to the Litigation Strategy Working Group, February 5, 1986, Record Group 60: Department of Justice, Files of Stephen Galebach, 1985-1987, Box 6, Folder: SG/Litigation Strategy Working Group, National Archives and Records Administration.
35) Ibid.
36) Ibid.

ス司法長官に受け入れられていた．ミースは，ホワイトハウス国内政策会議（Domestic Policy Council）に宛てた 1986 年 7 月 7 日のメモにおいて，司法省法律顧問室の主張と同様の改革を提案している．ミースは，「従来，裁判所と行政組織は，議会や議会委員会での議論を意味する立法者意思に基づいて法律を解釈するべきだと言われてきた．しかし，それらは大統領の意図を反映していないこともあった．大統領の見解は，議会の記録と同等の重要性が付与されるべきである」と論じ，そのような重要性を大統領の法解釈に与えるために，署名時声明において「大統領による合憲性と法解釈についての見解を示す」という「新しい署名時声明の運用方法」を提案した[37]．ミースはまた，「大統領が法案に署名した際の見解は，将来の裁判所に対して大統領の法的見解を伝えることになる」とも論じている[38]．

　このミースの提案には，アリートの提案とは異なる点があった．アリートは，署名時声明を全ての法案に付与するのではなく，重要性のある法案や解釈に重大な問題を抱える法案に限定すべきだと主張していたが，ミースは「技術的な修正や私法[39] 以外の，全ての法案に付与するべきである」と主張していた[40]．司法省内部ではミース司法長官をはじめとして，署名時声明を法律についての大統領の合憲性判断と法解釈とを提示する法的文書として理解するという合意が存在し，さらに，大統領による合憲性判断と法解釈を積極的に公開していくことが，署名時声明の新たな運用方法として理解されていたといえる．

　署名時声明を，裁判所に対する法解釈のガイドとして運用するという新しい

---

37) Memo, Edwin Meese to the Domestic Policy Council, July 7, 1986, Christopher Cox Files, Box 3, Folder: Signing Statements (3 of 3), Ronald Reagan Library.

38) Memo, Edwin Meese to Donald T. Regan, October 23, 1986, Record Group 60: Civil Rights Division, Subject Files of Assistant Attorney General, William Bradford Reynolds, 1981-1988, Box 158, National Archives and Records Administration.

39) 日本において「私法」と言えば，私人間の法関係を規定する民法などを示すのが通常であるが，アメリカでは異なった意味を持つ．アメリカでは，「私法（private law）」とは「公法（public law）」と対になる法の形式であり，公法が一般の法律を示すのに対して，私法は特定の個人または団体を適用の対象として制定された法律を意味する．基本的に，私法をめぐっては大きな政治的対立が生じることは少ない．

40) Memo, Edwin Meese to the Domestic Policy Council, July 7, 1986.

目的は，司法省を中心として確立されることとなったが，誰が署名時声明の最終的な審査を行う権限を持つかという，起草過程の詳細については，司法省とホワイトハウスとの間には対立があった．ミースは，ホワイトハウス国内政策会議に対して示した1986年7月7日付のメモにおいて，あらゆる署名時声明の最終的な審査権を司法長官が持つべきだと主張していた[41]．

これに対し，ホワイトハウスの行政管理予算局では，司法省にあらゆる署名時声明について最終的な審査の権限を与えるのは望ましくないという意見が出された．行政管理予算局の中でも特に議会の立法の監視を担当する立法審査部 (Legislative Reference Division) のジェイムズ・フレイは，「司法省の役割は，憲法解釈と法解釈という範囲に限定されるべきである．例えば，国務省によって用意された外交についての署名時声明は，司法省によって審査されるべきではない」と主張した[42]．

フレイはこの考え方に基づいて行政管理予算局通達を起草し，行政管理予算局長のジェイムズ・ミラーによって1986年9月2日に，全省庁へと通達された．行政管理予算局の定めた署名時声明の起草過程とは，「それぞれの省庁が，議会の立法を常に監視し，大統領に法案が提出される前に草案をつくり，行政管理予算局に提出する．草案はその後，司法省法律顧問室に送付され，最終的に，行政管理予算局と司法省法律顧問室のコメントがつけられ，行政管理予算局長によって大統領へと提出される」という手順であった．司法省は，「憲法解釈と法解釈を必要とする全ての署名時声明を審査する」のみであり，法解釈を含まない署名時声明については行政管理予算局のみが最終的な審査を行うこととなった．また，署名時声明の対象についても，ミースが主張していたように全ての法案を対象とするのではなく，選択的に用いられることとなった[43]．すなわち，署名時声明の文言について，法解釈を含む場合には司法省が最終的

---

41) Ibid.
42) Memo, Jim Frey to Jack Carley, July 18, 1986, Christopher Cox Files, Box 3, Folder: Signing Statements (2 of 3), Ronald Reagan Library.
43) Memo, James Miller to the Head of Executive Departments and Agencies, September 2, 1986, Christopher Cox Files, Box 2, Folder: Signing Statements (1 of 3), ibid.

に審査し，含まない場合は行政管理予算局が最終的な審査を行い，さらに，最終稿となった署名時声明を大統領に送付するか否かの決定権は，行政管理予算局が握ることになったのである．

署名時声明をどのような場合に用いるのかという基準は，ミラーによる通達では曖昧であった．この点について，ホワイトハウス大統領法律顧問室のピーター・ウォリソンの9月9日のメモが精緻化している．ウォリソンは署名時声明を用いるべき基準として，「立法の全体もしくは一部が，憲法上疑問のある場合，あるいは大統領の権限にとって問題を生じる場合」，「立法の一部条文の執行によって，憲法問題が生じる場合」，「様々な解釈が可能な制定法の文言について，政権の立場を示す必要がある場合」，および「立法の執行が，政権にとって重要な政策と関連する場合」を挙げている．対して，署名時声明を用いるべきではない場合として「私法の場合，技術的な修正のみを含む場合，記念的な立法の場合」，および「立法によって生じる争点が，複雑で重大であり，署名時声明の準備に時間が不十分である場合」を挙げている[44]．

ミースは，署名時声明を選択的に用いるというホワイトハウス行政管理予算局や大統領法律顧問室の考え方を受け入れたようである．1986年10月23日に，ミースはドナルド・リーガン大統領首席補佐官に対して，「すべての法案が署名時声明を必要とするわけではない．しかしながら，法案に憲法上の瑕疵がある場合には，署名時声明による法解釈は非常に重要なものとなる」と伝えている[45]．

こうして，レーガン政権の司法省に新しく加わったカラブレシやアリートのような保守派の法律家を起点として，署名時声明の改革が始まった．ミース司法長官は若手の法律家の進言に同意し，裁判所の恣意的な法解釈を制限するために，大統領による法解釈を立法史の一部として残すという新しい目的を，署名時声明に付け加えた．司法省法律顧問室のタールによる調査にあったように，署名時声明にはそもそも，どのように法律を解釈するべきかを行政組織に伝える機能と，議会に対する大統領の立場表明という機能を持っており，レーガン

---

44) Memo, Peter J. Wallison to Donald T. Regan, September 9, 1986, ibid.
45) Memo, Edwin Meese to Donald T. Regan, October 23, 1986.

政権において付け加えられたのは，裁判所に対する大統領の法解釈の伝達という機能であった．ここに現代まで通じる署名時声明の基本的な機能がそろうことになった．このように，新たな機能を伴った署名時声明についての起草プロセスは，司法省を越えて，ホワイトハウスの行政管理予算局との協力の下で整えられた．1985年から始まった改革によって，署名時声明は『制定順法律集』の立法史に記載されるようになり，1986年には起草過程が整ったことによって，法的文書としての水準を満たすようになり，政権のスタッフ誰もが認知する大統領の道具になったのである．

この改革後，署名時声明は，行政組織に対する法執行方法の伝達や，議会に対する大統領の見解の提示という前述のタールのメモに示されていた従来の目的に加えて，法曹に大統領の法解釈を伝達するためにも用いられるようになる．次節では，この新たな目的のために署名時声明が用いられ，実際に法曹に影響を及ぼした事例として，1985年均衡財政・緊急赤字統制法と1986年移民改善・規制法を取り上げる．

第3節　署名時声明による大統領の法解釈の伝達

1. 1985年均衡財政・緊急赤字統制法

1985年12月12日，1985年均衡財政・緊急赤字統制法（Balanced Budget and Emergency Deficit Control Act of 1985, 以下「グラム・ラドマン法」）が成立した．この法律は，均衡財政を達成するための数値目標に達しない場合には，支出を一律にカットする権限を会計検査院長に与えるものであった．レーガン大統領は署名時声明において，「会計検査院長は，執政府のエージェントではなく議会のエージェントであり，執政権は執政府のエージェントのみによって用いられるべきである」と述べている．この主張そのものは，1984年契約競争法の署名時声明と同様のものであるが，グラム・ラドマン法の署名時声明において，レーガンは，「この憲法上の問題が，早急に解決されることを希望する」と述べており，問題となっている条文の「不執行」を宣言していないことを指摘しておきたい[46]．

レーガン大統領が同法に署名して数時間のうちに，民主党のマイケル・シャイナー下院議員に 11 名の議員が加わり，同法が違憲であるとして，連邦地方裁判所に訴えた．シャイナーの主張は，歳出カットを決定するという会計検査院長の権限が違憲であるというものであった[47]．

連邦地方裁判所は，シャイナーの主張を認め，会計検査院長に歳出カットの決定権を与えたグラム・ラドマン法は違憲であると判断した．その理由は，会計検査院長は，大統領の指名と上院の承認によって任命されるが，その罷免権は議会にしか認められていないという点で執政府の役職にはあたらず，それゆえ，法執行権限を持つべきではないというものだった[48]．

この判決をうけて，チャールズ・ボウシャー会計検査院長は，連邦最高裁判所に直接上訴した．最高裁はこれを受理し，1986 年 7 月 7 日に判決を下した[49]．判決では，地方裁判決と同様に，会計検査院長に授権されている権限は執政権であり，権力分立の原則に違反するために違憲であるとされた[50]．この結論を導くにあたり，最高裁は，レーガン大統領の署名時声明を，法的議論の支柱には据えなかったものの，脚注において引用した（Garvey 2012, 3; Carroll 1997, 506; Kepplinger 2007, 41）．トッド・ガーヴィは，「最高裁が大統領の署名時声明を引用したことは，裁判所が，大統領の署名時声明の正当性を認めたことを意味している」と評価している（Garvey 2012, 3）．

---

46) Ronald Reagan, "Statement on Signing the Bill Increasing the Public Debt Limit and Enacting the Balanced Budget and Emergency Deficit Control Act of 1985," December 12, 1985, *Public Papers of the Presidents of the United States: Ronald Reagan, 1985*, 1053.
47) Robert Pear, "Deficit Law Fails Constitution Test, U.S. Advises Court," *New York Times*, December 31, 1985.
48) Synar v. United States, 626 F. Supp. 1374 (D.C. 1986).
49) Bowsher v. Synar, 478 U.S. 714 (1986).
50) 契約競争法をめぐる 1985 年の連邦地方裁判所の判決の主旨は，会計検査院長は純粋な議会のエージェントではないので，会計検査院長に認められた拒否権は，議会拒否権とはいえない，というものであった．その論証の中で，会計検査院長は，大統領と議会から独立しながら，執政権と立法権を行使するとされた（第 3 章第 2 節第 2 項参照）．対して，1986 年の連邦最高裁判決では，会計検査院長による法執行は，大統領の執政権の侵害であると判断された（478 U.S. 714, 716）．

2. 1986年移民改善・規制法

1986年11月6日，移民改善・規制法（Immigration Reform and Control Act of 1986）が成立した．この法律の二本の柱は，不法移民を不法移民だと知りながら雇用した企業家を処罰する規定と，長期にわたりアメリカに滞在してきた不法移民の合法化規定であった（古矢 2002, 122-123）．ここで注目したいのは，企業家処罰規定に添えられていた差別禁止規定である．議会では，企業家処罰規定を議論するに当たり，それが不当な差別につながるという批判がされていた．すなわち，企業経営者が不法移民の雇用によって罰せられることを避けるために，「不法移民のような風貌」をした者を積極的に排除する可能性が指摘された（Boulris 1987, 1057）．例えば，民主党のエドワード・ケネディ上院議員は，「議会が，差別につながるような法律を制定する場合には，差別が実際に生じる可能性を考慮に入れなくてはならない．この法案は，潜在的にその可能性を持ち，差別が生じることは不可避だろう．これは，ヒスパニック系住民にとって，不当な仕打ちになるだろう」と述べている[51]．

そこで，民主党のバーニー・フランク下院議員が中心となって，個人の出身国と市民権の状態による雇用差別を禁じた差別禁止規定が，移民改善・規制法に設けられた（Cohodas 1986）．しかしながら，この規定は不完全なものであった．被用者の保護を訴える民主党議員と，雇用者の側に立つ共和党議員との間に対立が生じており，差別禁止規定を提案したフランクは，雇用者の側に，「差別的な取り扱い」がなかったことを立証する責任を与え，被用者を保護しようとしていたが，議会内での議論がまとまらず，結局，立証責任が被用者にあるのか，あるいは雇用者にあるのか不明確なままで，法案は大統領に提出されたのであった（Popkin 1991, 706）．

レーガン大統領の署名時声明は，二つの点で，差別禁止規定を読み替えていた．第一に，レーガンは「第274条B項（差別禁止規定）は，原告たる被用者に，雇用者が『差別の意図』を持っていたことを立証する責任を負わせてい

---

51) Robert Pear, "Congress, Winding Up Work, Votes Sweeping Aliens Bill; Reagan Expected to Sign It," *New York Times*, October 18, 1986.

る」と解釈したのであった．第二に，レーガンは，もしも被用者が，雇用者の「差別の意図」を立証できなければ，「雇用者は，被用者をどのように選択したのかという手続きについて，説明する責任を負わない」とも述べている[52]．

レーガンの解釈は雇用者寄りのものであり，党派的な法解釈であった．そもそも，「差別の意図」の立証は，「差別的な取り扱い」の立証よりもはるかに難しいものであった（Boulris 1987, 1059）．レーガンは，この署名時声明によって，移民改善・規制法の曖昧な規定を将来の法曹が解釈する場合のガイドラインを示そうとしたのである．フランクは，レーガンの署名時声明に対して，「大統領の解釈は間違っている」だけでなく，「知的に不誠実である」と非難した（Cohodas 1986, 2990; Popkin 1991, 706）．

それでは，移民改善・規制法の差別禁止規定は，法曹によってどのように解釈されていたのだろうか．移民改善・規制法の差別禁止規定によって，司法省内に新たな部局として，移民不平等雇用担当特別検察官室（Office of Special Counsel for Immigration-Related Unfair Employment Practices）が設けられた．この特別検察官の業務は，不当な扱いを受けたという者の申立てを受け，その者の代理として差別的な取り扱いをしたとされる企業家を訴え，行政審判を争うことであった[53]．行政審判を裁くのは連邦裁判所裁判官ではなく，行政組織に属する行政法審判官（administrative law judge）である[54]．行政法審判官は，行政組織の中でも「司法化」されており，独立性が高いとされる（宇賀 2000, 121-122, 147）．

司法省の行政法審判官がどのように移民改善・規制法の差別禁止規定を解釈していたのかは，1990年の裁決[55]や，1992年の裁決[56]に見ることができる．

---

52) Ronald Reagan, "Statement on Signing the Immigration Reform and Control Act of 1986," November 6, 1986, *Public Papers of the Presidents of the United States: Ronald Reagan, 1986*, 1522-1524.
53) Department of Justice, The Office of Special Counsel for Immigration-Related Unfair Employment Practices (http://www.justice.gov/crt/about/osc/).
54) 行政法審判官も司法省の所属であり，移民に関連する行政審判の裁決はOCAHOというレファレンス番号を与えられ，公にされる（Department of Justice, Office of the Chief Administrative Hearing Officer, http://www.justice.gov/eoir/OcahoMain/ocahosibpage.htm）．

1990年の裁決ではレーガン大統領の署名時声明を引用して,「原告は,差別の意図が雇用者にあったと証明しなければならない」と論じ,原告側に「差別の意図」の立証責任を負わせている57).また,1992年の裁決においては,「差別があったと主張する原告は,雇用者の側に差別の意図があったことを立証しなければならない」としている58).すなわち,移民改善・規制法の差別禁止規定は,フランク議員の主張していた議会の解釈ではなく,レーガン大統領の解釈に従って解釈されていた.また,1990年の裁決においては,大統領の署名時声明が条文解釈の根拠として用いられており,大統領の法解釈を法曹に伝達するという署名時声明の目的が実現していたといえる.

3. 司法省による署名時声明改革の総括

レーガン政権では,署名時声明は法曹に対して大統領の法解釈を伝えるという新しい目的を与えられ,起草過程も整えられた.署名時声明に示された大統領の法解釈は,常に法曹の判断に影響を及ぼしたわけではないが,先に示したように,法曹による法解釈の指針として用いられることもあった.本章の最後に,一連の過程を主導した司法省による署名時声明改革の総括に触れておきたい.

司法次官補のマークマンは1987年3月4日に,司法長官顧問のクライブに対して,署名時声明改革のその後の展開について報告している59).マークマンは,フェデラリスト協会ワシントン支部を立ち上げた後に,司法省に採用されており,改革を推進した保守的法律家たちと考え方を同じくしていた.彼が最も問題視していた点は,司法省が手を入れた憲法解釈や法解釈についての署名時声明を,実際に付与するかどうかという判断について,司法省が不利な立

---

55) United States of America v. Marcel Watch Corporation, 1 OCAHO 143 (1990).
56) Elizabeth Klimas v. Department of Treasury, 3 OCAHO 419 (1992).
57) 1 OCAHO 143.
58) 3 OCAHO 419.
59) Memo, Stephen J. Markman to Kenneth Cribb, March 4, 1987, Record Group 60: Civil Rights Division, Subject Files of Assistant Attorney General, William Bradford Reynolds 1981-1988, Box 158, National Archives and Records Administration.

場に置かれていたことである．司法省は，憲法解釈と法解釈に関連する署名時声明の文言を最終的に審査する権限を得ていたが，その署名時声明の最終稿を大統領に送付するか否かを決定できるのは，ホワイトハウスの行政管理予算局であった．マークマンは，法案に問題がある場合には，常に署名時声明を付与するべきだと考えていた．先に述べたように，このような考え方はミースにも見られたものであった．ミースは署名時声明の起草過程をめぐる行政管理予算局との交渉過程で，署名時声明を選択的に用いることに同意していたが，司法省には依然として，法案に問題があれば常に署名時声明を付与すべきだという考え方が存在していたといえる．マークマンによれば，「司法省が法案の条文に問題があり，その問題が甚大な法的な結果を招くと示せた場合のみ，ホワイトハウスは法解釈を含む署名時声明を大統領に送付してきた」のであった．これに対しマークマンは，「執政府による解釈が，将来の問題を解決するために必要不可欠になるという立証責任は司法省に課されるべきではない．署名時声明がいかに害悪を巻き起こすかを示す立証責任は，ホワイトハウスが負うべきである」と不平を述べている[60]．

　他方で，司法省は，署名時声明が大統領の法解釈を示すための文書として用いられるようになったことを，高く評価していた．クライブ司法長官顧問は，1985年から始まった署名時声明改革の成果を，大統領へのブリーフィング資料の中で総括している．「司法省と大統領法律顧問室，並びに行政管理予算局は，署名時声明を，立法史の一部としての価値をもつような文書にするために協力をしてきた」．「この努力の背後には，議会と大統領はともに，法案を制定するための必要なアクターであり，大統領による曖昧な条文の解釈は，議会による条文解釈と同等の重要性があると見なす理論がある」[61]．この理論こそ，保守派の法律家が持ち込んだ原意主義的憲法解釈である．

　しかしながら，大統領による法解釈は，裁判所において頻繁に言及されるものではなかった．その原因は，「署名時声明が，法律家にアクセスしやすい形で出版されていなかった」ことに加え，「署名時声明が法的な影響を与えるも

---

60) Ibid.
61) Memo, Kenneth Cribb to the President, May 29, 1987, Christopher Cox Files, Box 2, Folder: Signing Statements (1 of 3), Ronald Reagan Library.

のとして起草されてこなかった」ことにある.「ミース司法長官は,それまでの署名時声明があまりにも短く,あたかも法的なニュアンスをもったプレスリリースといった程度の認識しか起草者に持たれていなかったことを問題視していた.ミースはそのような署名時声明への軽い認識が,裁判官たちへの影響力を失わせていたと考えていた」[62].

そこで,ミースは,「署名時声明を,『制定順法律集』の中で,議会委員会報告書とならんで記載するよう,ウェスト出版にもちかけた」.結果として,「署名時声明は裁判官,ロークラーク,弁護士たちにとってアクセスしやすい文書となった」.また,署名時声明の起草過程については,「各省庁が署名時声明の起草をするように求められるようになり,組織間をまたぐ推敲のプロセスが定められた」.結果として,「署名時声明は,裁判所における法的議論に耐えうる水準の法的文書となった」.クライブは「曖昧な制定法の解釈において,大統領の見解が議会の見解と同等に扱われるようになったことを,執政府の特権の回復の成功だと誇るべきだ」と結んでいる[63].

小 括

レーガン政権において,実質的署名時声明に生じた変化は,先行研究が指摘したような,違憲性を持つ条文の不執行を宣言することでも,行政組織へ法執行の方法を通達することでもなかった.レーガン政権は,条文の解釈が争われる際に法曹が参照できるように,署名時声明において,大統領の法解釈を示すようになったのである.

このとき,大統領は条文の違憲性を指摘することもあった.もっとも「制定法の違憲性の主張」といっても,カーター大統領が議会拒否権について主張していた「違憲性」とは,意味合いが大きく異なっている.カーター大統領の場合,ベンジャミン・シヴィリッティが起草した司法省法律顧問室意見書にもあったように,最高裁の違憲判決が予想できる場合に限って,大統領は違憲性を

---

62) Ibid.
63) Ibid.

主張できる，という理論に立脚していた．しかしながら，レーガン大統領は，裁判所が制定法について違憲だと判断することを促すために，大統領が先に違憲性を主張したのである．当然，レーガン大統領の場合，大統領による違憲性の指摘を正当化する根拠は，裁判所の判決が予想されること，ではありえない．レーガン政権の司法省は，ミースと保守的法律家が中心となって，三権同格主義を政権に持ち込んだのであった．三権同格主義では，どの府も，等しく憲法を解釈することが求められ，制定法が憲法に合致するかどうかについても，判断を下せるとされた．レーガン政権は，保守的法律家の持ちこんだ法律論によって，カーター政権とは異なった目的を持って，署名時声明を運用できるようになったのである．

同時に，レーガン政権は，法曹に大統領の法解釈を伝えるという新しい目的を与えられた署名時声明の起草過程に，きちんとした手順を定めた．これらの署名時声明の改革の過程は，司法省法律顧問室から始まったが，ホワイトハウスの行政管理予算局も改革に協力し，政権全体をあげてのプロジェクトとなった．

最後に，署名時声明が法的文書としての水準を満たすようになったことで，署名時声明は，大統領単独での政策変更の手段としての重要性を高めたことも指摘しておきたい．裁判所よりも先に，大統領が署名時声明において制定法の違憲性を指摘するということには重大な意味がある．アメリカでは，訴訟が起こされて初めて，裁判所は制定法の違憲性を判断することが可能となるにもかかわらず，大統領は署名時声明において，法案に署名する段階で条文の違憲性を指摘する．

レーガン政権の保守的法律家が持ち込んだ三権同格主義では，それぞれの府はそれぞれが憲法解釈を行い，その効果は，それぞれの府に及ぶと考える．すなわち，レーガン大統領が特定の制定法の条文の違憲性を宣言すると，司法府の判断が下されるまで，その法解釈が執政府の中では正統な解釈として扱われることになる．大統領は，裁判所によって覆されるまで，大統領自身の判断によって，議会と裁判所が認めない可能性のある政策変更を，一時的に達成することができるようになる．レーガン政権は，将来の政権が，署名時声明をそのように用いることを可能にしたのである．

レーガン政権における署名時声明の改革の焦点は，将来の法曹に大統領の法解釈を参照できるようにすることであり，一時的にでも大統領の望む政策変更を実現することではなかった．これに対して，後の政権では，大統領権力を守るために，より積極的な署名時声明の運用が見られるようになる．ジョージ・H. W. ブッシュ政権，クリントン政権，ジョージ・W. ブッシュ政権，オバマ政権のそれぞれが，署名時声明をどのように継受し，運用したのかを，次章では明らかにする．

第 5 章　レーガン政権後の署名時声明の継受と変容

　第 2 章では，署名時声明がカーター政権において，議会拒否権に対抗するための道具として使われるようになったことを示し，第 4 章では，レーガン政権の保守的法律家たちが，署名時声明に，大統領の法解釈を法曹に伝えるという目的を追加し，制度を転用すると同時に，起草過程を整えたことを論じた．署名時声明の転用の過程には，大統領と議会の対立という三権分立上の構造に加えて，共和党の保守的な法解釈という，現代のアメリカの特徴となっているイデオロギー的分極化が作用していた．

　それでは，レーガン政権期に転用がなされた署名時声明は，その後の政権によって，どのように受け継がれ，運用されてきたのであろうか．レーガン政権は，署名時声明の目的を，行政組織への法執行の伝達，議会への大統領の考え方の伝達，法曹への法解釈の伝達と定めた．これから見ていくように，レーガン後の政権は，この大枠からは外れないものの，どのような場合には署名時声明によって法執行を拒否できるのかという指針を修正し，署名時声明を大統領に使い勝手のよいものへと変えていく．すなわち，署名時声明は，レーガン政権に比べれば小規模に転用されていく．

　本章ではまずジョージ・H. W. ブッシュ政権における署名時声明について論じる．ブッシュ政権の特徴は，レーガン政権から多くのフェデラリスト協会の法律家を受け継いでいたことにある．そのような法律家に支えられて，ブッシュ大統領が署名時声明をどのように用いていたのかを，第 1 節で論じる．

　第 2 節では，クリントン政権における署名時声明について論じる．ここでの焦点は，共和党政権の保守派の法律家の手によって転用された署名時声明が，どのように受け継がれたのかという点である．クリントン政権は，レーガン政権の遺産を全て捨て去り，カーター政権のように，議会拒否権に対抗するためだけの道具として署名時声明を用いたのだろうか，あるいは，法曹に大統領の

法解釈を伝えるという運用方法も受け継いだのだろうか．第2節では，クリントン政権の司法省法律顧問室意見書を手がかりに，署名時声明の運用方針を明らかにした後に，実際の運用について見ていきたい．

第3節では，ジョージ・W. ブッシュ政権における署名時声明について論じる．序論で取り上げたように，ブッシュ大統領による署名時声明は，2006会計年度国防総省歳出予算法の拷問禁止条項に対するものを始めとして，議会とメディアから厳しい批判を浴びることになった．このような運用の背景には，大統領の権限について，どのような考え方があったのだろうか．また，ブッシュ政権による署名時声明の運用は，同じく共和党政権であったレーガン政権のそれと共通性を持っていたのだろうか．第3節では，ブッシュ政権を支えた法律家について論じ，ブッシュ政権における署名時声明の運用方針を明らかにした後に，拷問禁止条項をめぐる議会との対立について論じる．

本章の最後では，オバマ政権を取り上げる．一般的に，オバマ大統領はブッシュ大統領とは政策選好の点で大きく異なっていると理解されている．このような理解は，それぞれの大統領が自己の権限の範囲についてどのように認識しているのかについても，当てはまるのだろうか．オバマ大統領はブッシュ大統領と異なって，大統領の権限を抑制的に用いているのだろうか．オバマは，実は，大統領選挙中から署名時声明について言及し，自身の方針を述べている．第4節では，まず選挙中のオバマ演説に着目し，次に，政権就任後に公表した署名時声明に関する方針について論じ，最後にオバマによる実際の運用について見ていきたい．議会とメディアは，シカゴ大学ロースクールにおいて憲法学を教えていたオバマは，署名時声明を抑制的に用いるであろうと期待していたが，この期待にオバマは応えたのだろうか．

第1節　ジョージ・H. W. ブッシュ政権による署名時声明の継受と洗練

1. 署名時声明による立法史の構成

ジョージ・H. W. ブッシュ政権は，レーガン政権からスタッフの多くを引き継いだ．例えばスティーヴン・カラブレシは，副大統領であったダン・クェー

ルのスピーチライターとして,また,リー・リーバーマン・オーティスは大統領法律顧問のボイドン・グレイの補佐官としてホワイトハウスに入った.大統領法律顧問のグレイは,レーガン政権期には,ブッシュ副大統領の法律顧問を務めていた.レーガン政権では大統領法律顧問室に所属していたマイケル・ルティッグは,ブッシュ政権では司法省法律顧問室に移動した.ルティッグの上司である司法省法律顧問室長のウィリアム・バーも,レーガン政権に務めた経験のある法律家であった.彼らはみな,フェデラリスト協会の会員であり,レーガン政権と部署は異なるものの,ブッシュ政権においても政権の要職に就くことになった[1].

それでは,ブッシュ政権は署名時声明の運用方針も,レーガン政権からそのまま引き継いだのだろうか.ブッシュ政権において,署名時声明の運用で重要な役割を果たしたのは,大統領法律顧問のグレイと司法省法律顧問室のバーとルティッグであった.グレイは署名時声明の起草を担当し,バーとルティッグは署名時声明を法的に支えた(Calabresi & Lev 2006, 1).

グレイを始めとするブッシュ政権の法律家たちが,署名時声明をどのように運用していたのかを明らかにすることが,本節の目的である.資料からは,ブッシュ政権が,署名時声明による立法史の形成というレーガン政権の目標を受け継ぐとともに,その目標実現のための戦略を洗練させていたことに加え,議会による大統領権限の侵犯に対抗するためにも署名時声明を用いるようになったことを見て取ることができる.

ここでは,立法史の構成を目的とした署名時声明として,1991年公民権法(Civil Rights Act of 1991)を取り上げ,大統領の権限を守るために用いられた署名時声明として,1990年ナショナル及びコミュニティ・サービス法(National and Community Service Act of 1990)と1990会計年度対外活動,輸出金融及び関連歳出予算法(Foreign Operations, Export Financing, and

---

1) Northwestern University, Faculty Profiles, Steven G. Calabresi (http://www.law.northwestern.edu/faculty/profiles/StevenCalabresi/); Jerry Landay, "The Federalist Society: The Conservative Cabal That's Transforming American Law," *Washington Monthly*, March 2000; Rabkin (1993), 70; Conley (2003), 741; Pyle (2009), 194; Hollis-Brusky (2013), 171.

Related Programs Appropriations Act, 1990) と 1990・1991 会計年度対外関係歳出授権法 (Foreign Relations Authorization Act, Fiscal Years 1990 and 1991) を取り上げる.

1991 年公民権法の制定をめぐって,ブッシュ大統領は,民主党が上下両院で多数を占めていた議会と対立した.議会は,同法によって雇用上の差別を広く撤廃することを目指しており,特に雇用差別訴訟において,被用者側が有利になるような法改正に力を入れていた.ここでの争点は,レーガン大統領が 1986 年移民改善・規制法の署名時声明において問題にしたのと同様に,雇用における差別が訴訟となった場合に,差別があったことの立証責任が,雇用者にあるのか,被用者にあるのか,ということであった (Kelley 2003, 115).レーガン大統領が署名時声明によって,議会の意図に反し,被用者側に立証責任があると 1986 年移民改善・規制法を解釈したことは,第 4 章で示した通りである.

雇用差別における立証責任について,連邦最高裁は,1989 年ワード・コーヴ判決[2] において,被用者側の立証責任を重くした (中窪 2010, 30).議会は,この最高裁判決に対抗するために,1991 年公民権法の制定に乗り出し,雇用差別訴訟における立証責任を,雇用者に負わせる法案を作成した (Lee 2008, 714).

ブッシュ大統領は同法案への署名にあたって,グレイの用意した署名時声明を付与した (Conley 2003, 740).ワード・コーヴ判決を覆すことが,民主党多数議会の意図であったにもかかわらず,ブッシュ大統領は署名時声明の中で,同法は,ワード・コーヴ判決において最高裁が示した「雇用差別に関する法理論を成文化したものである」と解釈した[3].ブッシュ大統領は,議会多数派の試みを骨抜きにしたのである.この署名時声明の特徴は,そのような解釈が可能である根拠として,ロバート・ドール上院議員を始めとした共和党議員による,議会における同様の発言を挙げているところにある.ブッシュ大統領は,それ

---

2) Wards Cove Packing Co. v. Atonio, 490 U.S. 642 (1989).
3) George H. W. Bush, "Statement on Signing the Civil Rights Act of 1991," November 21, 1991, *Public Papers of the Presidents of the United States: George H. W. Bush, 1991*, 1504.

らの議員の発言を,「同法の解釈にあたっての権威的な指針として扱わなければならない」と述べている[4].

ブッシュ大統領は,署名時声明によって1991年公民権法を,多数派を占める民主党の意図に反する形で解釈した.大統領の法解釈を署名時声明によって示すことで,後の法曹の判断に影響を及ぼそうという姿勢は,レーガン政権と共通したものであったが,大統領の法解釈があたかも議会の意図に則しているかのように主張するために,共和党議員の議会での発言を引用するというのは,ブッシュ政権による工夫であったといえる.

2. 議会による大統領権限の侵害に対する対抗

上の事例は,ブッシュ大統領が,民主党が多数を占める議会の作成した法案に対して,少数派であった共和党議員と協力することによって,実質的な内容を変更しようとしたものであった.このような新しい戦略が必要であった理由は,ブッシュ大統領と民主党多数議会が激しい対立をしていたことにある.その対立の激しさは,ブッシュ政権の司法省法律顧問室の法律意見書からうかがうことができる.ブッシュ大統領の就任後,半年もたたないうちに,司法省法律顧問室長のバーは,「立法府による執政府権限の侵犯について」と題した意見書を出した.この意見書には,議会が大統領の様々な権限を侵害していることが記されており,特に,議会による大統領の人事権や外交権限の侵害が問題視された.バーによれば,議会は,「議会の作成したリストから候補者を選出することを大統領に要求」したり,「執政府が管轄しない組織に執政権の一部を授権する」ことで,大統領の人事権を侵害している.また議会は,アメリカが「特定の国と特定の関係を結ぶことを定める法律」を制定しようとするが,「合衆国憲法は,外国とどのような関係を結ぶかについて決定する権限を大統領に与えている」ために,そのような法律は違憲であるとバーは論じる.バーは,「継続的に,力強く,これらの議会による侵害に対抗していくことだけが,執政府の権限を保全することにつながる」と主張している[5].

---

4) Ibid.
5) William Barr, "Common Legislative Encroachments on Executive Branch Authority," *Opinions of the Office of Legal Counsel*, Vol. 13, July 27, 1989, 248-249.

ブッシュ大統領は，司法省法律顧問室の意見書に示されたこのような主張に支えられた署名時声明を付与している．例えば，1990年ナショナル及びコミュニティ・サービス法の署名時声明では，大統領の人事権を守ろうとし，1990会計年度対外活動，輸出金融及び関連歳出予算法と，1990・1991会計年度対外関係歳出授権法の署名時声明では大統領の外交権限を守ろうとした．

　1990年ナショナル及びコミュニティ・サービス法は，全国規模もしくは地域規模の奉仕活動を促進することを目的としていたが，その中には，ナショナル及びコミュニティ・サービス委員会（Commission on National and Community Service）の設置を定める条文があった．この条文によって設置される委員会は，21名から構成され，大統領が指名し，上院が承認するとされていた．ただし，大統領が21名全ての候補者を選出できるのではなく，下院議長と上院多数党院内総務がそれぞれ7名ずつを選び，大統領はその14名を指名しなくてはならないとされた．ブッシュ大統領は，署名時声明において，「合衆国憲法は，議会による人事への介入は，上院による助言と承認という形でのみ認めているのであり，大統領の人事権を制限する条文は法的拘束力を持たない」と主張した[6]．ブッシュ大統領は，この条文が修正されるまで，一人の委員も指名することはなかった（Kelley 2003, 132）．

　1990会計年度対外活動，輸出金融及び関連歳出予算法は，第528条で，イラン・コントラ事件[7]によって広く耳目を集めた間接的な資金援助を禁止した．イラン・コントラ事件では，レーガン政権が，制定法で禁じられていたニカラグアのコントラに対する資金援助を，イランへの秘密裏の武器売却収益を充てることで行っていたことが問題となった．そこで，議会はそのような資金援助を立法によって禁じようとした（Kelley 2003, 115）．

　このような間接的な資金援助を禁止する第528条に対して，ブッシュ政権は，その制限をできるだけ緩めようと試みた．第528条では，「この法律によって

---

6) George H. W. Bush, "Statement on Signing the National and Community Service Act of 1990," November 16, 1990, *Public Papers of the Presidents of the United States: George H. W. Bush, 1990*, 1613-1614.

7) イラン・コントラ事件とは，イランへの武器売却とコントラ支援そのものと，その後の隠蔽工作全体を指す．

拠出される資金は，アメリカ政府もしくはアメリカ政府の雇用する者であればアメリカ法によって禁止されているような行為を，外国政府，外国人もしくはアメリカ国民に行わせることと引き替えに (in exchange for)，それらの者に援助金として渡されてはならない」と定められている[8]．この条文を字義通りに解釈すれば，アメリカ政府は，アメリカ政府が行えば違法となる行為の実行を条件として，他国に資金援助をしてはならないということになるが，ブッシュ政権は，禁止される場合をできるだけ制限しようとした．

　ブッシュ政権は，ルティッグの執筆した司法省法律顧問室意見書において，第528条の「引き替えに」という文言を厳格に解釈し，アメリカ政府と被援助国の間に，明確な合意が存在するという意味だとした．すなわち，アメリカ政府は資金援助を行い，その見返りとして，被援助国は，アメリカ政府が行えば違法となる工作を行うという合意である．このように解釈すると，明確な合意が存在しない場合には，仮にアメリカからの支援を受けた国が，アメリカ政府が行えば違法となる行為を行ったとしても，第528条違反にはならないということになる[9]．

　ブッシュ大統領は，同法への署名時声明において，第528条が，「見返りを求める資金援助を禁止している」のだと，政権の解釈を述べる．すなわち，同条は「他国の政府もしくは人員に対して，アメリカ政府が行えない行為の実行を明確な条件として，それら他国政府や人員に対して，アメリカ政府が資金援助することを禁止している」のみだと主張する．ブッシュによれば，このような解釈は，「議会で出された見解」と一致している．その見解とは，上院における共和党のロバート・カステン議員とウォレン・ラドマン議員との議論で示されたものであり，彼らは，「見返りを求める資金援助とは，アメリカと他国政府の間に，アメリカ政府が行えば違法となる行為を，他国政府が行うことこそ資金援助の条件であるという理解と合意が双方になければ成り立たない」ということを確認していた[10]．

---

8) Michael Luttig, "Prohibitions and Penalties under Section 582 of the 1990 Foreign Operations, Export Financing, and Related Programs Appropriations Act," *Opinions of the Office of Legal Counsel*, Vol. 14, April 16, 1990, 85.

9) Ibid.

この事例では，1991年公民権法と同様に，ブッシュ大統領は自らの法解釈を署名時声明において示すとともに，議会の共和党議員の発言を援用していた．1990会計年度対外活動，輸出金融及び関連歳出予算法について，カステン議員とラドマン議員に上述のような議論をさせたのは，ブッシュ政権のホワイトハウスと協力関係にあった，共和党院内総務のドールであったとされる．彼らの議論そのものは，議会においては少数派の意見であったが，あえてそのような議論をさせておくことによって，後の署名時声明において，議会の意図として取り上げることが可能になる．この戦略は，1991年公民権法の場合と同様に，ブッシュ政権とドールとの間で，民主党多数議会に対抗するために練られ，1990会計年度対外活動，輸出金融及び関連歳出予算法第528条の内容は法案修正を伴わず，署名時声明によって変更されたのであった（Tiefer 1994, 40）．

1990・1991会計年度対外関係歳出授権法は，国務省の予算を定める法律であり，欧州安全保障協力会議においてアメリカ代表団が他国政府と交渉する場合に，その代表団に議会が選出した欧州安全保障協力委員会（Commission on Security and Cooperation in Europe）の人員が含まれていなければならないと定めていた．ブッシュ大統領は署名時声明において，この法律が自らの外交権限を侵害していると表明した[11]．

ブッシュ大統領は，署名時声明において，「合衆国憲法は大統領に，外交を統括する権限を与えている」のであり，「いつ，どのような交渉を他国政府と行うかは，大統領の決定する事柄である」と述べる．ブッシュ大統領は，アメリカ政府の代表団に議会が選出した人員を含めなければならないという条文が「大統領の外交権限を侵害している」ために，「議会の期待の表れとしては理解するものの，法的な拘束力を持たないものとして解釈する」と宣言した[12]．

---

10) George H. W. Bush, "Statement on Signing the Foreign Operations, Export Financing, and Related Programs Appropriations Act, 1990," November 21, 1989, *Public Papers of the Presidents of the United States: George H. W. Bush, 1989*, 1573-1574.
11) George H. W. Bush, "Statement on Signing the Foreign Relations Authorization Act, Fiscal Years 1990 and 1991," February 16, 1990, ibid, 239-241.
12) Ibid, 239-240.

これらの署名時声明では，ブッシュ大統領は議会の立法を，大統領の権限を侵害しないように解釈し，結果として，議会の意図通りには法を執行しないと宣言しているが，このような署名時声明の運用は，レーガン政権期には影を潜めていたものである．それでは，議会による権限の侵犯に対して用いられる署名時声明は，どのような法律論によって支えられていたのだろうか．1990・1991会計年度対外関係歳出授権法に関する司法省法律顧問室意見書が，ブッシュ大統領の署名時声明と同日に出されており，そこで詳しく論じられている[13]．

　意見書を執筆したバーは，大統領は自身が違憲だと信じる制定法を執行しなくてもよいと論じる．大統領が，議会の定めた制定法が，憲法に違反していると考える場合，制定法と憲法のどちらを尊重するべきかという問題に直面するが，「この場合の解決方法は明快」であり，「憲法が国家の最高法規であるため，大統領は憲法を尊重しなければならない」とバーは論じる．バーによれば合衆国憲法第2条第3節に定められている「法を誠実に執行する義務」は，大統領に，彼が違憲だと考える法律を強制的に執行させるものではないという．なぜならば，「憲法違反の制定法は，法ではない」ためである[14]．

　それでは，大統領は制定法の違憲性を，裁判所の判断を待たずに，独自に認定することができるのだろうか．バーは，「執政府が制定法の違憲性判断を行う部局ではないという理由で，大統領は制定法の執行を拒否できないという議論があることも承知している」が，「裁判所による判断が下されるまで，大統領は，制定法が合憲であるものとして執行しなければならないという議論は受け入れない」という[15]．なぜならば，「大統領には，議会が定めた違憲な制定法から自らを守る権限が憲法上存在する」ためである．それゆえ，「制定法が権力分立の問題に関わっている場合，大統領には違憲な制定法を執行しない権限がある」とバーは論じる．つまり，バーの主張によれば，大統領はあらゆる争点について，裁判所の判断を先回りして違憲性を認定できるわけではなく，

---

13) William Barr, "Issues Raised by Foreign Relations Authorization Bill," *Opinions of the Office of Legal Counsel*, Vol. 14, February 16, 1990.
14) Ibid., 47.
15) Ibid., 51-52.

制定法が大統領権限に関わる場合にのみ、大統領はその違憲性を認定できるのである16)．

　以上のように、ブッシュ政権は、法曹に対して大統領の法解釈を伝達するために署名時声明を用いるという点で、レーガン政権の方針を引き継ぐとともに、大統領権限を守るためにも積極的に署名時声明を用いた．
　レーガン政権においても、署名時声明は大統領権限を守るために用いられていたものの、どのような場合であれば大統領は署名時声明において制定法の違憲性を指摘し、不執行を宣言できるのかについては、明確な基準となるような法律意見書は残されていない．これに対して、ブッシュ政権ではバーが、大統領が不執行を宣言できる場合を明らかにした．彼によれば、制定法が大統領の権限に関わる場合に、大統領はその違憲性を指摘することができるというのである．
　大統領がどのような場合に法の不執行を宣言できるのかという点については、カーター政権の司法省が基準を示しているので、カーター政権とブッシュ政権との差異を指摘しておく．カーター政権のベンジャミン・シヴィリッティは、裁判所の先例が存在しているか、裁判所による追認が期待できる場合にのみ、大統領は違憲だと考える制定法の執行を拒否できるとした．対して、バーの意見書では、争点が大統領の権限に関わる場合には、裁判所による追認の見通しは必要とされていないのである．この点において、署名時声明が大統領にとって、より使いやすい道具に変容していたといえる．
　ブッシュ政権では、署名時声明は一時的な政策変更の手段として機能していた．1990年ナショナル及びコミュニティ・サービス法の署名時声明において、ブッシュ大統領は条文が大統領の人事権を侵害しているために、拘束力を持たないと宣言し、条文が修正されるまで委員を一人も任命しなかった．この事例では議会が行動を起こしたが、それまでは、大統領の不作為によって制定法に違反した状態が継続していたとも言える．しかしながらブッシュは、その制定法こそが違憲であるとして、自らの不作為を正当化したのであった．これは、

---

16) Ibid., 51.

署名時声明が法的文書としての水準を持ち，かつ，大統領権限が争点となる場合には，裁判所の判断を待たずに大統領が違憲性を判断できるとされたために可能になったものである．

また，ブッシュ政権の署名時声明で特徴的であったのは，大統領が署名時声明において主張する内容を，共和党の議員にあらかじめ議会で発言させるという戦略である．これは，民主党多数派議会に対抗するために，共和党のドール上院議員とホワイトハウスが用いた戦略だったとされる．この戦略はレーガン政権には見られないものであり，ブッシュ政権による工夫であった．

第2節　クリントン政権による署名時声明の選択的継受

1. クリントン政権における署名時声明の運用方針

民主党から当選したビル・クリントンは，大統領就任後の2年間を除いて共和党多数議会に直面した．特筆すべきは，1995年以降は，保守革命を起こしたとされるニュート・ギングリッチの率いる共和党と立ち回らなくてはならなかったことである．このときの大統領と議会との対立の激しさは，1995年末から1996年初にかけての連邦政府閉鎖に象徴される．クリントン大統領は，議会との協同が難しい状況を前にして，署名時声明を用いたのであった．

クリントンの大統領就任1年目の1993年に，大統領法律顧問であったバーナード・ヌスバウムは，署名時声明の法的重要性について，司法省法律顧問室長であったウォルター・デリンジャーに尋ねている．デリンジャーは，ヌスバウムからの質問に答え，政権内部において憲法問題についての権威的な法的意見として扱われる司法省法律顧問室意見書という形で，署名時声明を運用する指針を作成した．デリンジャーは，大統領が署名時声明によって，「法案に対して，実質的な意味のある法解釈と憲法解釈を宣言」することは，「基本的に正当で，擁護できる」と述べている．デリンジャーは意見書の中で，署名時声明には五つの機能があり，その内の一つについては，正当性について論争が存在し，クリントン政権が用いるのは適当でないと述べている[17]．

デリンジャーの述べる署名時声明の第一の機能は，「法案を支持していた議

員や市民に祝福の言葉」を伝えるというものである．第二の機能は，「法案に興味を持つ支持基盤に対して，大統領がその法案の効果をどのように考えているのかを説明する機能」である．第三の機能は，「行政組織の下位の職員に対して，どのように法を解釈し，執行するのかについて指示する機能」である．次いで，第四の機能は，「執政府が，特定の条文を執行した場合に違憲状態を生み出す，もしくは条文が明らかに違憲である場合に，執行しないこと」を「議会と市民」に対して知らせる機能である．最後に，第五の機能は，「将来，裁判所が条文を解釈する際に署名時声明の解釈に重きを置くことを期待し，署名時声明を立法史の一部として残そうというもの」である[18]．

デリンジャーによれば，第一と第二の機能は，「法的には意味のない，もしくは憲法解釈とは関係のない」ものであり，これらの機能を持つ署名時声明を大統領が用いることには，なんら法的な問題はない．また，署名時声明によって，下位の行政組織の職員に対して法の解釈の方法と執行の方法を指示するという第三の機能についても，法的な論争はない．大統領は，執政府内の職員を監督しコントロールするという憲法上の権限を持ち，その権限を行使する際に，職員に対して，どのように制定法を解釈し執行するべきかを指示できる．デリンジャーは，ボウシャー判決で示された，「議会によって定められた法を解釈することは，法の『執行（execution）』である」[19]という連邦最高裁の議論を，その根拠として挙げている．デリンジャーによれば，過去の大統領による署名時声明は，「行政組織の職員の制定法解釈を拘束する効果を持っていた」のであった[20]．

大統領が制定法の合憲性について意見を述べるという，署名時声明の第四の機能についても，デリンジャーは擁護できると論じている．デリンジャーによれば，大統領が制定法の合憲性について見解を述べる場合には，大きく分けて

---

17) Walter Dellinger, "Legal Significance of Presidential Signing Statements," *Opinions of the Office of Legal Counsel*, Vol. 17, November 3, 1993, 131.
18) Ibid.
19) 478 U.S. 714, 733. この判決は，第4章第3節第1項で論じたグラム・ラドマン法に対する連邦最高裁判決である（Bowsher v. Synar, 478 U.S. 714, 1986）．
20) Dellinger, "Legal Significance of Presidential Signing Statements," 132.

二つがありうる．まず，制定法が一見合憲であっても，特定の状況において違憲となる場合である．この場合，大統領は，「制定法が違憲とならないよう，制定法を救うために解釈する」ことが適当である．デリンジャーは，このような大統領による法解釈が，「できるだけ制定法を違憲としないように解釈する司法府による条文解釈の慣行と似ている」と主張する[21]．実は，1993年のD.C.特別区連邦控訴裁判所の判決では，大統領の署名時声明は，制定法が憲法問題に直面することを防ぐための「救護的解釈（saving construction）」を提供しているとして，その重要性が指摘されている[22]．デリンジャーはこの判決を引用し，大統領による署名時声明を正当化しているのである[23]．

　デリンジャーの分類によると，大統領が制定法の合憲性について見解を述べるもう一つの場合は，条文が「明白に違憲（clearly unconstitutional）」である場合である．デリンジャーによれば，「憲法は，明白に違憲である制定法の執行を拒否する権限を大統領に与えており，このように考えることは，憲法制定者たちの考え方に合致している」．デリンジャーはその根拠として，憲法制定者の一人であるジェイムズ・ウィルソンが，ペンシルヴェニア州の憲法批准会議において，「大統領は，自分自身を守ることができ，憲法に違反している制定法の執行を拒否することができる」と述べていることを指摘している[24]．この「明白に違憲」という概念の中身は，翌年の司法省法律顧問室意見書の中で詳細に論じられているので，次項で詳しく取り上げる．

　デリンジャーが言う第五の機能は，将来の法曹の判断に影響を与えるために，署名時声明を立法史として残そうというものであるが，彼によれば，「この種の署名時声明が広く用いられるようになったのはレーガン政権において」であり，「論争的な使用方法」である[25]．デリンジャーは，これまで挙げてきた署

---

21) Ibid.
22) FEC v. NRA Political Victory Fund, 6 F. 3d 821, 824-825 (D.C. Cir. 1993).
23) Dellinger, "Legal Significance of Presidential Signing Statements," 132.
24) Ibid., 133.
25) Ibid. 第4章で示したように，将来の法曹の判断に影響を与えるために，署名時声明を立法史として残すという署名時声明の用法は，レーガン政権期の保守的法律家の手によって生み出されたものであった．

名時声明の四つの機能とは異なり、立法史を構成するための署名時声明については、その正当性を擁護しなかった。デリンジャーは、この新しい署名時声明の運用方法についての批判を列挙し、クリントン政権として、同様の目的のために署名時声明を用いるべきではないと論じている[26]。最も重要な批判は、「いったん大統領の前に法案が提出されたならば、そのときに立法の記録は閉じ」、「大統領は署名の際にそれらの議会の記録を再解釈できない」ため、署名時声明は立法史を構成しえないというものであった[27]。

2. 法の不執行を支える法律論

前項で取り上げたデリンジャーの1993年の司法省法律顧問室意見書は、署名時声明を大統領が正当に行使できる手段として認定していた。その中では、署名時声明を立法史の一部として残そうとしたレーガン政権の保守派の法律家たちの試みについては、正当性がないとして否定されるとともに、大統領は制定法が「明白に違憲」である場合には、制定法の執行を拒否する権限があるとされた。それでは、制定法が「明白に違憲」であるということを、クリントン政権の司法省はどのように捉えていたのだろうか。デリンジャーの1994年の司法省法律顧問室意見書が、詳しく論じている。

デリンジャーによれば、制定法が「明白に違憲」である場合には、二通りのケースが存在する。第一のケースは、「最高裁が制定法について違憲判断を下すにちがいないと、大統領が独自に判断した場合」である[28]。デリンジャーによれば、「最高裁は、制定法の合憲性判断について特別の役割を果たす」のであり、特定の条文について「最高裁は違憲判断を下すにちがいないと大統領が確信したならば、大統領はその制定法の執行を拒否する権限を持つ」。一方、制定法について「最高裁が合憲性を支持すると見込まれる場合には、大統領自身が合憲性を疑っていたとしても、その法を執行しなければならない」という[29]。

---

26) Ibid., 135-136.
27) Ibid., 136.
28) Walter Dellinger, "Presidential Authority to Decline to Execute Unconstitutional Statutes," *Opinions of the Office of Legal Counsel*, Vol. 18, November 2, 1994, 200.

デリンジャーの考え方は，制定法の合憲性について，司法府による判断が他の二府の判断に優先されるという司法優越主義と，三権のそれぞれが等しく合憲性を判断できるとする三権同格主義の，どちらにも当てはまらない．最高裁の判断に「特別の役割」を認めるという点では，司法優越主義的であるが，未だ下されていない最高裁の判断を大統領が予想して動いて良いと考える点では，三権同格主義的であるとも言える．デリンジャー自身がこのどちらに与しているのかについては，詳しく論じられていないものの，デリンジャーが打ち出した大統領の姿は，最高裁の判断を独自に前倒しして行い，法を執行するか否かを決定できるというものであった．

　第二のケースは，「制定法が憲法上の大統領の権限を侵害すると大統領が独自に判断した場合」である．この場合には，「たとえ裁判所は大統領の結論に同意しないと大統領が考えたとしても，大統領には自分の職権を守り，制定法の執行を拒否する権限がある」．なぜならば，「もしも大統領がそのような条文に挑戦しない場合，その条文の違憲性を司法が審査する機会もなくなり，大統領の権限を制限するような条文が執行された場合には，最高裁から審査の機会を奪い，結果として，大統領の権限は違憲に制限されたままとなってしまう」ためである[30]．

　デリンジャーによって書かれた1993年と1994年の司法省法律顧問室意見書が，クリントン政権において署名時声明の運用方針とされた．すなわち，大統領は，司法府が違憲判断を下すだろうと独自に判断した場合には，署名時声明において法執行の拒否を宣言することができ，また，制定法が大統領の権限を侵害していると判断した場合には，最高裁の判断とは無関係に，法執行の拒否を宣言することができるというものである．

　クリントン政権における署名時声明のこのような運用方針を，これまでの政権との比較をしつつ整理しておきたい．カーター政権の司法省も，クリントン政権と同様に，法が明白に違憲である場合には執行を拒否できるとしていたが，あくまでも，議会拒否権の違憲性に焦点が絞られていた．一方，クリントン政

---

29)　Ibid.
30)　Ibid., 201.

権は議会拒否権にとどまらず，裁判所が違憲性を追認するだろうと大統領が判断するあらゆる争点に対して，署名時声明によって執行を拒否できるとし，署名時声明の対象を拡大していた．

また，クリントン政権は大統領の権限が侵害されていると大統領が判断した場合には，裁判所の判断は必要でないとした．レーガン政権は，どのような場合であれば大統領が法の不執行を宣言できるのかについて明らかにしなかったのに対して，ジョージ・H. W. ブッシュ政権は，大統領権限の侵害が問題となっている場合に大統領は不執行を宣言できるとしたのは，先ほど論じた通りである．この点ではクリントン政権の指針は，ブッシュ政権のものと共通していたといえる．

このように，クリントン政権の司法省は，署名時声明の積極的な運用を可能とするような法律論を準備していた．次項と次々項では，デリンジャーが示した運用方針に則って，クリントン大統領が署名時声明を用いていたことを事例によって示したい．

3. 1996 会計年度国防歳出授権法の HIV 感染者解雇条項

クリントン大統領が，裁判所の判断を独自に前倒しして法執行の拒否を宣言した事例として，1996 会計年度国防歳出授権法（National Defense Authorization Act for Fiscal Year 1996）を取り上げたい．1996 年 2 月 10 日に，クリントンは 1996 会計年度国防歳出授権法案に署名するとともに署名時声明を付与した．同法案は，1995 年 12 月 28 日にクリントンによって拒否権を行使され廃案となっていたものを修正し，改めて上下両院を通過させ，大統領に提出されたものであった（Johnsen 2000, 7）．

議会はクリントンの拒否権を受けて，かなりの譲歩をしていた．元の法案には，2003 年までにミサイル防衛システムを構築するよう求める条項であるとか，軍事行動の後に一定の期間内に追加予算の要求を議会に提出するよう求める条項，さらには，大統領による軍事行動の計画を制限する条項が含まれていたが，これらが全て削除され，265 億ドルの国防予算が計上されたのであった（Johnsen 2000, 7）．

しかしながら，本法案には，クリントンが削除を訴えたにもかかわらず残さ

れた条項が存在した．議会は，HIV に感染している兵士を軍隊から解雇するよう求める条項を盛り込んでいたのである．もしも，国防歳出授権法の規定に則って，軍隊から HIV 感染者を解雇するとなると，およそ 1000 名にものぼる見積もりであった．このような突然の解雇は，兵士の憲法上の権利の侵害であると同時に，軍の効率的運用にとっても重大な問題を生じさせるものだとクリントン政権は認識した（Johnsen 2000, 7）．そこで，クリントンは署名時声明を付与し，HIV 感染者解雇条項について次のように述べた．

「この条項は露骨に差別的であり，軍人と家族にとって懲罰的でさえある．（中略）私は，この差別的な条項は憲法に違反していると結論する．とくに，この条項は，HIV に感染しつつも職務を全うできる軍人を，他の正当な理由なしに解雇するよう求めているという点で，平等保護条項（equal protection）に違反している．（中略）私は，この条項が違憲であると考えており，司法長官に本条項の執行を命じない．」[31]

1996 会計年度国防歳出授権法が成立した後に，その中に HIV 感染者を解雇する条項が含まれていたことが広く知られるようになると，世論から大きな反発が生じた．クリントンによる同条項への反対には，党派を超えた支持が集まった．結果として，1996 年 4 月 25 日に，HIV 感染者解雇条項の撤回が決定され，軍隊の HIV 感染者は一人も解雇されることなく問題が収束した（Gussis 1996, 598-599）．

この事例では，軍隊から HIV 感染者を解雇するということが憲法違反であるのかについては，連邦最高裁の判例は存在しておらず，また，大統領の憲法上の権限が侵害されているケースでもなかった．クリントン大統領は，司法府の判断を待たずに，HIV 感染者解雇条項が憲法の平等保護条項に違反していると判断していた．カーター大統領が法の不執行について行政組織に伝達する場合，その対象が議会拒否権であったのに対して，クリントン大統領は不執行

---

31) William J. Clinton, "Statement on Signing the National Defense Authorization Act for Fiscal Year 1996," February 10, 1996, *Public Papers of the Presidents of the United States: William J. Clinton, 1996*, 227.

の対象を拡大していたのである.

4. 2000 会計年度国防歳出授権法の国家核安全保障局設置条項

デリンジャーの意見書では,大統領が法の執行を拒否してよい場合として,大統領が裁判所が後追いで判決を出すだろうと確信できる場合と,大統領自身の権限が侵害されていると判断した場合とを挙げている.先に挙げた事例は,前者に当てはまる事例だったが,ここでは,大統領自身の権限に関連して付与された署名時声明の例を取り上げたい.クリントン政権が大統領の権限を守るために,裁判所の判断とは無関係に法執行を拒否した事例として,エネルギー省の人事問題を取り上げたい.ことの発端は,1999 年の『ニューヨーク・タイムズ』の報道による,ロスアラモス国立研究所の研究員が核兵器開発に関する機密情報を中国政府に提供していたというスクープ[32]であった (Barilleaux & Kelley 2010, 115).

クリントンは,この報道を受けて,エネルギー省内部の大統領対外インテリジェンス諮問会議 (President's Foreign Intelligence Advisory Board) に,アメリカ国内で核開発を行っている研究所において生じている安全保障上の問題の調査と対処を命じた.対外インテリジェンス諮問会議はロッドマン・レポートとして知られる報告書をまとめ,研究所のかかえる問題の根本は,アカウンタビリティの欠如と,行政組織による監督機能の不全にあり,早急に組織の改善が必要であると結論した.ロッドマン・レポートでは改善策として,エネルギー省内部に新たな部局を設置し,その局長に武器研究プログラムについての責任を負わせると同時に,エネルギー長官に直接に報告する義務も負わせるのがよいと提言された.議会は,この報告書を受け,2000 会計年度国防歳出授権法 (National Defense Authorization Act for Fiscal Year 2000) に,国家核安全保障局 (National Nuclear Security Administration) をエネルギー省内部に新設するという条項を盛り込んだ (Barilleaux & Kelley 2010, 115).

クリントン大統領にとっての問題は,国家核安全保障局がエネルギー省内に

---

[32] James Risen & Jeff Gerth, "Breach at Los Alamos: A Special Report; China Stole Nuclear Secrets for Bombs, U.S. Aides Say," *New York Times*, March 6, 1999.

半自律的な組織として設けられるという点であった．議会の作成した条文では，国家核安全保障局長は，国家核安全保障局内の人事と活動内容について決定権を持っており，エネルギー長官は国家核安全保障局内部に介入できないものとされた．クリントン大統領は，署名時声明において，「半自律的な組織の設立によって生じるであろう，命令系統のリスクを軽減するために」，「エネルギー長官に国家核安全保障局長の兼任を命じる」と述べ，新たな部局の長に新たな人材を任命しなかったのである[33]．

国家核安全保障局は設立されたものの，クリントンの命令によって，エネルギー長官であったビル・リチャードソンが国家核安全保障局長を兼任することになった．議会は同法において，エネルギー長官に国家核安全保障局長を兼任するようには命じてはいなかったのであり，クリントンの決定に怒り，リチャードソンを公聴会に召喚したのであった[34]．

上院エネルギー自然資源委員会（Committee on Energy and Natural Resources）委員長であった共和党のフランク・マーカウスキー議員は，「この公聴会によって我々は，政権が議会の制定した法を執行するのかどうかについて，疑問を抱くことになった．クリントンは法案に署名したものの，大統領はエネルギー長官に対して，法の意図を無視するように命令しているように思われる」と述べ，クリントン政権による法の不執行を非難している．また，上院政府委員会（Governmental Affairs Committee）に所属する共和党のフレッド・トンプソン議員は，「クリントン大統領は法案に署名した．しかし，エネルギー長官に対して，法案に定められた義務を果たすように命令するのではなくて，特定の条文の効果を否定した．このやり方は違憲である」と述べ，クリントンによる署名時声明を批判した[35]．これらの議員の発言から明らかなように，

---

33) William J. Clinton, "Statement on Signing the National Defense Authorization Act for Fiscal Year 2000," October 5, 1999, *Public Papers of the Presidents of the United States: William J. Clinton, 1999*, 1685.

34) Senate Energy and Natural Resources Committee and the Senate Governmental Affairs Committee, "Joint Hearing on Creation of the National Nuclear Security Administration," October 19, 1999 (U.S. Government Printing Office, 2000), ii.

35) Ibid., 3-4.

この件は，クリントンによる法の不執行として認識されていた．

　クリントン政権と議会との間の一連のやり取りの後，両者の間に妥協が成立し，クリントン大統領は新たな国家核安全保障局長を任命すると同時に，議会は国家核安全保障局長の監督を大統領に認める内容の法改正を 2000 年航空宇宙局歳出授権法 (National Aeronautics and Space Administration Authorization Act of 2000) において行った．ところが，議会はこの改正案の中でも大統領の権限を制約しようとし，「国家核安全保障局長の罷免は，不効率，義務の不履行，違法行為という理由でなければならない」という条文を盛り込んでいた (Barilleaux & Kelley 2010, 118)．クリントン大統領は，修正された法案に対して再び署名時声明を用い，国家核安全保障局長の「義務の不履行」とは，大統領が執行を命じた通りに政策を執行しないことだと読み替えた[36]．『合衆国法律全集』には，国家核安全保障局長の罷免について，議会の定めた文言は見られず，結果として，クリントンの解釈が勝利を収めたといえる (Barilleaux & Kelley 2010, 118)．

　この事例は，行政組織の長としての大統領の権限をクリントン大統領が守ろうとした事例だと言える．議会は，エネルギー省内部に国家核安全保障局を新設し，その部局を大統領から自律性を確保した組織にすることを意図していた．しかしながら，行政組織を監督する権限は大統領の権限として憲法に明記されており，クリントンは，自律的な組織をエネルギー省に置くことはこの権限への侵害であるとして，議会と争ったのである．ここには，裁判所がどのように判断を下すのかについての配慮は見られず，クリントンは，大統領権限を守るために法の不執行を決定していたと言える．

　先に見たように，クリントン政権の署名時声明については，司法省のデリンジャーが，どのような場合に法の不執行を署名時声明において宣言してもよいのかについての指針を定めており，署名時声明は一時的な政策変更の手段として機能していた．HIV 感染者の解雇を定める条文と，国家核安全保障局の高

---

[36]　William J. Clinton, "Statement on Signing the National Aeronautics and Space Administration Authorization Act of 2000," October 30, 2000, *Public Papers of the Presidents of the United States: William J. Clinton, 2000*, 2377.

官人事について定める条文について，クリントン大統領は執行しないままに，議会が制定法を修正した．議会による修正によって，大統領の意向が通る形となったが，修正までは制定法に違反した状態が継続していたと言える．しかしながら，クリントン大統領は，そのような制定法こそが違憲であるとし，自らの不作為を正当化したのであった．

　クリントン政権の特徴を整理しておくと，クリントン政権は，カーター政権と比べた場合には，署名時声明の運用方針の点では共通点を持ちながら，実際の運用面では差異が見られた．両政権とも，法が明白に違憲である場合には，大統領は法執行を拒否することができるとしていた点では共通性を持ちながらも，カーター大統領が議会拒否権規定に対して法執行の拒否を宣言していたのに対して，クリントン大統領は幅広い争点に対して法執行の拒否を宣言したという点では，一歩を踏み出していた．

　クリントン政権をレーガン政権とジョージ・H. W. ブッシュ政権と比べた場合にも，共通点と差異がある．クリントン政権は，署名時声明による立法史の構成というレーガン政権が確立した目的については正当ではないとして継受しなかったものの，大統領の権限を守るために署名時声明を用いるという点では，ブッシュ政権と共通性があった．つまり，クリントン政権は，それまでの民主党政権と共和党政権の遺産を選択的に継受していたといえる．

第3節　ジョージ・W. ブッシュ政権による署名時声明の濫用

1. ブッシュ政権を支えた法律家

　ジョージ・W. ブッシュ政権には，レーガン政権と同じく，フェデラリスト協会から多くの法曹が参加していた．ディック・チェイニー副大統領によれば，ブッシュ政権は，法曹の選別にあたり「宣誓のうえフェデラリスト協会に所属しているか」を質問しており，その結果として，「我々の政権は多くのフェデラリスト協会のメンバーを抱えた」と述べている[37]．もちろんチェイニー自

---

37) John Miller, "Foundation's End," National Review Online, April 5, 2006 (http://www.

身もフェデラリスト協会の会員であり,彼の法律顧問を務めたデイヴィッド・アディントンも協会の一員であった[38]。

それではフェデラリスト協会から,どのような人物がブッシュ政権に参加していたのであろうか.その筆頭は,2001年から2005年にかけて司法長官を務めたジョン・アシュクロフトである[39]。アシュクロフトは,2001年9月11日の同時多発テロ事件の後に,愛国者法(Patriot Act)を推進したことで知られている.司法省では,副長官のラリー・トンプソンや訟務長官のセオドア・オルソンもフェデラリスト協会のメンバーであり,司法省の重要職をフェデラリスト協会の出身者が独占していた[40]。司法省にはその他にも,訟務副長官として政権入りし,オルソンが辞任した後に訟務長官を任されたポール・クレメントもやはり,フェデラリスト協会の一員であった[41]。

ブッシュ政権には,司法省以外にもフェデラリスト協会所属の法律家たちがいた.エネルギー長官のスペンサー・エイブラハム[42],内務長官のゲイル・ノートン[43]を始めとして,労働省訴訟官(Solicitor of Labor)のユージーン・スカリア[44]といった人々である.

---

nationalreview.com/article/214092/foundations-end/john-j-miller).
38) Federalist Society, Richard B. Cheney (http://www.fed-soc.org/publications/author/richard-b-cheney).
39) Texas University Federalist Scoiety, About Us (http://texasfederalistsociety.com/?page_id=5).
40) Brookings, "Larry D. Thompson, Bush Administration Deputy Attorney General, Joins Brookings as a Senior Fellow" (http://www.brookings.edu/about/media-relations/news-releases/2003/20030925thompson). 第3章で述べたように,セオドア・オルソンはレーガン政権一期目では司法省法律顧問室長を務めていた.
41) Federalist Scoiety, Paul D. Clement (http://www.fed-soc.org/publications/author/paul-d-clement).
42) スペンサー・エイブラハムは,フェデラリスト協会設立メンバーの一人であった.彼は,クリントン政権期には上院議員を務め,司法委員会のメンバーであった.彼は,クリントン大統領によって指名された裁判官候補に対して,頑なに反対票を投じていたことで知られている(David Kirkpatrick, "In Alito, G.O.P. Reaps Harvest Planted in '82," *New York Times*, January 30, 2006).
43) Federalist Society, Gale Norton (http://www.fed-soc.org/publications/author/gale-norton).

ブッシュ政権におけるフェデラリスト協会のネットワークは，執政府内部に留まるものではなく，連邦最高裁の9名の裁判官の内，4名はフェデラリスト協会に関係があった．第4章で見たように，レーガン大統領によって指名されたアントニン・スカリアは，1982年のフェデラリスト協会設立時にロースクールの学生に力を貸していた．ジョージ・H. W. ブッシュ大統領に指名されたクラレンス・トマスも，フェデラリスト協会に参加していた[45]．ジョージ・W. ブッシュ大統領によって最高裁裁判官として指名されたサミュエル・アリート[46]とジョン・ロバーツは，ともにフェデラリスト協会のメンバーであった[47]．

ブッシュ政権では執政府と司法府の重要職に，フェデラリスト協会に所属する法律家が深く浸透していたと言える．レーガン政権において司法省法律顧問室長を務めたダグラス・クメックは，ブッシュ政権における政権人事と裁判所人事を見て，「レーガン政権の人事の夢がかなった」と述べており，象徴的である[48]．

2. ブッシュ政権における署名時声明の運用方針

ジョージ・W. ブッシュ政権は，大統領の権限を濫用したと広く認識され，批判されている．例えば，ブッシュ政権の下では，アブグレイブ刑務所やグアンタナモ収容所が運用され，敵性戦闘員であると疑われた多くの捕虜が，国際

---

44) ユージーン・スカリアは，最高裁裁判官のアントニン・スカリアの息子である（Federalist Society, Eugene Scalia, http://www.fed-soc.org/publications/author/eugene-scalia）.

45) James Oliphant, "Scalia and Thomas Dine with Healthcare Law Challengers as Court Takes Case," *Los Angels Times*, November 14, 2011.

46) David Montgomery, "No Secrets Here: Federalist Society Plots In the Open," *Washington Post*, November 18, 2006.

47) ジョン・ロバーツは，ブッシュ大統領によって最高裁主席裁判官として指名され，上院に承認された．ロバーツがフェデラリスト協会の会員である（あった）のかについては，指名の際に論争になったが，1997年から1998年のフェデラリスト協会法律家部門のリストに名前が発見された（Charles Lane, "Roberts Listed in Federalist Society '97-98 Directory," *Washington Post*, July 25, 2005）.

48) Kirkpatrick, "In Alito, G.O.P. Reaps Harvest Planted in '82."

法上の捕虜としての権利も守られぬままに収容され，拷問を受けたことが問題になったことは記憶に新しい．あるいは，アメリカ国民は安全保障上の必要という理由によって，市民的自由を大幅に制限された．これらの出来事は，それまでに理解されていたような，大統領の権限の範囲を逸脱するものであり，ブッシュ大統領による大統領の権力の拡張であるとか，あるいは濫用であるとして批判された（Gellman 2008; Silverstein 2009; Pfiffner 2008）．

ブッシュ政権は，9.11 テロ以降，市民社会の自由を制限あるいは侵害するような政策を採用したが，連邦政府の内側においては，大統領はどのように権力を用いていたのだろうか．一つ興味深い事実がある．ブッシュ大統領は，2001 年から 2005 年にかけての一期目の間，一度も拒否権を行使しなかったのである．さらに，2005 年から始まる二期目においても，2006 年 3 月 7 日まで，拒否権を行使しなかった[49]．政権がはじまって 4 年間，ワシントン政治の専門家たちは，ブッシュはあらゆる側面において大統領の権力を攻撃的に行使しているのに，なぜ拒否権だけを用いないのかを疑問に思っていた（Savage 2007b, 231）．

この事実を解釈する際に，ブッシュ大統領が議会に対して，拒否権を行使するという脅しをかけなかったことを意味するものではないことに注意を払う必要がある．ブッシュは議会に対して法案の修正を迫るメッセージを何度も送っていた．それでは，2001 年から 2006 年にかけて成立したあらゆる法律について，議会はブッシュからのシグナルを受け取り，ブッシュの意図するような法案に修正した後に大統領の署名を求めていたのだろうか．どうもそうではなかったようである．ブッシュによる署名時声明を読むと，法案の条文についての詳細な批判がなされていることに気づく．ブッシュは具体的な条文の批判に続けて，条文の執行の拒否を宣言していた．ブッシュ大統領は，議会の両院を通過した全ての法案に署名すると同時に，リベラル派の法律家に言わせれば，署名時声明を項目別拒否権のように用いたのである（Savage 2007b, 231）．

項目別拒否権とは，その名の示す通り，大統領が法案の全体には署名をして

---

49) Holly Rosenkrantz, "Bush, Veto Pen Unused after Five Years, Seeks Line-Item Power," Bloomberg.com (http://www.bloomberg.com/apps/news?pid=newsarchive&sid=a50kBXbjjks4&refer=us).

成立させるものの，一部については拒否するというものである．アメリカでは，1996年に項目別拒否権法（Line-Item Veto Act of 1996）が成立し，歳出予算法に関してのみ，大統領が一部分について拒否する項目別拒否権が認められた[50]．ところが，1998年に連邦最高裁は，憲法は大統領に法案の一部のみを拒否する権限を認めていないとし，項目別拒否権法を違憲無効と判断した[51]．項目別拒否権は，1996年から1998年という短い間にのみ大統領に認められた権限であり，当然，ブッシュ大統領には行使できないものであった．

　ブッシュ政権が署名時声明を項目別拒否権のように使用しているという批判の声は，リベラル派の法律家のみならず，保守派の法律家からも上がっていた．レーガン政権の司法省において，署名時声明の改革に貢献したスティーヴン・カラブレシは，ブッシュ政権の法律家による署名時声明の濫用を批判している．カラブレシは，ブッシュ大統領による署名時声明に対して，大統領は「法律が誰の目に見ても明白に無効である場合に限り，法の執行を拒否するべきである」と述べている．また，カラブレシは，「もしも大統領が違憲だと信じる法律が目の前に提出されたならば，彼はその法案に拒否権を用いるべき」であり，「拒否権を行使せずに署名時声明を用いるというのは，正しいアプローチではない」と述べている．すなわち，レーガン政権において署名時声明の改革に携わった保守的法律家の目にも，ブッシュ大統領による署名時声明は，拒否権の代替物として映っていたのである．レーガン政権の司法省で司法省法律顧問室長を務めたクメックも，ブッシュ政権による署名時声明の使用方法を批判している．クメックは，「大統領は気に入らない条文も我慢して執行するか，拒否権を用いるべきだ」と述べており，ブッシュ政権による署名時声明の使用は，議会を怒らせるほどに，「行き過ぎ」であると考えていた（Savage 2007b, 243）．

---

50) 1996年当時の議会は上下両院で共和党が多数であり，大統領は民主党のクリントンであった．一見すると，共和党議会が，民主党大統領の権限の増大を認めるというのは奇妙であるが，議会共和党は，大統領に歳出予算法への項目別拒否権を認めることによって，クリントン大統領がその権限を用いて，大統領自身が無駄だとみなす政策への予算支出を削除し，その結果として，歳出規模の縮小と「小さな政府」という，共和党の目標の実現に近づくものと考え，大統領に項目別拒否権を認めた（Fisher 2000）．

51) Clinton v. City of New York, 524 U.S. 417 (1998).

ジョージ・W. ブッシュ政権において，なぜ署名時声明は項目別拒否権のように扱われるようになったのだろうか．その原因として，ブッシュ政権では，署名時声明を起草するプロセスが変容していたことが考えられる．レーガン政権からクリントン政権にかけて，署名時声明の作成には司法省法律顧問室が重要な役割を果たしていたが，ブッシュ政権においては副大統領室が重要な役割を担っていた．副大統領であったチェイニーは，大統領が法案に署名するか否かの最終的な決定を，副大統領室において行うようにしたのである．その上でチェイニーは，副大統領室に届けられた法案が大統領の憲法上の権限を侵害していないかを，副大統領の法律顧問であったアディントンに審査するよう命じたのであった（Savage 2007b, 236）．

アディントンは，大統領の憲法上の権限を侵害していると思われるすべての法案をピックアップし，署名時声明の草案を起草していた．アディントンと共に署名時声明の形成に関与していた大統領法律顧問室のブラッド・ベレンソンによれば，「ほとんどの法律家は法案の審査をつまらないものとして認識していたが，アディントンは情熱を持って取り組み，200ページの法案でも好物をたいらげるかのように取り組んだ」のであり，アディントンは署名時声明を，「執政府の権力を，執政府の内側から増大させるための手段」だと認識していた（Savage 2007b, 236）．

ブッシュ政権では，アディントンのような認識に基づいて署名時声明を運用していたものと推測できる．実際に，「執政府の権力を，執政府の内側から増大させるための手段」として署名時声明が使用された事例として，2006会計年度国防総省歳出予算法の拷問禁止条項をめぐる大統領と議会の対立を取り上げたい．

3. 2006会計年度国防総省歳出予算法の拷問禁止条項

2005年12月30日，ブッシュ大統領は2006会計年度国防総省歳出予算法案に署名した．この法案は，アフガニスタン戦争とイラク戦争の軍費を含む国防総省の予算を定めており，ブッシュ政権にとって成立させないという選択肢はありえないものであった．ところが，この法案にはブッシュ政権にとって大きな制約が盛り込まれていた．議会では，共和党のジョン・マケイン上院議員が

中心となり，テロとの戦いで捕らえた捕虜に対する拷問を禁止する条項を，法案に付け加えたのであった．連邦議会の議員たちは，この法案が，捕虜への拷問問題という頭を悩ませる問題への最終的な解決になると考えていた[52]．

ブッシュ政権は，テロとの戦いを遂行するにあたって，拷問禁止条項が政権の手足を縛ることになると考え，国防総省歳出予算法案が審議されていたおよそ半年の間，拷問禁止条項を削除することを求めて議会と交渉したが，最後まで説得することができなかった．そこで，ブッシュ大統領は拷問禁止条項が挿入された法案に対して署名すると共に，以下のような署名時声明を付与した（Katel & Jost 2006, 688-690）．

「執政府は，捕虜の扱いを定める本法の第A部第10編に関して，軍の最高司令官である大統領の憲法上の権限と一致するように解釈する．」[53]

国防総省歳出予算法の第10編が拷問禁止条項であり，ブッシュはこの署名時声明によって，政権として拷問の選択肢を捨てないと宣言したのである．議会は拷問禁止条項によって執政府の行動を抑制しようと試みたが，ブッシュは署名時声明によって，議会の同意なしに一方的に変更を加え，拷問禁止条項を骨抜きにしたのであった[54]．ブッシュの署名時声明に対して，民主党のラス・ファインゴールド上院議員は，「この法律によって捕虜問題を解決したいと考えてきたが，大統領は署名時声明によって，法に従わない権利があると主張したのだ」と述べている[55]．

ここで思い起こしておきたいのは，拷問禁止条項についての審議がなされていた2005年から，翌年の2006年にかけて，上下両院において共和党が多数派

---

52) Charlie Savage, "Bush Challenges Hundreds of Laws," *Boston Globe*, April 30, 2006.
53) George W. Bush, "Statement on Signing the Department of Defense, Emergency Supplemental Appropriations to Address Hurricanes in the Gulf of Mexico, and Pandemic Influenza Act, 2006," December 30, 2005, *Public Papers of the Presidents of the United States: George W. Bush, 2005*, 1902.
54) Savage, "Bush Challenges Hundreds of Laws."
55) Ari Shapiro, "Spector Challenges Presidential Signing Statements," National Public Radio, June 28, 2006 (http://www.npr.org/templates/story/story.php?storyId=5517388).

であったという点である。すなわち，ブッシュ大統領は，多数派である共和党がとりまとめた法案に対して，一部無効を宣言する署名時声明を付与したのである。

この署名時声明に対して真っ先に批判の声を上げたのは，『ボストン・グローブ』のチャーリー・サヴェッジ記者であった。彼は，ブッシュ大統領の署名時声明に対して一連の批判記事を書いた。サヴェッジによれば，「憲法は，議会に立法の権限を与えており，大統領には『法を誠実に執行する義務』を課している。しかしながらブッシュは，彼が違憲だと信じる条文について執行する必要はないと繰り返し宣言しているのである」。こうして，サヴェッジは，ブッシュ大統領の署名時声明への批判キャンペーンの先頭に立ち，この動きに様々な団体や議員が呼応していった[56]。

メディアから始まった署名時声明への批判キャンペーンには，アメリカ最大の法曹団体であり，リベラル色の濃いアメリカ法律家協会も加わり，2006年6月4日には，署名時声明についての調査のためのタスクフォースが立ち上げられた。8月には報告書が出され，その中では，「法案に署名をしながら，同時に，一部について無効を主張し，執行の拒否を主張する署名時声明を付与するというのは，憲法から逸脱した大統領の行為である。大統領の憲法上の義務は，最高裁判所が違憲であると認めない限り，署名した法律を誠実に執行することである」と述べられており，署名時声明が大統領の逸脱行為であるとされた[57]。

他方で，大統領の署名時声明を支持する声も，わずかではあるが存在していた。ブッシュ政権の司法省へ多くの法曹を送り込んだフェデラリスト協会が，署名時声明についての調査報告書を出し，「アメリカ法律家協会の報告書が間違っている」と主張した。フェデラリスト協会は，「大統領には憲法上，『法を誠実に執行する義務』が課せられており，この義務は，憲法を守る義務も意味している」のであって，それはすなわち「違憲な条文を執行しないという義務」を意味すると主張したのであった[58]。

---

56) Savage, "Bush Challenges Hundreds of Laws."
57) American Bar Association, "Task Force on Presidential Signing Statements and the Separation of Powers Doctrine." (http://www.abanet.org/op/signingstatements/aba_final_signing_statements_recommendation-report_7-24-06.pdf)

4. 署名時声明をめぐる公聴会

議会においても，署名時声明が大統領による権力濫用ではないかという声が高まり，いくつもの公聴会が開かれた．ここでは，上院司法委員会において2006年6月27日に開かれた公聴会を取り上げたい．この公聴会は，署名時声明をめぐる一連の公聴会の中で最も早い時期に開かれたものである．この公聴会には，ブッシュ政権から司法省法律顧問室のミシェル・ボードマンが召喚された．その他には，アメリカ法律家協会の署名時声明タスクフォースに参加していたブルース・フェイン，ハーヴァード大学のロースクールで教鞭を執るチャールズ・オグレトリー，またフェデラリスト協会からクリストファー・ユーが招かれた[59]．

この公聴会は，上院司法委員会の委員長であった共和党のアーレン・スペクター議員の発言から始まった．スペクターによれば，2006会計年度国防総省歳出予算法案に捕虜への拷問禁止条項を盛り込むことを，上院では89対9という大差で議決した．その後ホワイトハウスとの長い交渉を経て，スペクターは，政権が拷問禁止について納得したものだと理解していた．しかしながら，スペクターの証言によれば，「大統領は，交渉の結果を反故にするような署名時声明を付与した」のであった．スペクターは，大統領の署名時声明によって，法案の内容が一方的に変更されたのだと認識していた．スペクターは，「大統領が条文を選り好みして執行し，その他の条文を無視するということが，果たして許されるのかどうか」と疑念を提示しており，ブッシュ大統領が署名時声明において，法案の気に入らない部分を無視すると宣言していることは，「議会の立法権に対する非常に深刻な侵害である」と述べている[60]．

---

58) Edwin Meese III, John S. Baker, Jr., Charles J. Cooper, David B. Rivkin, Jr., Gary Lawson, Lee A. Casey, Steven G. Calabresi, Robert F. Turner, "Presidential Signing Statement," October 10, 2006 (http://www.fed-soc.org/publications/detail/presidential-signing-statements).

59) Hearing before the Committee on the Judiciary, United States Senate, "The Use of Presidential Signing Statements," June 27, 2006 (http://www.gpo.gov/fdsys/pkg/CHRG-109shrg43109/pdf/CHRG-109shrg43109.pdf).

60) Ibid., 2.

続いて，民主党のパトリック・リーヒ議員は，ブッシュ政権による署名時声明が「先例のないような形態で用いられている」と指摘した．すなわち，ブッシュ大統領は「法律のどの部分を無視するのかを宣言するようになった」点が問題であった．リーヒは，このような大統領による堂々たる法の無視は，「抑制と均衡というアメリカの憲法秩序に対する深刻な脅威である」と述べている．またリーヒは，ブッシュ大統領が「一度も法案に拒否権を行使しない一方で，非公式な拒否権（personal veto）を使ってきたのだ」と述べ，ブッシュ政権が署名時声明を拒否権の代替物として用いているのだとも指摘する[61]．

民主党のリチャード・ダービン議員も，署名時声明が大統領権限の拡張であるという認識であった．彼は，「今の政権は，法律の好まない部分については従わないと宣言することによって，法律を自らが望む形にして署名しているが，私はこれが，9.11以降に生じている大統領と議会との関係の変化を示すものではないかと危惧している」と述べている[62]．

公聴会に参加した司法委員会の委員たちの基本的な論調は，ブッシュ大統領が署名時声明を項目別拒否権のように用いており，それは大統領権力の濫用である，というものであった．ブッシュ大統領による署名時声明は，上院議員たちにとって受け入れられないものであり，彼らはそのような署名時声明に憲法上の正当性があるのかどうかを確かめるために公聴会を開催したのであった．

これらの議員たちと基本的に同様の主張を行ったのが，ハーヴァード大学のロースクールのオグレトリーであった．オグレトリーは，「署名時声明そのものに反対するわけではない」が，「ブッシュ政権のもとで，署名時声明の増加と拒否権の不使用という現象が，同時に起きていることが問題だ」と指摘しており，やはり，ブッシュ政権が署名時声明を拒否権の代替物として用いているという側面を問題視していた[63]．また，アメリカ法律家協会のフェインも，ブッシュ大統領は「署名時声明によって，制定法の一部を執行しないと宣言し，拒否権を行使する義務から逃れている」と述べており，オグレトリーと同じく，署名時声明が拒否権の替わりに用いられていたと指摘している[64]．

---

61) Ibid., 2-3.
62) Ibid., 5.
63) Ibid., 20.

これらの批判に対して，司法省から召喚されたボードマンは，政権による署名時声明の正当性を守ろうと試みた．ボードマンによれば，大統領は憲法上無効だと主張する署名時声明において，法律の中の条項をえり好みしているのではなく，大統領に課せられた憲法上の義務を守っているにすぎないという．「大統領には，法を誠実に執行する義務と憲法を遵守する義務があり，法律と憲法が衝突する場合には，憲法に沿うように法律を解釈しなければならない」．すなわち，「署名時声明は大統領のそのような義務を全うするための一つの手段にすぎない」とボードマンは主張したのである．さらにボードマンは，「議会は署名時声明を恐れる必要はなく，むしろ歓迎すべきだ」とも述べた．なぜならば，「議会によって注意深く作られた法案に違憲な条項が含まれている場合，法案全体に拒否権を行使するよりも，その一部について大統領が解釈を施して制定法として成立させるほうが，議会を尊重することになる」ためであるという[65]．フェデラリスト協会のユーの発言内容も，ボードマンの主張とほぼ同様であった．ユーは，議会は膨大なパッケージ法案の中に，違憲な条文を紛れ込ませることがあるが，「もしも，違憲な条文を含む全ての法案に大統領が拒否権を発動すれば，立法は非常に困難になる」と主張し，「署名時声明はそのような困難を回避する良い方法である」としてその有用性を説いた[66]．

　もちろん，上院司法委員会の委員たちは，ボードマンとユーの発言に満足するはずもなかった．委員長のスペクターは，大統領による署名時声明を抑制するための立法に取り組んだ．2006年7月26日，スペクターは，大統領の署名時声明を抑制するための法案を提出した．この法案は，大統領の署名時声明の合憲性を争うための訴訟適格を上院と下院に付与し，また，全ての連邦裁判所に対して，署名時声明を法令解釈の根拠とすることを禁じようとするものであった．この法案は，上院司法委員会を通過したものの，上院の本会議では議論されずに廃案となった[67]．

---

64) Ibid.
65) Ibid., 6.
66) Ibid., 22.
67) S. 3731, 109th Congress.

2005年末，ブッシュ大統領は2006会計年度国防総省歳出予算法案に署名すると同時に，そこに含まれていた拷問禁止条項には従わないという旨の署名時声明を付与した．この署名時声明は，メディアの注目を浴び，議会からの怒りを買った．連邦議会議員たちは，ブッシュ大統領が法案の好みの部分だけをピックアップし，その他の部分についての執行を拒否することで，事実上項目別拒否権を行使していると非難したのであった．

　ブッシュ大統領による署名時声明が，項目別拒否権として認識されていたということは，署名時声明が政策変更の手段として用いられていたことをよく示している．ブッシュ大統領による拷問禁止条項についての署名時声明に対して，最高裁は2006年6月29日の判決[68]において，グアンタナモに収容されている捕虜に対する人身保護令状の発給を認め，政権による拷問という選択肢を制限した．ブッシュ大統領による拷問禁止条項への挑戦は，議会との争いを引き起こし，裁判所による判決によって幕を閉じた．ここで重要なことは，署名時声明を付与してから最高裁判決が出されるまでの期間については，大統領による法解釈が政権内部において正統な解釈であり，一時的であったとはいえ，政策変更を実現していたことである．

　2006年以降，議会では様々な委員会において，大統領の署名時声明の正当性を審議するための公聴会が開かれ，主要紙も大統領の署名時声明を恒常的にトピックとして取り上げるようになった．署名時声明が人々の目にとまるようになると，ブッシュ大統領は，2006年以降，法律の一部についての不執行を宣言する実質的署名時声明を付与する頻度を下げ，過去の大統領と同様に拒否権を行使するようになった．

　署名時声明を拒否権の代替物として用いるという運用方法は，署名時声明を発展させたレーガン政権にも見られないものであった．このようなブッシュ政権における署名時声明の濫用は，署名時声明の新たな起草プロセスと関係していたと考えることができる．クリントン政権までは，司法省法律顧問室の法曹たちが署名時声明の起草を担当していたが，ブッシュ政権においては副大統領室において起草されるようになっていた．そこでは，署名時声明を，執政府の

---

68) Hamdan v. Rumsfeld, 548 U.S. 557 (2006).

権力を増大させるための手段として認識していた法律家のアディントンが中心となっていたのであった．ブッシュ政権においては，野心的な法律家によって，署名時声明が大統領にとってより使い勝手の良い道具へと転用されたということができる．ただし，同時に，あまりに大統領に有利な道具となったために，批判の対象になり，結果として，署名時声明が用いられる頻度は減少していったのである．

第4節　オバマ政権による署名時声明の抑制的運用

1. 2008年大統領選挙中のオバマの方針

2008年の大統領選挙中，「あなたは，大統領になったら，署名時声明を使いますか？」という質問が，大統領候補者に対してなされたことがある．共和党大統領候補であったジョン・マケインは，「絶対に，絶対に，絶対に用いない」と明言した[69]．前節で詳しく論じたように，2006会計年度国防総省歳出予算法の拷問禁止条項は，マケインが中心となって盛り込んだ条文であり，彼はブッシュによる署名時声明に煮え湯を飲まされたのであった．

対して，シカゴ大学で憲法を教えてきたオバマは，署名時声明には正当な使い道があるという立場であった．2008年5月18日，モンタナ州ビリングスのタウンミーティングにおいて，オバマは参加者から「あなたは，議会の法案に対して，自分の解釈を押しつけるために署名時声明を使わないと約束できますか？」という質問を受け，はっきりと「約束する」と答えた[70]．オバマはこの場で，次のようにブッシュによる署名時声明を批判している．

「ジョージ・ブッシュが試みてきたことは，大統領権力をより拡大しようということであった．彼は，自分は，議会が通過させた法案を，署名時声明という文書を添付することによって根本的に変えることが可能であると主張し

---

69) Michael Abramowitz, "On Signing Statements, McCain Says 'Never,' Obama and Clinton 'Sometimes'," *Washington Post*, February 25, 2008.
70) David Nather, "New President, Old Precedent," *CQ Weekly*, July 27, 2009, 1762.

ていたのだ．この部分には同意しない，この部分には同意する，この部分についてはこのように解釈する，というように．このようなことは，大統領の権力の一部ではない．しかし，ブッシュは法を自分の思うとおりにできると考えていたのだ．私は，10年にわたって憲法を教えてきた．憲法は大統領に，議会の意図を変更するために署名時声明を用いることを許してはいない．私は署名時声明を，議会での審議が終わった後に，議会の意図をねじまげるような延長戦の場にするつもりはない．」71)

注意すべきは，オバマはマケインとは異なり，署名時声明そのものを用いないとは言っていないという点である．オバマは，ある種の署名時声明は正当であり，ブッシュによる署名時声明は行き過ぎだと考えていた．

オバマは，2008年の大統領選挙において「変革（Change）」をスローガンに掲げて勝利した．「保守でもリベラルでもない，一つのアメリカ」という，大統領選挙の勝利演説は，ブッシュ政権とは異なる政策をこれから打ち出すのだという期待感にあふれていた．それでは，オバマ大統領による署名時声明の運用は，それまでの大統領とどれほど異なっていたのだろうか．

2. オバマが示した署名時声明の運用方針

オバマは，就任後まもなくの2009年3月9日に行政組織に向けて，署名時声明の運用方針を通達した．オバマはまず，「憲法的署名時声明は，政策として同意できないということを根拠にして，大統領が制定法の条文を無視することを宣言するために用いられてはならない」と述べ，ブッシュ政権期に問題となった署名時声明の濫用を批判している72)．

次にオバマは，「署名時声明は，根拠のしっかりした憲法解釈に則っていれば，アメリカの政治システムにとって正当な機能を果たすことも可能」であり，「限られた正当な状況においては，署名時声明は，大統領による憲法上の義務

---

71) Ibid.
72) Barack Obama, Memorandum for the Heads of Executive Departments and Agencies, Subject: Presidential Signing Statements, March 9, 2009 (http://www.whitehouse.gov/the-press-Office/memorandum-presidential-signing-statements).

であるところの，法を誠実に執行する義務に，大統領が忠実に従っていることを示すものになり，同時に，議会との健全な対話を促進することにもつながる」と論じた[73]．オバマの目的は，署名時声明そのものを一切使用しないというのではなく，正当性を主張できる運用方法の基準を設けることであった．

　オバマは，署名時声明が正当であるためには，次の四つの原則に沿わなければならないと言う．第一に，「執政府は署名時声明に先立って，適切な方法を用いて，議会に対して，審議中の立法についての憲法上の問題性についての情報を提供する」という原則である．第二の原則は，大統領は「法案の一部について違憲であると結論することをできるだけ避けるように」しなければならず，もしも違憲だと判断する場合には，「広く共有された憲法解釈に基づいて，抑制的に判断」しなければならないというものである．第三に，署名時声明において条文の違憲性を主張する際には，「憲法上の疑問を十分に明確にする」という原則である．第四に，可能な限り，「憲法問題が発生しないような解釈を選択する」という原則である[74]．これまでの政権との関係では，第二の原則が，クリントン政権が用いていた，「明白に違憲」である場合に大統領は署名時声明によって不執行を宣言できるという基準に近い．第二の原則で示されている「広く共有された憲法解釈」には，裁判所による判断が含まれているためである．

　この通達は，ブッシュによる署名時声明を批判したメディアと法律家たちに好意的に解釈された．2009年3月10日に，アメリカ法律家協会会長であったトマス・ウェルズは，「大統領は，法案に対して署名するか拒否権を行使するかという選択肢から選ぶのが望ましい」という声明を発表したものの，全体としては，オバマの示した署名時声明の抑制的な方針を好意的に受け止めていた（Korzi 2011, 201）．

---

73) Ibid.
74) Ibid. 付け加えておくべき点は，過去の政権によって付与された全ての署名時声明についても，同様の原則に合致しているかどうかを再審査すると定めた点である．これまで，過去の政権の署名時声明が，次の政権を拘束するのかどうかは，法学者の間でも議論されてきた．オバマの通達によって，署名時声明も行政命令と同じく，修正がなされるまでは後の政権の行動を拘束するという性質のものだと考えることができる．

ブッシュによる署名時声明への批判の急先鋒であったサヴェッジも，3月10日には，オバマ大統領のアプローチは，「拒否権を用いることが事実上不可能であるような法案」の中に，「憲法的な誤りを含んだ条文が含まれている場合，そのためだけに法の全体を拒否することは非効率的」なため，署名時声明を用いるというものになるだろうと論じ，これを「ブッシュ政権からの決別」と評価した[75]．しかしながら，法曹界とメディアからの好意は長続きしなかった．3月11日のオバマの署名時声明によって，失望と怒りに転じることになる．

3. 署名時声明の積極的運用と議会からの反発

オバマ大統領が署名時声明の運用方針を示した2日後の3月11日に，2009会計年度包括歳出予算法が成立し，オバマはこの法案に対して署名時声明を付与した．同法には，国連の平和維持活動に協力するにあたり，米軍を国連の指揮下に置くという条文が含まれていた．オバマはこの条文に対して，「軍事顧問が推奨しない限り，米軍を国連の指揮下に置くことにつながる措置に対しては，一切，予算を執行しない」と述べた．なぜなら，「軍を指揮するという最高司令官としての大統領の権限と，外交の権限を制限する」からだという[76]．また，包括歳出予算法には，連邦政府職員が内部告発をした場合に，その職員を守るための条文が含まれていた．さらに，包括歳出予算法の様々な部分に，議会委員会の承認があって初めて，別のプログラムのために予算を流用できることを認める条文が含まれていた．オバマはこれらの条文に対して，「法執行に対する立法府の侵入である」と一括して異を唱えた．オバマは署名時声明において，行政組織は予算の流用について議会に知らせるものの，「関係委員会の承認は予算執行に必要ではない」と主張した[77]．

サヴェッジは，3月10日にはオバマの署名時声明の指針を評価する記事を

---

75) Charlie Savage, "Obama Looks to Limit Impact of Tactic Bush Used to Sidestep New Laws," *New York Times*, March 10, 2009.

76) Barack Obama, "Statement on Signing the Omnibus Appropriations Act, 2009," March 11, 2009, *Public Papers of the Presidents of the United States: Barack Obama, 2009*, 216.

77) Ibid.

書いていたが，3月11日のオバマによる署名時声明に対しては，厳しい批判を加えた．彼は，オバマが署名時声明の中で用いた論理や文言は，ブッシュ前大統領の署名時声明とほとんど区別がつかないと論じたのである[78]．オバマの署名時声明への疑念と怒りは，連邦議会議員たちの間にも広がっていった．

6月24日には，2009会計年度追加歳出予算法（Supplemental Appropriation Act, 2009）が成立したが，オバマ大統領はこの法案に対しても署名時声明を付与した．この法律には，国際通貨基金と世界銀行に対して，特定の政策を受け入れさせるかわりに援助を拡大するという条文が含まれていた．オバマはこの条文について，「外交交渉を行うという大統領の権限に抵触している」ために執行しないと主張した[79]．

この署名時声明には，民主党の議員たちが怒りをあらわにした．下院財政委員会の委員長であるバーニー・フランク議員によれば，国際通貨基金と世界銀行を援助する条文を追加歳出予算法に盛り込むことについて，ティモシー・ガイトナー財務長官と事前に合意に至っていた．フランクは，ガイトナーによる言質が彼自身の投票を変え，さらには委員会の他のメンバーの説得につながるものであったと述べている（Korzi 2011, 203）．フランクは大統領の署名時声明について，「私は非常にショックを受け，怒り心頭であった．政権は，私が法案を成立させるために払ってきた努力を知っていた．法案を成立させるために，政権が必要だと頼み込んできたことのために，あらゆる努力をした」と述べ，「それがどのように生じたにせよ，修正せねば気が済まない」と述べている[80]．国際通貨基金と世界銀行についての条文こそ，追加歳出予算法の成立にとって不可欠の条文であり，財務長官も合意していたにもかかわらず，大統領がその条文を執行しないと署名時声明で述べたのである．

7月9日には，2010会計年度国務省対外関係関連歳出予算法（Department

---

78) Charlie Savage, "Obama Says He Can Ignore Some Parts of Spending Bill," *New York Times*, March 12, 2009.

79) Barack Obama, "Statement on Signing the Supplemental Appropriations Act, 2009," June 24, 2009, *Public Papers of the Presidents of the United States: Barack Obama, 2009*, 910.

80) Nather, "New President, Old Precedent," 1760.

of State, Foreign Operations, and Related Programs Appropriations Act, 2010) が下院を通過した．下院では，共和党のケイ・グレンジャー議員の発案による修正が施された．その修正の目的は，追加歳出予算法に対するオバマ大統領の署名時声明を覆すことであった．同法は，下院で492対2という大差で可決された．この投票の際，フランクは，「政権が法律の中から好みの条文だけをピックアップできると考えるのは受け入れがたい」と述べている[81]．フランクによれば，この投票は「民主主義にかかわる問題」であった．フランクは，このような署名時声明は大統領による一方的な行動であり，「いわば単独行動主義 (unilateralism) であり，非民主主義的である」と批判した．この投票は，下院でのみ行われたものであったが，民主党議員が中心となっており，大統領への重要なメッセージであった (Korzi 2011, 203).

7月21日には，フランク財政委員長を筆頭として，いずれも民主党のデイヴィッド・オベイ歳出委員会委員長，ニタ・ローウェイ歳出小委員会委員長，グレゴリー・ミークス財政小委員会委員長の4名が連名でオバマに書簡を出し，国際通貨基金と世界銀行についての署名時声明と，署名時声明そのものについて強く批判した．彼らは書簡の中で，「前政権において，我々は，大統領が制定法の好ましい部分だけをつまみ出して執行する権限を持つという考え方に批判的であった．我々は，あなたにも同じような傾向があることを知り，非常に残念に思っている」と伝えた．この書簡は，大統領への警告であった．議員たちは，もしも大統領が，議会が設けた国際通貨基金と世界銀行を援助するための条文を無視し続けるのならば，将来的に同じような援助を議会が定めることは，「ほぼ不可能である」と書いた[82]．

オバマ政権のスタッフは，このような強烈な批判を前にして，なんとか議会をなだめようと骨を折り，署名時声明は執政府が新しい先例を打ち立てようとするものではないと弁明した．彼らは，署名時声明が過去の大統領によって主張された定型的な大統領の特権を繰り返しているにすぎず，オバマ大統領が意図的に法を無視しようとしているわけではない，と主張した．ホワイトハウス

---

81) Adam Graham-Silverman, "House Bill Would Overrule Obama on World Bank, IMF Conditions," *CQ Weekly*, July 13, 2009, 1644.
82) Nather, "New President, Old Precedent," 1760.

図13　各会期の署名時声明の総数（1969-2014）

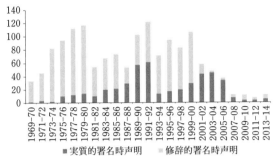

出典：American Presidency Project より著者作成．

のスポークスマンのベン・ラボルトは，「大統領は議員の心配を理解しており，議会の意図を尊重し，国際通貨基金と世界銀行についての条文を執行すると決めている」と話した．ラボルトは，「大統領は，政策的な意見の相違によって制定法上の義務を無視することはないこと，また署名時声明を，明確に憲法上の問題がある場合に限って用いることを，明らかにしている」と述べた[83]．

7月9日の下院の投票と7月21日の書簡は，議会がオバマの署名時声明を注視しており，署名時声明をめぐって対立することも辞さないというメッセージを大統領に伝えるものであった．オバマ大統領は，政権の初期には，「限られた状況」にのみ署名時声明を用いるといいながらも，積極的に実質的署名時声明を使用した．しかしその後，議会の民主党議員からの激しい反発を受けた．それではこのような議会からの強い反発を受けて，オバマ大統領は署名時声明の運用を変えたのだろうか．

4. 積極的運用から抑制的運用への転換

図13は，それぞれの会期毎に，大統領が付与した実質的署名時声明と修辞的署名時声明の数を示している．この図からは，2009年から2014年にかけて，オバマ大統領はそれまでの大統領に比べて，少数の署名時声明しか付与していないことがわかる．ところが，それぞれの大統領の就任から6ヶ月という期間

---

83) Ibid.

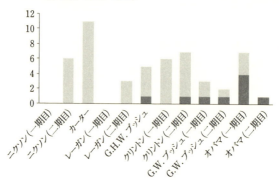

図14 大統領就任後6ヶ月の間に付与された署名時声明の数（1969-2013）

出典：American Presidency Project より著者作成.

に限ると，意外な結果が現れてくる．

図14は，ニクソン以降のそれぞれの大統領が，就任してから6ヶ月の間に付与した署名時声明の総数である．二期務めた大統領については，二期目も含めた．一期目の大統領にとって，最初の6ヶ月は，いわゆる「ハネムーン」と呼ばれる時期であり，そもそも，実質的署名時声明の数は少ない傾向にあることがわかる．その中で，オバマ大統領による実質的署名時声明の数は，歴代のどの大統領よりも多く，署名時声明を濫用したと非難されたジョージ・W. ブッシュ大統領をも上回っていたのである．忘れてはならないことは，オバマ大統領は，民主党が多数を占める議会に支えられていたことである．

オバマ大統領がこのペースで実質的署名時声明を用いていれば，2009年から2010年の第111議会では，ブッシュ政権を上回っていたはずであるが，図13に示したように，会期を通してみると，オバマによる実質的署名時声明の数は少ない．その数は，2006年にサヴェッジによって始められた署名時声明への批判キャンペーンの後の，第110議会においてブッシュ大統領が付与した実質的署名時声明の数よりも少ないほどである．

2009年7月以降，オバマによる実質的署名時声明の付与はぱたりと途絶えた．その次の実質的署名時声明は2010年10月，さらにその次は2011年1月

に付与されており，その間隔が大きく開くようになった．オバマ大統領は議会からの強い反発を受けて，署名時声明による政策変更の頻度を大きく下げたのである[84]．

オバマ政権による署名時声明の運用の指針は，法律が明白に違憲である場合にのみ，署名時声明を用いるべきだというものであった．この指針は，署名時声明を拒否権であるかのように用いたブッシュ政権とは異なるものだった．同時に，「明白に違憲」という基準はクリントン政権の指針と同一であり，オバマ政権の指針も，裁判所の判断を独自に前倒しするというものであった．オバマ政権の掲げた方針は，ブッシュ大統領に比べれば穏健なものであった．ただし，2009会計年度包括歳出予算法をめぐる議会との対立に示されるように，オバマ大統領もやはり署名時声明によって一時的な政策変更を試みた．このオバマの試みに対して，議会は即座に反応し，オバマ大統領は自らが提示した方針を守るようになった．

小 括

本章では，レーガン政権によって転用された署名時声明が，その後のジョージ・H. W. ブッシュ政権，クリントン政権，ジョージ・W. ブッシュ政権，オバマ政権によってどのように継受され，運用されてきたのかを明らかにした．簡単に各政権を振り返っておきたい．

ジョージ・H. W. ブッシュ政権は，法曹に対して大統領の法解釈を伝達する

---

84) オバマ大統領は実質的署名時声明の数を減らしていったが，その少ない署名時声明に対しても，批判はなされていた．ブッシュ政権に対する批判の急先鋒であったアメリカ法律家協会のビル・ロビンソン理事長は，2011年12月30日に，オバマに書簡を送っている．彼は，「大統領が署名した法案の一部のみを執行することを宣言する署名時声明は，三権分立制というアメリカの憲法秩序から逸脱して」いるとし，ブッシュ政権を批判した際の主張を繰り返した（Letter, Bill Robinson to Barack Obama, December 30, 2011, http://www.abanow.org/2012/01/aba-presidential-signing-statements-are-contrary-to-the-rule-of-law/）．他方で，ブッシュ政権を支えた保守的法律家たちは，署名時声明を用いることは大統領の権限に属すると主張しながらも，オバマの署名時声明については沈黙している（Calabresi & Yoo 2008）．

ために署名時声明を用いるというレーガン政権の方針を引き継ぐとともに，大統領権限を守るという点では，より積極的に署名時声明を用いた．レーガン政権でも，署名時声明は大統領権限を守るために用いられていたものの，どのような場合であれば大統領は法の不執行を宣言できるのかについては，明確な基準は示されなかった．対して，ブッシュ政権では，司法省法律顧問室長のバーが，制定法が大統領の権限に関わる場合に，大統領は法の不執行を宣言できるとする意見書を書いた．

バーの意見書は，カーター政権のシヴィリッティの意見書よりも，署名時声明を大統領によって使いやすいものにしている．シヴィリッティは，裁判所の先例の存在もしくは裁判所による追認が期待できる場合にのみ，大統領は違憲だと考える制定法の執行を拒否できるとしたのに対して，バーは制定法が大統領権限に関わる場合には，裁判所の追認は必要でないとしたのである．

ブッシュ大統領はこの意見書に基づいて署名時声明を用い，政策の変更を実現していた．バーの意見書によって，制定法が大統領権限に関わる場合には，裁判所の判断を必要としないとされたために，大統領の法解釈が正統な解釈としての意味を持った．大統領は制定法が自身の権限を侵害しており違憲であるとして，制定法に定められたようには行動せず，そのような不作為を正当化していた．

ジョージ・H. W. ブッシュ政権に見られた特徴は，署名時声明の内容について，議会少数党であった共和党と協力したことである．ブッシュ政権は，上院の共和党院内総務であったドールと連絡を取り合い，ブッシュが署名時声明で提示する法解釈と同じ内容の発言を，あらかじめ議員に議場で発言させるという戦略をとった．この戦略は，ブッシュ政権に特有の工夫であった．

クリントン政権の司法省は，将来の法曹の判断に大統領の法解釈を反映させようとする署名時声明の機能については，論争的であるとして排除したものの，その他の機能については，適当なものであると判断していた．司法省法律顧問室長のデリンジャーが作成した署名時声明の指針によれば，大統領は，裁判所による違憲判断が予想される場合には，先んじて違憲性を判断して法の不執行を決定して良いのであり，論争の焦点が大統領の憲法上の権限である場合には，裁判所の判断とは無関係に，大統領は法の不執行を決定できるとされた．

クリントン政権を過去の政権と比べた場合，カーター政権とは署名時声明の指針においては共通していたものの，運用面では異なっていたと言える．カーター政権の司法省も，クリントン政権と同様に，法律が明白に違憲である場合には，大統領は法の執行を拒否できるのだと主張していた．カーター政権とクリントン政権との違いは，カーター政権はそのような法的主張をしながらも，実際には，署名時声明を議会拒否権に対抗する際にのみ用いていたのに対して，クリントン政権は議会拒否権を含まない法律についても，条文が明白に違憲であるとして，執行を拒否したことである．クリントン政権においても，署名時声明は，一時的な政策変更の手段として用いられていたといえる．

　クリントン政権をこれまでの共和党政権と比べると，署名時声明によって立法史を構成するという運用方法は引き継がなかったものの，大統領の権限を守るために署名時声明を用いたという点では共通していたと言える．クリントン政権は，過去の民主党政権と共和党政権が積み重ねた署名時声明の遺産を，選択的に継受していたのである．

　ジョージ・W. ブッシュ大統領による署名時声明は，論争を呼んだ．2005年末，ブッシュ大統領は2006会計年度国防総省歳出予算法案に署名しながら，そこに含まれる拷問禁止条項には従わないという旨の署名時声明を付与した．この署名時声明は，メディアの注目を浴び，議会からの怒りを買った．連邦議会議員たちは，ブッシュ大統領が法案の好みの部分だけを選択し，その他の部分についての執行を拒否することで，事実上項目別拒否権を行使していると非難した．この批判は，署名時声明が政策変更の手段として機能していたことをよく示している．2006年以降，議会では様々な委員会において，大統領の署名時声明の正当性を審議するための公聴会が開かれ，主要紙も大統領の署名時声明を恒常的にトピックとして取り上げるようになった．

　署名時声明への注目が集まった2006年以降，ブッシュ大統領は，法律の一部についての不執行を宣言する実質的署名時声明を付与する頻度を下げた．他方で，この時期のブッシュ大統領は，過去の大統領と同様に拒否権を行使するようになっていった．クリントン政権までは，連邦議会議員たちの間には，署名時声明が拒否権の代替物であるという認識が広がっており，この認識と整合性を持つような形で，2006年を境としてブッシュ大統領は署名時声明の使用

を控えるようになり，拒否権に頼るようになったのである．

　署名時声明を拒否権の代替物として用いるという運用方法は，署名時声明を発展させたレーガン政権にも見られないものであった．このようなブッシュ政権における署名時声明の運用は，署名時声明の起草過程と関係していると考えることができる．クリントン政権までは，司法省法律顧問室の法曹たちが署名時声明の起草を担当していたが，ブッシュ政権においては副大統領室において行われるようになっていた．副大統領室の中心は，署名時声明を，執政府の権力を増大させるための手段として認識していた法律家のアディントンであった．ブッシュ政権においては，野心的な法律家によって，署名時声明が大統領にとってより使い勝手の良い道具として用いられたということができる．ただし，同時に，あまりに大統領に有利な道具となったために，広く議会とメディアから批判されるようにもなった．

　オバマ大統領は，ブッシュ政権とは異なる政治の実現を有権者に訴えて選挙に勝利した．期待されていた変革の一つは，ブッシュ政権において問題となっていた署名時声明の運用であった．選挙戦において，オバマはブッシュ政権の署名時声明を批判し，大統領は自らの法解釈を署名時声明によって押しつけてはならないと論じていた．大統領に就任してすぐに，オバマは署名時声明の運用指針を公表した．その骨子は，法律が明白に違憲である場合にのみ，署名時声明を用いるべきだというものであった．この指針は，ブッシュ政権からの決別を意味するものであると同時に，「明白に違憲」という基準はクリントン政権の指針と同一のものであった．当然，オバマ政権にも，裁判所の判断を独自に前倒しするという可能性はあったが，実際のオバマ政権による署名時声明は，クリントン政権期の問題ではなくて，ブッシュ政権期の問題を再燃させた．オバマ大統領は，署名時声明についての抑制的指針を打ち出した直後に，ブッシュ大統領と同様に，法律の条文を選り好みするような署名時声明を付与したのである．

　この署名時声明に怒りを表明したのは，連邦議会の少数党であった共和党ではなく，多数党の地位を占めていた民主党であった．民主党の議員にとって，オバマの行為は二重の裏切りであった．一つは，多数党としてホワイトハウスと法案の内容について交渉を重ねたにもかかわらず，オバマ大統領が署名時声

明によってその交渉の結果を反故にしたという裏切りであり，もう一つは，ブッシュ大統領と同様の署名時声明を用いたという裏切りであった．議会からの追及は苛烈を極め，オバマ政権は，大統領が署名時声明の内容通りには行動しないことを議会に約束した．2009 年の春から夏にかけて，オバマ政権は議会からの非難を浴び，その後，法律の執行の拒否を宣言するような実質的署名時声明の付与を控えるようになっていった．このようなオバマ大統領の行動は，ブッシュ政権の運用方法を継受しながらも，議会からの反発をうけて，議会に対して攻撃的な署名時声明の運用から撤退したものと考えることができる．

　オバマ大統領による署名時声明の運用は，ブッシュ政権と異なった政策を掲げたオバマ政権にあっても，大統領の権力という次元では，前政権と継続的な側面があったことをよく示している．署名時声明は，批判されるようになったという点で政治的コストを伴うものの，政策の変更を可能とする点で，現代の大統領にとって魅力的な道具となっていると言えよう．

結　論　単独で政策変更を試みる大統領

第1節　政策変更手段の必要性

　本書ではここまで，カーター政権からオバマ政権にかけて，大統領が署名時声明という制度をなぜ・どのように発展させてきたのかを明らかにしてきた．なぜ本書が署名時声明に注目したかといえば，一般的に大統領の「ユニラテラルな道具」の一つとして数えられる署名時声明が，他の道具とは異なる性質を持つためであった．すなわち，大統領の「ユニラテラルな道具」としてまっさきに思い出される行政命令や行政協定は，法律による授権や条約の批准といった議会による事前の協力を必要としているのに対して，署名の際に議会の意図を覆す署名時声明には議会との協調関係は見られず，大統領が単独で政策を変更する道具としての性質が強い．このような大統領単独での政策変更の手段に注目すると，現代アメリカに生じている政治秩序の大きな変容に対して，大統領がどのような対応を行ってきたのかを理解することができる．

　現代アメリカの政治秩序の特徴は，大統領への過大な期待の集中と，その期待に応えるための議会との協調関係の喪失である．現代の大統領は，19世紀から20世紀への変わり目にアメリカ政治に生じた変容によって，国民からの過大な期待を集めるようになる一方で，建国期に書かれた憲法によってのみ授権されており，本来的に，集中する期待と，授権される権限との間の不均衡に苦しんでいる．1960年代までの大統領は，議会との協調という戦略でこの困難を乗り切った．議会が連邦政府の管轄領域を立法によって増大させ，大統領に裁量を与え，問題解決の能力を与えたのである．この時期，連邦裁判所も，このような大統領権限の拡大を支持していた．

　いわば連邦政府が総出で，大統領を陣頭に政策課題に臨むという政治の最大の成果は，20世紀中頃の「大きな政府」を目指す政治であった．ところが，

アメリカ政治における「大きな政府」路線は，保守派の台頭によって崩れていく．1970年代後半以降のアメリカは，保守とリベラルの間の激しいイデオロギー争いの時代に入り，連邦議会も，リベラルを代表する民主党と，保守を代表する共和党の間で割れることになった．大統領の所属政党と議会の多数派が異なる分割政府においては，言うまでもなく，大統領が議会と協調することは困難である．議会の多数派が大統領と政党を同じくする統一政府であっても，議会内では激しい党派対立が生じ，満足に立法することが困難になるため，やはり大統領は単独で政策を変更する誘引に駆られる[1]．

つまり，現代の大統領には，1970年代後半から始まったイデオロギー的分極化という政治秩序の変容によって，独力での政策変更能力を求めるインセンティブが生じている．そのインセンティブに基づいて，大統領がなぜ・どのように政策変更の手段を獲得したのかを探ったのが本書である．この問いは，現代の大統領制を理解するうえで避けて通れないものだが，従来の大統領研究は，この問いを解明することはおろか，正面から取り上げることにも成功してこなかった．その理由は，アメリカ大統領研究が，過去の研究の視点を未だに継続して採用しているためである．

1960年のリチャード・ニュースタットの研究は，大統領研究のアプローチを，法学的な古典的制度論から行動論へと転換させた．そこでは，一定の制度の中で，大統領がどれほど自らの政策目標を実現できるのかが問われた．この問いは，大統領が政治の中心となり，他の部局と協調することを前提とする

---

[1] このことは，例えば2009年に大統領に就任したオバマの方針転換を見ると理解しやすい．オバマは，当初は共和党との協調を基本路線として掲げていたにもかかわらず，アメリカ再生・再投資法（American Recovery and Reinvestment Act of 2009）や患者保護及び医療費負担適正化法（Patient Protection and Affordable Care Act）といった重要立法の投票の際，共和党からはほとんど賛同者が得られなかったのを見て，次第に，議会の協力を得ずに単独での政策変更の手段を模索していくようになった．その中で，例えば，落ちこぼれゼロ法のウェイバー条項を用いて全米の教育政策の改革を実施し（序論第1節参照），あるいは，移民政策の変更のために移民法の執行方法を大きく変更した（Motoko Rich, "'No Child' Law Whittled Down by White House," *New York Times*, July 6, 2012; Stephen Dinan, "Obama Expands 'Hardship' Waive for Illegal Immigrants," *Washington Times*, January 6, 2012）．

「現代的大統領制」の枠組みにおいては，真っ先に考えるべき重要な問いであった．その後の大統領研究は，この問いに答えることに注力し続けた．政治状況が変わらない限りにおいては，そのような研究方針に問題はなかったが，1970年代後半以降，イデオロギー的分極化の進展にともない，「現代的大統領制」を支えていた大統領と議会との協調関係が崩れてもなお，大統領研究者たちは同じ問いに取り組み続けたのである．

そのような研究状況に異を唱える研究者たちももちろんおり，彼らは，大統領が制度の枠内で協調的に行動するだけでなく，制度そのものを自分に有利なように組み替え，独力で政策を変更しようとする側面に注目する必要性を訴えた．署名時声明に注目する必要性も，その中で唱えられた．しかし，署名時声明についてはその重要性が指摘されてはいるものの，大統領がなぜ・どのようにそのような憲法外の制度を獲得し，変容させてきたのかについては議論の蓄積が浅かった．本書において，大統領が署名時声明をなぜ・どのように発展させてきたのかを明らかにすることを試みた所以である．

第2節　大統領権力の自己増殖と自己正当化

本書で分析の対象としたカーター政権からオバマ政権までの各政権で署名時声明に生じていた変化を並べてみると，一定のパターンに従っていることがわかる．各政権に関する本書の発見を一般化した形で叙述することによって，今後現れうる，署名時声明以外の，大統領単独での政策変更の手段の生成についても，制度変容のパターンという観点から理解可能になるものと考えられる．大統領が単独での政策変更手段を獲得するというパターンを明確にするために，各政権についての発見を振り返りたい．

1960年代まで，署名時声明は，連邦議会議員や法案支持者に対する大統領の祝福の言葉を伝えるために用いられた．そのような署名時声明を，カーター政権は，議会が法案に盛り込む議会拒否権規定を無効だと主張するために用いるようになった．つまり，カーター政権は，署名時声明に新しい目的を追加し，制度転用を引き起こしていたといえる．

カーター大統領が署名時声明によって議会拒否権に挑戦した理由は，議会の

介入から逃れるためであった．議会拒否権規定が存在する場合，大統領が具体的な政策執行の方法を行政組織に命令したとしても，その命令が議会の意向に沿わない場合，議会によって覆されることになる．そのような議会の介入を避けるためには，政権が議会との事前交渉を行えばよいのであるが，カーター大統領は個別の事前交渉ではなく，議会拒否権規定への挑戦という道を選んだ．

この方針をカーターが選択できたのは，司法長官ベンジャミン・シヴィリッティの協力があってのことであった．シヴィリッティは，裁判所が大統領の判断を追認すると考えられる場合には，大統領は法の一部を無視してもよいという法律意見書を書き，カーター大統領を支えた．もちろん，そのような政権の主張に議会は反発し，大統領と議会の間には深い対立が生じることになったが，議会の介入から逃れたいというカーター大統領のインセンティブは，司法省の法律家が法律論の形で，正当化していたのである．

レーガン大統領も，当初はカーター大統領と同様に，議会拒否権規定の違憲性を主張することを目的として署名時声明を用いていた．そのような署名時声明の運用は，連邦最高裁のお墨付きを得ることになった．最高裁はチャダ判決において，議会拒否権規定の違憲性を認定したのであった．ところが，議会と行政組織には，議会拒否権規定を存続させることに共通の利益があった．委員会に最終的な拒否権を留保する委員会拒否権という方法に議会は頼るようになり，チャダ判決には違反しないと主張した．行政組織はそれに納得し，委員会拒否権を受け入れた．これに対して大統領は反発したが，この対立は，議会による司法省予算凍結の脅しに大統領が屈する形で終わった．大統領は，この争いによって大きな政治的敗北を経験することになった．

レーガン政権による署名時声明の転用は，二期目に生じた．レーガン政権は，法を執行した後に，裁判所が政権と異なる法解釈を施すことで，法執行が取り消されることを問題だと認識していた．カーター政権が，議会拒否権によって大統領の決定が覆されることを問題としていたように，レーガン政権は，裁判所による意図的な法解釈を問題視していた．なぜこのような問題認識が生じたのかといえば，レーガン政権を支えていた共和党の保守派らは，連邦裁判所裁判官の多くは，「大きな政府」を指向していた過去の政権によって任命されているために，リベラル派に属すると考えていたためであった．レーガン政権が

保守的な立場から法執行をしたとしても，リベラル派の裁判所がそれを取り消したのでは，大統領が望む政策が実現できないと考えたのである．

つまり，レーガン政権には，大統領の法解釈を法曹に伝達することで影響を与えたいというインセンティブがあった．さらに，二期目のレーガン政権には，そのようなインセンティブを理解して行動する保守的な法律家が，フェデラリスト協会から供給されるようになっていた．そのような法律家に支えられて，司法長官エドウィン・ミースは，大統領には，裁判所と同等に，法解釈と憲法解釈を行う権限が，憲法によって認められているとする三権同格主義を主張した．この考え方に基づいて，フェデラリスト協会出身のスティーヴン・カラブレシを中心として，法曹に大統領の法解釈を伝えるという目的が，署名時声明に付け加えられたのである．この制度転用の結果として，署名時声明は，官製に比べ出版の早い民間版の法令集である『制定順法律集』に記載され，署名時声明によって示された大統領の法解釈は法曹に参照されるようになった．

レーガン政権においてもカーター政権と同じく，署名時声明の制度転用のきっかけとなったのは，大統領が自らの望む政策の実現を他部局に邪魔されないようにしたいというインセンティブであった．また，そのような大統領を支えたのは，やはり法律家であった．カーター政権との違いは，レーガン政権の法律家が，保守的な法解釈を学んだ保守的な法律家であったということである．

ジョージ・H. W. ブッシュ政権における署名時声明は，法曹に大統領の法解釈を伝えるために用いられるともに，大統領権限を守るためにも積極的に用いられた．前者についてはレーガン政権の方針を継受していたが，後者はブッシュ政権が打ち出した方針であった．ブッシュ政権は，民主党多数議会に直面しており，議会との協調を前提としない，単独での政策変更の手段を必要としていたのである．

ブッシュ政権においても，頼りにされたのは法律家であり，司法省法律顧問室長のウィリアム・バーが重要な役割を果たした．バーは，制定法が大統領権限を侵害していると大統領が判断する場合には，裁判所の追認が期待できなくとも，大統領は制定法の執行を拒否できるとした．カーター政権のシヴィリッティの意見書が，裁判所の先例が存在しているか，裁判所による追認が期待できる場合にのみ，大統領が違憲だと信じる制定法の執行を拒否できるとしてい

たのと比べると，バーの意見書は，署名時声明をより使いやすい道具に変容させていたといえる．ブッシュ大統領は，そのような法律意見書に基づいて，署名時声明を政策変更の手段として運用したのである．

　クリントン政権は，それまでの政権の署名時声明の運用方針を選択的に継受していた．クリントン政権は，カーター政権から，法が「明白に違憲」である場合には，大統領は法執行を拒否することができるという指針を引き継いでいたものの，カーター政権よりも広範な争点に対して署名時声明を用いた．カーター政権が議会拒否権を対象として執行の拒否を宣言していたのと比べると，クリントン政権にとって，署名時声明はより使いやすい道具であったと言える．

　また，クリントン政権は，共和党政権からも署名時声明の指針を継受していた．すなわち，大統領権限が侵害されていると大統領自身が認識した場合には，そのような制定法の執行を拒否することができるとするブッシュ政権の指針である．もっとも，クリントン政権は，署名時声明によって立法史を構成するというレーガン政権が新しく確立した運用方法については，引き継がなかった．これは，司法省法律顧問室長のウォルター・デリンジャーがその正当性を疑ったからであった．

　クリントン政権の署名時声明を支えたデリンジャーの意見書は，裁判所による追認が予見される場合と，争点が大統領権限の侵害に関わる場合には，大統領は制定法の執行を拒否できるとしていたのである．

　クリントン政権が，署名時声明による法執行の拒否の基準を緩めた理由は，当時の議会との協調が非常に困難であったことに求められる．共和党多数議会とクリントンとの対立は激しく，1995 年末から 1996 年初にかけては，予算法が通らずに，連邦政府が閉鎖される事態に陥るほどであった．クリントン政権には，議会との協力を選ばず，独力で政策を変更する力を求めるインセンティブがあった．このような要求に応えたのは，やはり政権の法律家であった．クリントン大統領は司法省の法律論に依拠しながら，署名時声明によって法執行を拒否していったが，議会はこのような大統領の振る舞いには強く反発していた．

　ジョージ・W. ブッシュ政権は，署名時声明をさらに積極的に運用した．ブッシュ政権は，統一政府と分割政府のどちらも経験していたが，議会内におけ

る党派対立が激しく，やはり議会と協力して政策を変更していくことが難しい状況にあった．ブッシュ政権にも，独力で政策を変更しようというインセンティブがあったと考えられる．このインセンティブに従うように，署名時声明は，議会と協調せず，独力で政策を変更する手段として用いられ，さらに大統領にとって使い勝手のよいものへと作り替えられた．

　これを支えていたのも，政権の法律家であった．ブッシュ政権の法律家は，レーガン政権と同様にフェデラリスト協会から供給されていたが，もっと過激な主張を唱えるようになっていた．クリントン政権では，争点が大統領権限に関わらない場合，裁判所による追認が予見される場合のみ，法の不執行が可能となるとされたが，ブッシュ政権の法律家は，裁判所の判断を待つこともなく，独自に違憲性を判断し，法の執行を拒否していた．争点が大統領権限に関わる場合は，さらに露骨であった．ブッシュ政権の法律家は大統領の権限を広く捉え，議会から執政府に対するあらゆる監視や介入を大統領権限の侵害だと主張したのであった．

　ブッシュ大統領は署名時声明において，2006 会計年度国防総省歳出予算法の拷問禁止条項が，軍の最高司令官としての大統領の権限を侵害しているために従わないと宣言した．ブッシュの署名時声明は，議会だけではなくメディアを巻き込んでの政権批判キャンペーンを引き起こすほどであった．

　オバマ大統領は，ブッシュ大統領とは異なった方針で署名時声明を用いることが期待されており，その期待に添うような指針を公表した．オバマ政権は，制定法が「明白に違憲」である場合に限って，署名時声明を用いるとしたのである．「明白に違憲」という指針は，クリントン政権が採用したものと同様であり，裁判所の追認が予見される場合には，裁判所の判断を前倒しして，法の執行を拒否するというものであった．

　しかしながら，オバマ大統領は，公表した指針からは逸脱した署名時声明を付与し，制定法の好みの部分について執行を拒否していると批判されるようになった．オバマも党派対立の激しい議会に直面しており，政策の革新のためには議会を頼りにくい状況であった．それゆえオバマは，就任前の方針よりもずっと強固な立場で署名時声明を用いたが，議会からの猛反発を受けた．結果として，オバマ政権による署名時声明の数は少ないものに留まっている．

ここまで振り返ってきた各政権についての叙述は，それ自体として新しい発見を含んでいる．例えば，カーター政権が議会との対抗のために行動していたことの発見は，議会と協同するカーター政権という従来のイメージを覆すものである．あるいは，レーガン政権における署名時声明の転用にあたって保守的法律家が果たした役割は，政策的イデオロギーが，大統領の権力行使の手段に影響を持ちうることを示している．また，イデオロギー的分極化の進展した現代においても，大統領は，過去の政権が手を加えた署名時声明という制度を部分的に継受していくのであり，イデオロギーの違いだけでアメリカ政治を捉えきることはできないことも示唆している．

　統一政府と分割政府についても，本書は新しい知見を提供している．先行研究は，大統領は政策の内容を変更する実質的署名時声明を，統一政府よりも分割政府において頻繁に用いる傾向があることを示している．このことは，分割政府に直面した大統領にとって，単独での政策変更能力がより重要なものとなると考えれば，直感的に理解することができるが，本書の重要な発見は，大統領は統一政府においても署名時声明を用いて議会の意図を覆してきたということである．この事実は，議会と大統領がともに，政策的なイデオロギーのみに基づいて意思決定しているとすれば，理解しがたいものである．イデオロギー的分極化が進展した現代においては，大統領と所属政党の議員の政策選好は似通ったものとなり，統一政府において，多数党の支持した法案の内容を大統領が署名時声明で覆すことは想像しにくい．

　しかしながら，例えばカーター大統領は統一政府状況において，議会拒否権を争点に議会と争い，ジョージ・W. ブッシュ大統領も統一政府状況において，拷問禁止条項をめぐって議会と対立した．オバマ大統領も，やはり統一政府において，大統領の外交権限をめぐり議会と争った．これらの事例から分かるのは，大統領は自身の権限が争点となる場合には，たとえ統一政府であろうとも，議会との対立を辞さないということである．統一政府において大統領と議会がどのように争うのかについて，本書はひとつの類型を提示することができた．

　以上のような知見に加えて，アメリカ大統領が単独での政策変更手段を獲得するパターンが，各政権の事例を結びつけることによって浮かび上がってくる．ここまで述べてきた各政権の事例を抽象化すれば，現代のアメリカには，議会

との協調が困難な場合に大統領が独力で政策を変更するための新しい力を求め，自前の法律家の法律論に頼ることでそのような力を正当化し，自分のものとするという制度変容のパターンが存在することが見えてくる．これはいわば，大統領権力の自己増殖と自己正当化のメカニズム[2]である．本書では，現代の大統領に特徴的だとされる「ユニラテラルな道具」の中でも，議会との協調を前提としない署名時声明という道具の発展に着目することで，このようなメカニズムの存在を析出することができた．

第3節　大統領が変える三権分立制

　最後に，署名時声明の分析から得られた知見の射程と意義について論じて，本書を閉じたい．本書で述べてきたように，大統領が独力での政策変更手段を求める条件が，国民からの過大な期待と，議会との協力関係の不調ということであるとするならば，これらの条件は，当分の間，アメリカ政治の特徴として持続するものと思われる．大統領選挙の度に，アメリカ国民がアメリカが全て変わるかのような期待を新たな大統領にかけることが観察されるだろう．また，議会におけるイデオロギー的分極化状況は，予備選挙制度と各党の活発な活動家の存在によって，弱まる傾向は見られない．そうであるならば，大統領は，今後，共和党，民主党のどちらから選出されようとも，やはり独力での政策変更に迫られ，そのために，従来とは異なる手法を用いるようになるかもしれない．

　実際にそのような行動は，署名時声明以外にも，現在のオバマ政権には観察されている．例えば，人事である．アメリカの連邦行政組織の高官人事は大統領による政治任用であるが，大統領が単独で任命できるわけではなく，連邦議会上院の承認を必要とする．大統領が法執行を通じて自らの目標を実現しようとする際には，最も信頼できる人材を各省の長官に置くものだと理解されているが，オバマ大統領は上院での承認プロセスを回避し，議会の監督の目の及ば

---

[2]　ポール・ピアソンによれば，メカニズムとは，「妥当かつ頻繁に観察される事象の生じ方」である（Pierson 2004, 7 ［ピアソン 2010, 8］）．

ないホワイトハウスに，本来であれば各省が担当する政策分野の専門家を雇い入れた．その数は 33 名に上るという．このような政策専門家は，ホワイトハウスの外側から抑制できないという点が問題であるとされる（Howell & Brent 2013, 33）．このような人事は，オバマが初めて行ったわけではなく，前任者のジョージ・W. ブッシュ大統領は 28 名，クリントン大統領は 7 名を雇い入れていた．このような人事も，現代の大統領制の特徴として研究が待たれるところである．

あるいは，オバマ政権が「政府政策見解（statement of administration policy）」と呼ばれる文書を従来とは異なる目的のために用いるようになっていることも指摘されている．これは，署名時声明と異なり，立法過程の早期の段階で議会に対して，行政管理予算局が大統領の政策選好を明示する文書である．常識的に考えれば，大統領はこの文書によって，審議中の法案に影響を与えようとしているはずである．ところがオバマ政権はこの文書に新しい目的を与えたとされる．仮に大統領の意図が議会に汲み取られずに法律が成立した場合にも，大統領は，事前に示していた政府政策見解の主張の通りに法律の条文を読み替えて執行するという．つまり，法案審議中の議会に対して，大統領が予定する法執行の内容を一方的に通知しているのである（Rice 2010）．なぜオバマ大統領が政府政策見解をそのように用いるようになったのかについても，やはり研究の蓄積が必要である．その際，本書で提示したパターンが重要となる可能性がある．

本書が提示した，大統領による独力での政策変更手段の獲得のパターンは，今述べたような広い射程を持ちうる．本書の意義を広く捉えれば，法律論に頼った権力拡張という現象を指摘したところにある．本書では，カーター政権からオバマ政権にかけて，それぞれの大統領が新しい行動を正当化する際に，議会に頼れないために，政権内部の法律家に法律論を準備させていたことを示した．このような現象は，アメリカ大統領が直面していたような条件がそろえば，他の国でも生じる可能性があり，そうした現象を捉えるためには政権内部の法律家の行動を注意深く観察する必要がある．

興味深いことに，政権内部の法律家の議論は，これまでアメリカの政治学でも法学でも重視されてこなかった．政治学で重視されてこなかったのは，そも

そも署名時声明が研究対象として取り上げられてこなかったことに原因があるので不思議ではないが，法学においても軽視されてきたのである．それは，法学が，基本的には裁判所で構成された法的意見の分析を中心とし，政権内部の法律家の意見を価値あるものと認めてこなかったためである．たしかに，政権内部の法律家の議論は，法理論的には水準に疑問が付されるかもしれないが，これらの議論は，政権の中枢に採用されさえすれば，すぐにでもアメリカ政治に影響をもたらすという重要性がある．ロースクールを卒業したばかりのカラブレシの意見書は，大統領が用いる道具の目的を変えるほどであった．

　本書で用いた政権内部の資料は，大統領図書館やアメリカ公文書館で公開されているものである．それゆえ，誰でも，大統領の奇妙な振る舞いがどのように正当化されているのかを確認することができる．しかしながら，政権内部の法律家が残した文書が重要であると見なされてこなかったために，大統領がなぜ・どのように独力での政策形成手段を獲得してきたのかが，見落とされていたのである[3]．

　最後に，本書が示した制度変容のパターンは，アメリカとは何かを理解するうえで，どのような意義があるのだろうか．それは，アメリカの三権分立制という政治制度の根本についての理解の刷新である．現在では，三権分立制の姿は，大統領への期待と，それゆえ生じる大統領の必要によって，変容しつつある．人々はより強い大統領のリーダーシップを求めるが，大統領はその期待に応えるために自前で正当性の根拠を用意して，行動を起こす．その新しい行動は，従来の抑制と均衡からは逸脱するものであり，他の機関が逸脱行動を抑制する方法を創出するまでは，大統領に有利な状況が生じる．つまり，三権分立制とは，憲法典によって定められた不変の静的な政治制度ではなく，不断に変化する動的な政治制度であるということである．確かに憲法典の文言には変化

---

[3] ただし，法律意見書には隠蔽されるものもあり，現代のアメリカ政治の大きな問題となっている．ブッシュ政権期に拷問を合法だとした意見書は，オバマ政権が開示するまで，その内容が漏れ伝わるのみであった（Pfiffner 2010）．オバマ政権においても，ドローンによるアメリカ国民の殺害を正当化する意見書が隠蔽されていた（Charlie Savage, "Court Releases Large Parts of Memo Approving Killing of American in Yemen," *New York Times*, June 23, 2014）．

がないが，現代のアメリカにおいては，大統領は憲法に定められた相互抑制の枠組みから逸脱しようと試み，議会や裁判所と衝突することを繰り返している．そのような動的な政治秩序を前提としてアメリカ政治を理解することによって，その中で活動するアクターたちの日々の行動と，それらの行動の結果としての政策と制度の変化を，よりよく理解できるようになるものと考える．

Appendix

A. 署名時声明の分類方法

カリフォルニア州立大学サンタ・バーバラ校のジョン・ウーリーとゲアハード・ピーターズによって開設されている American Presidency Project のウェブサイト[1]には，1929年以降のすべての大統領の署名時声明の全文が収められており，署名時声明の研究の際に，基本的なウェブサイトとして用いられている（Rice 2010, 693）. American Presidency Project は，大統領の署名時声明を，*Public Papers of the Presidents of the United States* と *Weekly Compilation of Presidential Documents*，また，1986年以降のものについては *United States Code Congressional and Administrative News* からまとめ上げている．

クリストファー・ケリーとブライアン・マーシャルは1989年から2006年までの期間について，マイケル・ベリーは1973年から2008年までの期間について，ロウリー・ライスは1997年から2004年までの期間について，独自に署名時声明を分類しているが，データセットは公表していない（Kelley & Marshall 2008; Berry 2009; Rice 2010）. 署名時声明研究の第一のハードルは，署名時声明についてのデータセットの構築そのものである．

本書では，ニクソン政権の始まりである1969年から，署名時声明を分類した．1969年から2014年までのすべての署名時声明の全文を American Presidency Project から入手し，それぞれの署名時声明について，具体的な立法番号と照らし合わせた．

本文で述べたように，実質的署名時声明でないものは，修辞的署名時声明であると定義したため，どのような内容が含まれていれば実質的署名時声明と見なすかという，コーディングのルールが必要である．本書が採用した実質的署名時声明だと分類するためのコーディングのルールは次の通りである．

- 具体的な条文もしくは立法の一部に対して，"unconstitution", "unconstitutionality" といった言葉によって違憲性を明確に述べている場合．
- 具体的な条文もしくは立法の一部に対して，"constitutional question", "constitutional issue", "constitutional concern" といった憲法上の問題を指摘している場合．
- 当該立法が，INS v. Chadha, 462 U.S. 919（1983），Bowsher v. Synarm, 478 U.S. 714（1986），Buckley v. Valeo, 424 U.S. 1（1976）といった過去の最高裁における違憲判断に触れていると指摘している場合．
- 当該立法の特定の条文について，"interpret", "construe" といった言葉で解釈を施す

---

1) http://www.presidency.ucsb.edu/

表1 著者による署名時声明の計測（1969-2014）

大統領	実質的署名時声明		修辞的署名時声明		署名時声明の総数	
ニクソン	8	(6.7%)	112	(93.3%)	120	(100%)
フォード	8	(5.8%)	129	(94.2%)	137	(100%)
カーター	27	(11.7%)	203	(88.3%)	230	(100%)
レーガン	81	(32.7%)	167	(67.3%)	248	(100%)
G. H. W. ブッシュ	122	(53.5%)	106	(46.5%)	228	(100%)
クリントン	91	(24.3%)	283	(75.7%)	374	(100%)
G. W. ブッシュ	133	(83.6%)	26	(16.4%)	159	(100%)
オバマ	11	(36.7%)	19	(63.3%)	30	(100%)
合計	481	(31.5%)	1045	(68.5%)	1526	(100%)

出典：American Presidency Project より著者作成．

表2 Kelley & Marshall(2008)による署名時声明の計測（1989-2006）

大統領	憲法的署名時声明		修辞的署名時声明		署名時声明の総数	
G. H. W. ブッシュ	117	(54.2%)	99	(45.8%)	216	(100.0%)
クリントン	78	(25.5%)	228	(74.5%)	306	(100.0%)
G. W. ブッシュ	117	(79.1%)	31	(20.9%)	148	(100.0%)
合計	312	(46.6%)	358	(53.4%)	670	(100.0%)

表3 Berry (2009) による署名時声明の計測（1973-2008）

大統領	憲法的署名時声明		修辞的署名時声明		署名時声明の総数	
ニクソン	6	(5.1%)	111	(94.9%)	117	(100.0%)
フォード	14	(10.2%)	123	(89.8%)	137	(100.0%)
カーター	30	(13.2%)	198	(86.8%)	228	(100.0%)
レーガン	84	(33.7%)	165	(66.3%)	249	(100.0%)
G. H. W. ブッシュ	122	(53.5%)	106	(46.5%)	228	(100.0%)
クリントン	86	(22.6%)	294	(77.4%)	380	(100.0%)
G. W. ブッシュ	129	(80.1%)	32	(19.9%)	161	(100.0%)
合計	471	(31.4%)	1029	(68.6%)	1500	(100.0%)

と明言している場合．

KH coder という内容分析ソフトウェアによって，これらの条件に合致した署名時声明をリストアップし，それぞれについて目視で確認した[2]．結果として，表1という結果が得ら

---

2) KH coder は，http://khc.sourceforge.net/ から入手できる．

れた.この結果は,表2³⁾と表3⁴⁾が示すように,ケリーとマーシャルの研究およびベリーの研究が示している数値とほぼ同じである.

B. 重要立法の基準

本書では,どの法律を重要な立法と見なすかという重要立法についての基準は,ベリーの研究と同様に,Policy Agendas Project が提供している Most Important Laws の方針を踏襲している (Berry 2009).

Most Important Laws のデータセットには,1948年から1998年までの期間における重要立法が列挙されている.このデータセットは,それぞれの法案の重要性を,連邦議会の年鑑である *Congressional Quarterly Almanac* において割かれている紙面の分量から判別している.ここで,「法案」という言葉を用いている理由は,*Congressional Quarterly Almanac* は,成立しなかった法案についても,議会で時間をかけて審議されれば,紙面を割くためである.

Policy Agendas Project は,1948年から1994年までの間に成立したすべての法案について,その行数によって整理し,最長のものから順に,500番目までを重要立法として定義した.500番目の立法は800行を割り当てられていた.そこで1995年から1998年についても,800行以上割り当てられた立法を重要立法としている.結果的に,全部で576の立法が重要な立法とされている.1994年までと1995年以降で手順が分かれている理由は,Policy Agendas Project が発足した当初は,1994年までのデータしか扱えなかったためである.

筆者は,Policy Agendas Project が重要立法を選別した方法を基礎にして,重要法案のデータセットを,2010年まで拡張して作成した.同じく Policy Agendas Project が提供している Congressional Quarterly Almanac Deta Set では,2015年4月の時点で,2010年までについて,それぞれの法案について,どれだけの行数が割かれているのかが計測されている.

1999年から2000年までについては,それより前と同じく800行以上を費やされていれば重要立法とするという基準を用いた.2001年以降については,*Congressional Quarterly Almanac* が明らかに薄くなっていることを考慮しなければならない.1969年から2000年までの *Congressional Quarterly Almanac* では,平均で8万行がそれぞれの法案の審議について割かれていたが,2001年から2010年までの期間においては,平均して1万8000行が個別の法案について割かれているのみである.そこで,2001年から2010年までの期間については,200行以上が割かれている法を重要立法とした.図15は,1969年から2010年までのそれぞれの年において成立した重要立法の数を示したものである.

---

3) ケリーは,2002年と2003年には署名時声明を三つ(憲法的署名時声明,政治的署名時声明,修辞的署名時声明)に分類していたが,2008年のマーシャルとの共同研究では,修辞的署名時声明以外の二つの類型をまとめ,「憲法的署名時声明」と呼称している (Kelley 2002, 4-8; Kelley 2003, 45-50; Kelley & Marshall 2008, 258).

4) ベリーによる署名時声明の分類は,ケリーとマーシャルの分類を踏襲している (Berry 2009, 250).

図 15　重要立法の数 (1969-2010)

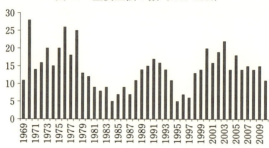

出典：Policy Agendas Project の Congressional Quarterly Almanac Data Set より著者作成.

参考文献

Ackerman, Bruce, 1993, *We the People, Volume 1: Foundations*, Belknap Press of Harvard University Press.
——, 2000a, "The New Separation of Powers," *Harvard Law Review*, 113(3).
——, 2000b, *We the People, Volume 2: Transformations*, Belknap Press of Harvard University Press.
——, 2010, *The Decline and Fall of the American Republic*, Belknap Press of Harvard University Press.
Adams, Rebecca, 2005, "Signing Statements Add Weight to Presidential Pen," *CQ Weekly*, September 15.
Adler, David Gray, 2012, "The Framers and Executive Prerogative: A Constitutional and Historical Rebuke," *Presidential Studies Quarterly*, 42(2).
Alston, Chuck, 1990, "Bush Crusades on Many Fronts to Retake President's Turf," *CQ Weekly*, February 3.
Avery, Michael & Danielle McLaughlin, 2013, *The Federalist Society: How Conservatives Took the Law Back from Liberals*, Vanderbilt University Press.
Baker, Nancy V., 2010, "Who Was John Yoo's Client? The Torture Memos and Professional Misconduct," *Presidential Studies Quarterly*, 40(4).
Balkin, Jack M., 2009, "Framework Originalism and the Living Constitution," *Northwestern University Law Review*, 103(2).
Barilleaux, Ryan J. & Christopher S. Kelley, 2010, *The Unitary Executive and the Modern Presidency*, Texas A&M University Press.
Barrett, Andrew W., 2004, "Going Public: The Impact of Going Public on Presidential Legislative Success," *American Politics Research*, 32(3).
——, 2005, "Going Public as a Legislative Weapon: Measuring Presidential Appeals regarding Specific Legislation," *Presidential Studies Quarterly*, 35(1).
——, 2007, "Press Coverage of Legislative Appeals by the President," *Political Research Quarterly*, 60(4).
Barrett, Andrew W. & Matthew Eshbaugh-Soha, 2007, "Presidential Success on the Substance of Legislation," *Political Research Quarterly*, 60(1).
Barron, David, 2000, "Constitutionalism in the Shadow of Doctrine: The President's Non-Enforcement Power," *Law & Contemporary Problems*, 63.
Barron, David & Elena Kagan, 2001, "Chevron's Nondelegation Doctrine," *Supreme Court*

Review, 2001.

Beckmann, Matthew N., 2010, *Pushing the Agenda: Presidential Leadership in U.S. Lawmaking, 1953-2004*, Cambridge University Press.

Berger, Raoul, 1974, *Executive Privilege: A Constitutional Myth*, Bantam Books.

Berry, Michael J., 2008, "Beyond Chadha: The Modern Legislative Veto as Macropolitical Conflict", Ph.D. dissertation, University of Colorado.

――, 2009, "Controversially Executing the Law: George W. Bush and the Constitutional Signing Statement," *Congress & the Presidency*, 36(3).

Bessette, Joseph M. & Jeffrey Tulis eds., 2009, *The Constitutional Presidency*, Johns Hopkins University Press.

Bettelheim, Adriel, 2006, "Executive Authority: A Power Play Challenged," *CQ Weekly*, October 30.

――, 2009, "Obama Breaks with Practice of Using Signing Statements to Interpret Laws," *CQ Weekly*, March 16.

Biller, Sofia E., 2008, "Flooded by the Lowest Ebb: Congressional Responses to Presidential Signing Statements and Executive Hostility to the Operation of Checks and Balances," *Iowa Law Review*, 93.

Birdsell, David S., 2007, "George W. Bush's Signing Statements: The Assault on Deliberation," *Rhetoric & Public Affairs*, 10(2).

Blumenthal, Sidney, 2006, *How Bush Rules: Chronicles of a Radical Regime*, Princeton University Press.

Bork, Robert H., 2005, *A Country I Do Not Recognize: The Legal Assault on American Values*, Hoover Institution Press.

――, 2008, *A Time to Speak: Selected Writings and Arguments*, ISI Books.

Borrelli, Maryanne, Karen Hult & Nancy Kassop, 2001, "The White House Counsel's Office," *Presidential Studies Quarterly*, 31(4).

Bottenfield, Anthony M., 2008, "Congressional Creativity: The Post-Chadha Struggle for Agency Control in the Era of Presidential Signing Statements," *Penn State Law Review*, 112(3).

Boulris, Mark Johnson, 1987, "Judicial Deference to the Chief Executive's Interpretation of the Immigration Reform and Control Act of 1986 Antidiscrimination Provision: A Circumvention of Consitutionality," *University of Miami Law Review*, 41(4).

Bradley, Curtis A. & Eric A. Posner, 2006, "Presidential Signing Statements and Executive Power," *Constitutional Commentary*, 23(3).

Broomfield, Emma V., 2006, "Failed Attempt to Circumvent the International Law on Torture: The Insignificance of Presidential Signing Statements under the Paquete Habana," *George Washington Law Review*, 75(1).

Bryant, A. Christopher, 2007, "Presidential Signing Statements and Congressional Oversight," *William & Mary Bill of Rights Journal*, 16(1).

Burgess, Christine E., 1994, "When May a President Refuse to Enforce the Law?" *Texas Law Review*, 72(3).
Burke, John P., 2000, *The Institutional Presidency: Organizing and Managing the White House from FDR to Clinton*, 2nd edition, Johns Hopkins University Press.
Burnham, Walter D., 1970, *Critical Elections and the Mainsprings of American Politics*, Norton.
Byrum, Rebecca H. & Cheryl Truesdell, 2008, "The Unitary Executive and Presidential Signing Statements," *Documents to the People*, 36(3).
Calabresi, Steven G., 1994, "The Vesting Clauses as Power Grants," *Northwestern University Law Review*, 88.
——, 1995, "Some Normative Arguments for the Unitary Executive," *Arkansas Law Review*, 48.
——, 2008, "A Critical Introduction to the Originalism Debate," *Harvard Journal of Law & Public Policy*, 31(3).
—— ed., 2007, *Originalism: A Quarter-Century of Debate*, Regnery Press.
Calabresi, Steven G. & Joan L. Larsen, 1994, "One Person, One Office: Separation of Powers or Separation of Personnel?" *Cornell Law Review*, 79.
Calabresi, Steven G. & Daniel Lev, 2006, "The Legal Significance of Presidential Signing Statements," *Forum*, 4(2).
Calabresi, Steven G. & Saikrishna B. Prakash, 1994, "The President's Power to Execute the Laws," *Yale Law Journal*, 104.
Calabresi, Steven G. & Kevin H. Rhodes, 1992, "The Structural Constitution: Unitary Executive, Plural Judiciary," *Harvard Law Review*, 105.
Calabresi, Steven G. & Christopher S. Yoo, 2008, *The Unitary Executive: Presidential Power from Washington to Bush*, Yale University Press.
Cameron, Charles, 2000, *Veto Bargaining: Presidents and the Politics of Negative Power*, Cambridge University Press.
Cameron, Charles, John S. Lapinski & Charles R. Riemann, 2000, "Testing Formal Theories of Political Rhetoric," *Journal of Politics*, 62(1).
Canes-Wrone, Brandice, 2006, *Who Leads Whom? Presidents, Policy, and the Public*, University of Chicago Press.
Canes-Wrone, Brandice, William G. Howell & David E. Lewis, 2008, "Toward a Broader Understanding of Presidential Power: A Reevaluation of the Two Presidencies Thesis," *Journal of Politics*, 70(1).
Carroll, Kristy L., 1997, "Whose Statute Is It Anyway? Why and How Courts Should Use Presidential Signing Statements When Interpreting Federal Statutes," *Catholic University Law Review*, 46(2).
Carter, Stephen L., 1984, "The Constitutionality of the War Powers Resolution," *Faculty

Scholarship Series, Paper 2225.

Cass, Ronald A. & Peter L. Straussy, 2007, "The Presidential Signing Statements Controversy," *William & Mary Bill of Rights Journal*, 16(1).

Cohodas, Nadine, 1986, "Reagan Immigration Comments Stir Controversy," *CQ Weekly*, November 29.

Conley, Richard S., 2003, "George Bush and the 102d Congress: The Impact of Public and 'Private' Veto Threats on Policy Outcomes," *Presidential Studies Quarterly*, 33(4).

——, 2011, "The Harbinger of the Unitary Executive? An Analysis of Presidential Signing Statements from Truman to Carter," *Presidential Studies Quarterly*, 41(3).

Cooney, John F., 2007, "Signing Statements: A Practical Analysis of the ABA Task Force Report," *Administrative Law Review*, 59.

Cooper, Phillip J., 2001, "Presidential Memoranda and Executive Orders: Of Patchwork Quilts, Trump Cards, and Shell Games," *Presidential Studies Quarterly*, 31(1).

——, 2002, *By Order of the President: The Use and Abuse of Executive Direct Action*, University Press of Kansas.

——, 2005, "George W. Bush, Edgar Allan Poe, and the Use and Abuse of Presidential Signing Statements," *Presidential Studies Quarterly*, 35(3).

——, 2007, "Signing Statements as Declaratory Judgments: The President as Judge," *William & Mary Bill of Rights Journal*, 16(1).

Corwin, Edward S., 1957, *The President: Office and Powers, 1787-1957 – History and Analysis of Practice and Opinion*, New York University Press.

Craig, Barbara H., 1983, *The Legislative Veto: Constitutional Control of Regulation*, Westview Press.

——, 1990, *Chadha: The Story of an Epic Constitutional Struggle*, University of California Press.

Crenson, Matthew A. & Benjamin Ginsberg, 2007, *Presidential Power: Unchecked and Unbalanced*, Norton.

Cunningham, Sean B., 1997, "Is Originalism 'Political'?" *Texas Review of Law & Politics*, 1(1).

Dessayer, Kathryn M., 1990, "The First Word: The President's Place in 'Legislative History'," *Michigan Law Review*, 89(2).

Devins, Neal, 2007, "Signing Statements and Divided Government," *William & Mary Bill of Rights Journal*, 16(1).

Edwards, George C., 1989, *At the Margins: Presidential Leadership of Congress*, Yale University Press.

——, 2003, *On Deaf Ears: The Limits of the Bully Pulpit*, Yale University Press.

Edwards, George C. & Stephen J. Wayne, 1983, *Studying the Presidency*, University of Tennessee Press.

Edwards, George C., John H. Kesse & Bert A. Rockman eds., 1993, *Researching the*

Presidency: Vital Questions, New Approaches, University of Pittsburgh Press.

Eisner, Oren, 2001, "Extending Chevron Deference to Presidential Interpretations of Ambiguities in Foreign Affairs and National Security Statutes Delegating Lawmaking Power to the President," *Cornell Law Review*, 86.

Epstein, David & Sharyn O'Halloran, 1999, *Delegating Powers: A Transaction Cost Politics Approach to Policy Making under Separate Powers*, Cambridge University Press.

Eshbaugh-Soha, Matthew, 2006, *The President's Speeches: Beyond 'Going Public'*, Rienner.

Evans, Kevin A., 2009, "Challenging Law: Presidential Signing Statements and the Maintenance of Executive Power," *Congress & the Presidency*, 38(2).

——, 2012, "The Historical Presidency: Looking before Watergate – Foundations in the Development of the Constitutional Challenges within Signing Statements, FDR-Nixon," *Presidential Studies Quarterly*, 42(2).

Fisher, Louis, 1993, "The Legislative Veto: Invalidated, It Survives," *Law A & M Contemporary Problems*, 56(4).

——, 1998, *The Politics of Shared Power: Congress and the Executive*, 4th edition, Texas A&M University Press.

——, 2000, *Congressional Abdication on War and Spending*, Texas A&M University Press.

——, 2004, *Presidential War Power*, 2nd edition, University Press of Kansas.

——, 2005a, "Committee Controls of Agency Decisions," *CRS Report for Congress*, RL33151.

——, 2005b, "Legislative Vetoes after Chadha," *CRS Report for Congress*, RS22132.

——, 2006, "Signing Statements: What to Do?" *Forum*, 4(2).

——, 2007a, *Constitutional Conflicts between Congress and the President*, 5th edition, University Press of Kansas.

——, 2007b, "Invoking Inherent Powers: A Primer," *Presidential Studies Quarterly*, 37(1).

——, 2007c, "Signing Statements: Constitutional and Practical Limits," *William & Mary Bill of Rights Journal*, 16.

——, 2010, "Presidential Power in Historical Perspective: Reflections on Calabresi and Yoo's *The Unitary Executive* – The Unitary Executive and Inherent Executive Power," *Journal of Constitutional Law*, 12.

——, 2011, "John Yoo and the Republic," *Presidential Studies Quarterly*, 41(1).

——, 2012, "Obama's Objections to Committee Veto Misguided," *Roll Call*, January 19.

Fried, Charles, 1991, *Order and Law: Arguing the Reagan Revolution: A Firsthand Account*, Simon & Schuster.

Friedman, Dan, 2009, "Obama Follows Suit on Signing Statements," *National Journal*, March 28.

Friedman, Jason, 2008, "Jimmy Carter and the Legislative Veto: Fighting Federal Comity Encroachment," Paper presented at the annual meeting of the Midwest Political Science Association, Chicago.

Garber, Marc N. & Kurt A. Wimmer, 1987, "Presidential Signing Statements as Interpretations of Legislative Intent: An Executive Aggrandizement of Power," *Harvard Journal on Legislation*, 24(2).

Garvey, Todd, 2012, "Presidential Signing Statements: Constitutional and Institutional Implications," *CRS Report for Congress*, RL33667.

Gellman, Barton, 2008, *Angler: The Cheney Vice Presidency*, Penguin Press.

Gerhardt, Michael J., 2010, "Constitutional Construction and Departmentalism: A Case Study of the Demise of the Whig Presidnecy," *University of Pennsylvania Journal of Constitutional Law*, 12(2).

Gilman, Michele E., 2007, "Litigating Presidential Signing Statements," *William & Mary Bill of Rights Journal*, 16(1).

Goebel, Julius, 1954, "'Ex Parte' Clio," *Columbia Law Review*, 54(3).

Goldsmith, Jack, 2009, *The Terror Presidency: Law and Judgment inside the Bush Administration*, W. W. Norton & Company.

———, 2012, *Power and Constraint: The Accountable Presidency after 9/11*, W. W. Norton & Company.

Greene, Jamal, 2009a, "On the Origins of Originalism," *Texas Law Review*, 88.

———, 2009b, "Selling Originalism," *Georgetown Law Journal*, 97.

Greene, Jamal, Nathaniel Persily & Stephen Ansolabehere, 2011, "Profiling Originalism," *Columbia Law Review*, 111.

Greenstein, Fred I., 2003, *The George W. Bush Presidency: An Early Assessment*, Johns Hopkins University Press.

———, 2009, "The Leadership Style of Barack Obama: An Early Assessment," *Forum*, 7(1).

Gregg, Gary L. & Mark J. Rozell, 2004, *Considering the Bush Presidency*, Oxford University Press.

Gressman, E., 1989, "Separation of Powers: The Third Circuit Dimension," *Seton Hall Law Review*, 19.

Gussis, Chrysanthe, 1996, "The Constitution, the White House, and the Military HIV Ban: A New Threshold for Presidential Non-Defense of Statutes," *University of Michigan Journal of Law Reform*, 30(2 & 3).

Hacker, Jacob S., 2002, *The Divided Welfare State: The Battle over Public and Private Social Benefits in the United States*, Cambridge University Press.

Halstead, T. J., 2007, "Presidential Signing Statements: Constitutional and Institutional Implications," *CRS Report for Congress*, RL33667.

———, 2008, "Presidential Signing Statements: Executive Aggrandizement, Judicial Ambivalence and Congressional Vituperation," *Government Information Quarterly*, 25.

Hargrove, Erwin C., 2001, "Presidential Power and Political Science," *Presidential Studies Quarterly*, 31(2).

Harner, Timothy R., 1982, "Presidential Power to Impound Appropriations for Defense and Foreign Relations," *Harvard Journal of Law & Public Policy*, 5.

Herz, Michael, 1993, "Imposing Unified Executive Branch Statutory Interpretation," *Cardozo Law Review*, 15.

Hollis-Brusky, Amanda, 2013, "'It's the Network': The Federalist Society as a Supplier of Intellectual Capital for the Supreme Court," *Studies in Law, Politics and Society*, 61.

Howell, William G., 2003, *Power without Persuasion: The Politics of Direct Presidential Action*, Princeton University Press.

——, 2005, "Unilateral Powers: A Brief Overview," *Presidential Studies Quarterly*, 35(3).

Howell, William G. & David M. Brent, 2013, *Thinking about the Presidnecy: The Primacy of Power*, Princeton University Press.

Howell, William G., Scott Adler, Charles M. Cameron & Charles Riemann, 2000, "Divided Government and the Legislative Productivity of Congress, 1945-94," *Legislative Studies Quarterly*, 25(2).

Jenson, David C., 2007, "From Deference to Restraint: Using the Chevron Framework to Evaluate Presidential Signing Statements," *Minnesota Law Review*, 91(6).

Johnsen, Dawn E., 2000, "Presidential Non-Enforcement of Constitutionally Objectionable Statutes," *Law & Contemporary Problems*, 63 (1 & 2).

——, 2004, "Functional Departmentalism and Nonjudicial Interpretation: Who Determines Constitutional Meaning?" *Law & Contemporary Problems*, 67.

——, 2007, "Lessons from the Right: Progressive Constitutionalism for the Twenty-First Century," *Harvard Law & Policy Review*, 1.

——, 2008, "What's a President to Do? Interpreting the Constitution in the Wake of Bush Administration Abuses," *Boston University Law Review*, 88(2).

Jones, Charles O., 2007, *The American Presidency: A Very Short Introduction*, Oxford University Press.

Kaiser, Frederick M., 1984, "Congressional Control of Executive Actions in the Afrtermath of the Chadha Decision," *Administrative Law Review*, 239.

Katel, Peter & Kenneth Jost, 2006, "Treatment of Detainees," *CQ Researcher*, 16.

Kay, Richard S., 1988, "Adherence to the Original Intentions in Constitutional Adjudication: Three Objections and Responses," *Northwestern University Law Review*, 82(2).

——, 1996, "Originalist Values and Constitutional Interpretation," *Harvard Journal of Law & Public Policy*, 19(2).

Kelley, Christopher S., 2002, "'Faithfully Executing' and 'Taking Care'? The Unitary Executive and the Presidential Signing Statement," Paper presented at the annual meeting of the American Political Science Association, Boston.

——, 2003, "The Unitary Executive and the Presidential Signing Statement," Ph.D. dissertation, Miami University.

——, 2007a, "Contextualizing the Signing Statement," *Presidential Studies Quarterly*, 37(4).

——, 2007b, "A Matter of Direction: The Reagan Administration, the Signing Statement, and Legislative History," *William & Mary Bill of Rights Journal*, 16(1).

—— ed., 2006, *Executing the Constitution: Putting the President Back into the Constitution*, State University of New York Press.

Kelley, Christopher S. & Bryan W. Marshall, 2008, "The Last Word: Presidential Power and the Role of Signing Statements," *Presidential Studies Quarterly*, 38(2).

——, 2009, "Assessing Presidential Power: Signing Statements and Veto Threats as Coordinated Strategies," *American Politics Research*, 37(3).

——, 2010, "Going It Alone: The Politics of Signing Statements from Reagan to Bush II," *Social Science Quarterly*, 91(1).

Kepplinger, Gary L., 2007, "Presidential Signing Statement Accompanying the Fiscal Year 2006 Appropriations Acts," *GAO Comptroller General Decision*, B-308603.

Kernell, Samuel, 1997, *Going Public: New Strategies of Presidential Leadership*, 3rd edition, CQ Press.

Key, Jr., V. O., 1955, "A Theory of Critical Election," *Journal of Politics*, 17.

Killenbeck, Mark R., 1995, "Matter of Mere Approval? The Role of the President in the Creation of Legislative History," *Arkansas Law Review*, 48.

Killian, Johnny, 1996, *The Constitution of the United States of America: Analysis and Interpretation*, U.S. Government Printing Office.

King, Anthony, 1975, "Executives," in Fred I. Greenstein & Nelson W. Polsby eds., *Handbook of Political Science, Vol. 5: Governmental Institutions and Processes*, Addison-Wesley.

King, Gary, Michael Tomz & Jason Wittenberg, 2000, "Making the Most of Statistical Analyses: Improving Interpretation and Presentation," *American Journal of Political Science*, 44(2).

Kinkopf, Neil, 2000, "Executive Privilege: The Clinton Administration in the Courts," *William & Mary Bill of Rights Journal*, 8.

——, 2007a, "Inherent Presidential Power and Constitutional Structure," *Presidential Studies Quarterly*, 37(1).

——, 2007b, "Signing Statements and Statutory Interpretation in the Bush Administration," *William & Mary Bill of Rights Journal*, 16.

Kinkopf, Neil & Peter M. Shane, 2009, "Signed under Protest: A Database of Presidential Signing Statements, 2001-2009," *Ohio State Public Law Working Paper*, 118.

Kmiec, Douglas W., 1987, "Judges Should Pay Attention to Statements by the President," *National Law Journal*, November.

——, 1992, *The Attorney General's Lawyer: Inside the Meese Justice Department*, Praeger.

——, 1993, "OLC's Opinion Writing Function: The Legal Adhesive for a Unitary Executive,"

Cardozo Law Review, 15.
Knapp, Kristen G., 2008, "Resolving the Presidential Signing Statement Controversy: New York State as a Separation of Powers Laboratory," *Cardozo Public Law, Policy, and Ethics Journal*, 6(3).
Korzi, Michael J., 2011, "'A Legitimate Function': Reconsidering Presidential Signing Statements," *Congress & the Presidency*, 38(2).
Krehbiel, Keith, 1998, *Pivotal Politics: A Theory of U.S. Lawmaking*, University of Chicago Press.
Krent, Harold J., 2007, "Fee Shifting as a Congressional Response to Adventurous Presidential Signing Statements," *William & Mary Bill of Rights Journal*, 16.
――, 2008, "From a Unitary to a Unilateral Presidency," *Boston University Law Review*, 88.
Krutz, Glen S. & Jeffrey S. Peake, 2009, *Treaty Politics and the Rise of Executive Agreements: International Commitments in a System of Shared Powers*, University of Michigan Press.
Leddy, Nicholas J., 2007, "Determining Due Deference: Examining When Courts Should Defer to Agency Use of Presidential Signing Statements," *Administrative Law Review*, 59(4).
Lee, Malinda, 2008, "Reorienting the Debate on Presidential Signing Statements: The Need for Transparency in the President's Constitutional Objections, Reservations, and Assertions of Power," *UCLA Law Review*, 55.
Lowi, Theodore J., 1985, *The Personal President: Power Invested, Promise Unfulfilled*, Cornell University Press.
Lund, Nelson, 1993, "Rational Choice at the Office of Legal Counsel," *Cardozo Law Review*, 15.
――, 1995, "Lawyers and the Defense of the Presidency," *Brigham Young University Law Review*, 17.
――, 1998, "The President as Client and the Ethics of the President's Lawyers," *Law & Contemporary Problems*, 61(2).
――, 2007, "Presidential Signing Statements in Perspective," *William & Mary Bill of Rights Journal*, 16(1).
Mahoney, James & Kathleen Thelen eds., 2009, *Explaining Institutional Change: Ambiguity, Agency, and Power*, Cambridge University Press.
May, Christopher N., 1994, "Presidential Defiance of Unconstitutional Laws: Reviving the Royal Prerogative," *Hastings Constitutional Law Quarterly*, 21.
――, 1998, *Presidential Defiance of "Unconstitutional" Laws*, Greenwood Press.
Mayer, Kenneth R., 2001, *With the Stroke of a Pen: Executive Orders and Presidential Power*, Princeton University Press.
Mayhew, David R., 1991, *Divided We Govern: Party Control, Lawmaking, and*

Investigations, 1946-1990, Yale University Press.
McDonald, Forrest, 1995, *The American Presidency: An Intellectual History*, University Press of Kansas.
McManus, Ryan, 2007, "Sitting in Congress and Standing in Court: How Presidential Signing Statements Open the Door to Legislator Lawsuits," *Boston College Law Review*, 48.
McMurtry, Virginia A., 2010, "Item Veto and Expanded Impoundment Proposals: History and Current Status," *CRS Report for Congress*, RL33635.
Meese, Edwin, 1992, *With Reagan: The Inside Story*, Regnery Gateway.
―, 2000, "Reagan's Legal Revolutionary," *Green Bag: An Entertaining Journal of Law*, 3.
―, 2007a, "The Law of the Constitution," in Steven G. Calabresi ed., *Originalism: A Quarter-Century of Debate*, Regnery Press.
―, 2007b, "Speech before the American Bar Association," in Steven G. Calabresi ed., *Originalism: A Quarter-Century of Debate*, Regnery Press.
Miller, Arthur S., 1987, "President and Faithful Execution of the Laws," *Vanderbilt Law Review*, 40.
Moe, Terry M., 1985, "The Politicized Presidency," in John E. Chubb & Paul E. Peterson eds., *The New Direction in American Politics*, Brookings Institution Press.
Moe, Terry M. & William G. Howell, 1999a, "The Presidential Power of Unilateral Action," *Journal of Law, Economics and Organizations*, 15(1).
―, 1999b, "Unilateral Action and Presidential Power: A Theory," *Presidential Studies Quarterly*, 29(4).
Moss, Randolph D., 2000, "Executive Branch Legal Interpretation: A Perspective from the Office of Legal Counsel," *Administrative Law Review*, 52.
Nathan, Richard P., 1983, *The Administrative Presidency*, John Wiley & Sons.
Neustadt, Richard E., 1960, *Presidential Power: The Politics of Leadership*, Wiley.
―, 1990, *Presidential Power and the Modern Presidents: The Politics of Leadership from Roosevelt to Reagan*, Free Press.
O'Neill, Johnathan G., 2005, *Originalism in American Law and Politics: A Constitutional History*, Johns Hopkins University Press.
Orren, Karen & Stephen Skowronek, 2004, *The Search for American Political Development*, Cambridge University Press.
Peterson, Mark A., 1990, *Legislating Together: The White House and Capitol Hill from Eisenhower to Reagan*, Harvard University Press.
Pfiffner, James P., 1979, *President, the Budget and Congress: Impoundment and the 1974 Budget Act*, Westview Press.
―, 2005, *The Modern Presidency*, 4th edition, Thomson Wadsworth.
―, 2008, *Power Play: The Bush Presidency and the Constitution*, Brookings Institution

Press.

―, 2009, "Presidential Signing Statements and Their Implications for Public Administration," *Public Administration Review*, 69(2).

―, 2010, *Torture as Public Policy: Restoring U.S. Credibility on the World Stage*, Paradigm Publishers.

Pierson, Paul, 1994, *Dismantling the Welfare State?* Cambridge University Press.

―, 2000, "Increasing Returns, Path Dependence, and the Study of Politics," *American Political Science Review*, 94(2).

―, 2004, *Politics in Time: History, Institutions, and Social Analysis*, Princeton University Press［ポール・ピアソン，粕谷祐子監訳，2010，『ポリティクス・イン・タイム：歴史・制度・社会分析』勁草書房］.

Poling, Susan A., 2009, "Impoundment Control Act: Use and Impact of Rescission Procedures," *GAO Report*, GAO-10-320T.

Popkin, William D., 1991, "Judicial Use of Presidential Legislative History: A Critique," *Indiana Law Journal*, 66.

Post, Robert & Reva B. Siegel, 2006, "Originalism as a Political Practice: The Right's Living Constitution," *Fordham Law Review*, 75.

Prakash, Saikrishna B., 1993, "Hail to the Chief Administrator: The Framers and the President's Administrative Powers," *Yale Law Journal*, 102(4).

―, 2003, "The Essential Meaning of Executive Power," *University of Illinois Law Review*, 2003(3).

―, 2008, "Imperial and Imperiled: The Curious State of the Executive," *William & Mary Bill of Rights Journal*, 50.

Pyle, Christopher H., 2009, *Getting Away with Torture: Secret Government, War Crimes, and the Rule of Law*, Potomac Books.

Rabkin, Jeremy, 1993, "At the President's Side: The Role of the White House Counsel in Constitutional Policy," *Law & Contemporary Problems*, 56(4).

Reinstein, Robert J., 2009, "The Limits of Executive Power," *American University Law Review*, 59.

Relyea, Harold, 2001, "National Emergency Powers," *CRS Report for Congress*, 98-505 GOV.

Rice, Laurie L., 2010, "Statements of Power: Presidential Use of Statements of Administration Policy and Signing Statements in the Legislative Process," *Presidential Studies Quarterly*, 40(4).

Rossum, Ralph A., 2005, "Benchmark and the Informed Public," Paper presented at the annual meeting of the American Political Science Association, Washington, D.C.

Rozell, Mark J., 1998, "Executive Privilege and the Modern Presidents: In Nixon's Shadow," *Minnesota Law Review*, 83.

Rudalevige, Andrew, 2005, *The New Imperial Presidency: Renewing Presidential Power after Watergate*, University of Michigan Press.

———, 2006a, "The Contemporary Presidency: The Decline and Resurgence and Decline (and Resurgence?) of Congress: Charting a New Imperial Presidency," *Presidential Studies Quarterly*, 36(3).

———, 2006b, "The Plot That Thickened: Inheriting the Administrative Presidency," Paper presented at the annual meeting of the American Political Science Association, Philadelphia.

Savage, Charlie, 2007a, "The Last Word? The Constitutional Implications of Presidential Signing Statements," *William & Mary Bill of Rights Journal*, 16(1).

———, 2007b, *Takeover: The Return of the Imperial Presidency and the Subversion of American Democracy*, Back Bay Books.

Scalia, Antonin, 1989a, "Judicial Deference to Administrative Interpretations of Law," *Duke Law Journal*, 1989(3).

———, 1989b, "Originalism: The Lesser Evil," *University of Cincinnati Law Review*, 57.

———, 1997, *A Matter of Interpretation: Federal Courts and the Law*, Princeton University Press.

Schlesinger, Arthur M., 2004, *The Imperial Presidency*, Houghton Mifflin.

Shane, Peter M., 2007, "Presidential Signing Statements and the Rule of Law as an 'Unstructured Institution'," *William & Mary Bill of Rights Journal*, 16.

———, 2009, *Madison's Nightmare: How Executive Power Threatens American Democracy*, University of Chicago Press.

Silverstein, Gordon, 2009, "Bush, Cheney, and the Separation of Powers: A Lasting Legal Legacy?" *Presidential Studies Quarterly*, 39(4).

Skowronek, Stephen, 1982, *Building A New American State: The Expansion of National Administrative Capacities, 1877-1920*, Cambridge University Press.

———, 2009a, "The Conservative Insurgency and Presidential Power: A Developmental Perspective on the Unitary Executive," *Harvard Law Review*, 122.

———, 2009b, "Mission Accomplished," *Presidential Studies Quarterly*, 39(4).

———, 2011, *Presidential Leadership in Political Time: Reprise and Reappraisal*, 2nd edition, University Press of Kansas.

Smith, William French, 1991, *Law and Justice in the Reagan Administration: The Memoirs of an Attorney General*, Hoover Institution Press.

Sollenberger, Mitchel A. & Mark J. Rozell, 2011, "Prerogative Power and Executive Branch Czars: President Obama's Signing Statement," *Presidential Studies Quarterly*, 41(4).

Southworth, Ann, 2008, *Lawyers of the Right: Professionalizing the Conservative Coalition*, University of Chicago Press.

Stepnowsky, Paul T., 2010, "Deference to Presidential Signing Statements in Administrative Law," *George Washington Law Review*, 78.

Sundquist, James L., 1981, *The Decline and Resurgence of Congress*, Brookings Institution Press.

Sunstein, Cass R., 1993, "The Myth of the Unitary Executive," *American University Administrative Law Journal*, 7.

Sunstein, Cass R. & Lawrence Lessig, 1994, "The President and the Administration," *Columbia Law Review*, 94.

Teles, Steven M., 2008, *The Rise of the Conservative Legal Movement: The Battle for Control of the Law*, Princeton University Press.

―, 2009, "Transformative Bureaucracy: Reagan's Lawyers and the Dynamics of Political Investment," *Studies in American Political Development*, 23(1).

Thelen, Kathleen, 2003, "How Institutions Evolve: Insights from Comparative Historical Analysis," in James Mahoney & Dietrich Rueschemeyer eds., *Comparative Historical Analysis in the Social Sciences*, Cambridge University Press.

Thompson, Chad, 2007, "Presidential Signing Statements: The Big Impact of a Little Known Presidential Tool," *University of Toledo Law Review*, 39.

Tiefer, Charles, 1994, *The Semi-Sovereign Presidency: The Bush Administration's Strategy for Governing without Congress*, Westview Press.

―, 1998, "The Senate and House Counsel Offices: Dilemmas of Representing in Court the Institutional Congressional Client," *Law & Contemporary Problems*, 61(2).

Tulis, Jeffrey, 1987, *The Rhetorical Presidency*, Princeton University Press.

Tyler, David W., 2008, "Clarifying Departmentalism: How the Framers' Vision of Judicial and Presidential Review Makes the Case for Deductive Judicial Supremacy," *William & Mary Bill of Rights Journal*, 50.

Waites, Brad, 1986, "Let Me Tell You What You Mean: An Analysis of Presidential Signing Statements," *Georgia Law Review*, 21.

Waterman, Richard W., 2009, "The Administrative Presidency, Unilateral Power, and the Unitary Executive Theory," *Presidential Studies Quarterly*, 39(1).

Whitford, Andrew B., 2012, "Signing Statements as Bargaining Outcomes: Evidence from the Administration of George W. Bush," *Presidential Studies Quarterly*, 42(2).

Whittington, Keith E., 1999, *Constitutional Interpretation: Textual Meaning, Original Intent, and Judicial Review*, University Press of Kansas.

―, 2000, "Dworkin's 'Originalism': The Role of Intentions in Constitutional Interpretation," *Review of Politics*, 62(2).

―, 2001, *Constitutional Construction: Divided Powers and Constitutional Meaning*, Harvard University Press.

―, 2002, "Extrajudicial Constitutional Interpretation: Three Objections and Responses," *North Carolina Law Review*, 80.

―, 2004, "The New Originalism," *Georgetown Journal of Law & Public Policy*, 2.

—, 2007, *Political Foundations of Judicial Supremacy: The Presidency, the Supreme Court, and Constitutional Leadership in U.S. History*, Princeton University Press.

Wildavsky, Aaron, 1998, "The Two Presidencies," *Society*, 35(2).

Wright, R. George, 2007, "Originalism and the Problem of Fundamental Fairness," *Marquette Law Review*, 91.

浅香吉幹, 1999, 『現代アメリカの司法』東京大学出版会.

阿部斉, 1984, 『アメリカ大統領』第2版, 三省堂.

飯沼健真, 1988, 『アメリカ合衆国大統領』講談社.

五十嵐武士, 1984, 『アメリカの建国：その栄光と試練』東京大学出版会.

—, 1991, 「アメリカ型『国家』の形成：その予備的な考察」『年報政治学』1990.

—, 1992, 『政策革新の政治学：レーガン政権下のアメリカ政治』東京大学出版会.

五十嵐武士・久保文明編, 2009, 『アメリカ現代政治の構図：イデオロギー対立とそのゆくえ』東京大学出版会.

石川敬史, 2008, 『アメリカ連邦政府の思想的基礎：ジョン・アダムズの中央政府論』渓水社.

石川葉菜, 2014, 「アメリカにおける福祉縮減のメカニズム：96年福祉改革へと至るウェイバー条項の制度変容を中心に」『年報政治学』2013-II.

猪俣弘貴, 1984, 「行政特権について：アメリカ連邦議会調査との関係を中心として」『商学討究』34(4).

宇賀克也, 2000, 『アメリカ行政法』第2版, 弘文堂.

—, 2004, 『情報公開法：アメリカの制度と運用』日本評論社.

宇佐美滋, 1988, 『アメリカ大統領：最高権力をつかんだ男たち』講談社.

梅川健, 2009, 「過去の政権移行はどのように行われたか」久保文明編『オバマ大統領を支える高官たち：政治任用と政権移行の研究』日本評論社.

—, 2011, 「レーガン政権における大統領権力の拡大：保守的法律家の憲法解釈と署名見解の制度化」『年報政治学』2011-I.

—, 2014, 「現代アメリカにおける司法の保守化とフェデラリスト協会による保守的法曹の組織化」『アメリカ法』2014-I.

大林啓吾, 2008, 「ディパートメンタリズムと司法優越主義：憲法解釈の最終的権威をめぐって」『帝京法学』25(2).

岡田悟, 2010, 「米国商品先物取引委員会（CFTC）：組織, 権限, 証券規制との関係」『レファレンス』12月号.

岡山裕, 2009, 「イデオロギー政治の変容と連邦司法人事：共和党政権の人事戦略の『転換』を中心に」五十嵐武士・久保文明編『アメリカ現代政治の構図：イデオロギー対立とそのゆくえ』東京大学出版会.

鹿毛利枝子, 2008, 「アメリカ大統領研究の現状」伊藤光利編『政治的エグゼキュティヴの研究』早稲田大学出版部.

久保文明, 1997, 『現代アメリカ政治と公共利益：環境保護をめぐる政治過程』東京大学出版会.

──編, 2003,『G. W. ブッシュ政権とアメリカの保守勢力：共和党の分析』日本国際問題研究所.
──編, 2005,『米国民主党：2008 年政権奪回への課題』日本国際問題研究所.
──編, 2007,『アメリカ外交の諸潮流：リベラルから保守まで』日本国際問題研究所.
──編, 2011,『アメリカ政治を支えるもの：政治的インフラストラクチャーの研究』日本国際問題研究所.
──編, 2013,『アメリカの政治』新版, 弘文堂.
齋藤憲司, 2008,「政治倫理をめぐる各国の動向：アメリカ，英国及びカナダの改革」『レファレンス』9 月号.
斎藤眞, 1975,「アメリカ大統領制成立の史的背景」『国際問題』185.
──, 1988,「歴史的に見た大統領：その地位と役割の変遷」『歴史読本特別増刊「アメリカ合衆国大統領」』新人物往来社.
──, 1992,『アメリカ革命史研究：自由と統合』東京大学出版会.
──, 1994,「アメリカ大統領職の変質：素描──組織化と個人化」『社会科学ジャーナル』32.
──, 1995a,『アメリカとは何か』平凡社.
──, 1995b,「ポストモダンの大統領の登場？」斎藤眞・大西直樹編『今，アメリカは』南雲堂.
──, 1995c,「権力分立制の下の大統領職」五十嵐武士・古矢旬・松本礼二編『アメリカの社会と政治』有斐閣.
砂田一郎, 2004,『アメリカ大統領の権力：変質するリーダーシップ』中央公論新社.
武田興欣, 2013,「議会」久保文明編『アメリカの政治』新版, 弘文堂.
田中英夫, 1968,『アメリカ法の歴史』上，東京大学出版会.
──, 1973,『英米の司法：裁判所・法律家』東京大学出版会.
──編, 1991,『英米法辞典』東京大学出版会.
田中祥貴, 2012,『委任立法と議会』日本評論社.
中窪裕也, 2010,『アメリカ労働法』第 2 版, 弘文堂.
中野勝郎, 1993,『アメリカ連邦体制の確立：ハミルトンと共和政』東京大学出版会.
中山俊宏, 2003,「米国におけるインテリジェンス活動の法的基盤：行政特権と国家安全保障令を中心に」『米国の情報体制と市民社会に関する調査』平成 14 年度外務省委託研究報告書.
新田紀子, 2003,「インテリジェンス活動に対する監査（oversight）制度」『米国の情報体制と市民社会に関する調査』平成 14 年度外務省委託研究報告書.
野坂泰司, 1989a,「憲法解釈における原意主義」（上）『ジュリスト』926.
──, 1989b,「憲法解釈における原意主義」（下）『ジュリスト』927.
ハミルトン，アレクサンダー，ジョン・ジェイ，ジェイムズ・マディソン，斎藤眞・中野勝郎訳, 1999,『ザ・フェデラリスト』岩波書店.
廣瀬淳子, 2009,「大統領記録の公開：大統領記録法とオバマ政権の大統領記録に関する大

統領令」『外国の立法』240.
――, 2010,「オバマ政権の大統領行政府とホワイトハウスの機構：アメリカにおける行政機関の再編」『外国の立法』246.
古矢旬, 2002,『アメリカニズム：「普遍国家」のナショナリズム』東京大学出版会.
正木宏長, 2007,「行政法と官僚制」(4)『立命館法学』312.
益田直子, 2010,『アメリカ行政活動検査院：統治機構における評価機能の誕生』木鐸社.
松井茂記, 1991,『司法審査と民主主義』有斐閣.
――, 2008,『アメリカ憲法入門』第6版, 有斐閣.
横大道聡, 2008,「大統領の憲法解釈：アメリカ合衆国における Signing Statements を巡る論争を中心に」『鹿児島大学教育学部研究紀要　人文・社会科学編』59.
渡瀬義男, 2005,「米国会計検査院（GAO）の80年」『レファレンス』6月号.
――, 2008,「米国議会予算局（CBO）の足跡と課題」『レファレンス』6月号.

あとがき

　本書は，2013年3月に東京大学大学院法学政治学研究科に提出した博士学位請求論文「アメリカ大統領による署名見解と三権分立制の動揺：カーターからオバマまで」を，大幅に加筆修正したものである．第4章については，『年報政治学』2011-Ⅰに投稿した「レーガン政権における大統領権力の拡大：保守的法律家の憲法解釈と署名見解の制度化」を修正したものである．転載を許可して下さった木鐸社に感謝申し上げる．出版にあたっては，アメリカ研究振興会のアメリカ研究図書出版助成を受けた．また，審査員の方々は助成の審査にあたり，非常に丁寧なコメントを下さった．この場を借りて御礼申し上げる．

　本書の刊行に向けた準備の過程でも，様々な財政的支援をいただいた．日本学術振興会からは，科学研究費補助金（研究活動スタート支援，課題番号24830022；若手研究(B)，課題番号26780089）の交付を受けた．また，鹿島平和研究所からの研究助成も貴重な支援であった．これらの寛大な援助に心より感謝している．

　本書では，現代のアメリカにおける三権分立制の変容を，大統領の署名時声明に着目することで描き出した．大統領は政権内部の法律家に頼り，制定法の一部について違憲無効を宣言するという憲法上認められていない行為を正当化するようになった．この背景には，大統領に対する人々の期待が大統領の権限を大きく超えていることと，大統領の権限拡大を厳しく監視していた議会との協調が困難になっていることがあった．大統領は，そのような困難な状況に対応するために，署名時声明を用いるようになったのである．

　筆者がこのようなテーマに取り組んだ理由は，筆者の問題関心が，民主主義という政治体制において，人々から支持を調達し，力強い政府を形成することと，多数者の専政を防ぐということを，どのようにすれば同時に実現できるのかという点にあるためである．

あとがき

　署名時声明についての研究は，多くの先生方のご指導と，学友との議論によって，少しずつ前進してきた．多くの方々にお世話にならなければ，筆者の研究が結実することはなかった．ここではお世話になった方々への御礼を申し上げたい．

　まず御礼を申し上げなければならないのは，久保文明先生である．先生には，東京大学法学部のゼミに始まり，大学院修士課程から博士課程にかけてご指導を賜った．この期間，久保先生は，なかなか研究成果のあがらない筆者を暖かく見守って下さった．新しい研究テーマを思いついては研究室に相談に伺う筆者に，先生は根気よく付き合って下さった．先生はいつも，アメリカ政治に対する卓抜した知見から，筆者が持ち込んだテーマについて鋭くコメントしてくださると同時に，どのようにすれば重要な研究になりうるかについてご助言を下さった．筆者があきらめずに研究を続けることができたのは，先生の暖かい励ましがあったからこそである．

　筆者が署名時声明を博士論文のテーマとして定めた後にも，研究の進め方に悩む度に，先生からいくつもの重要なご助言をいただいた．留学するよう発破をかけて下さったのも，久保先生であった．帰国後には，博士論文の中間報告の場を設けてくださり，論文審査では副査をお務めいただいた．さらに審査の後には，東京大学出版会にご推薦いただいた．今でも，アメリカ政治について勉強し，研究する機会を頂戴している．久保先生から受けた学恩は書き尽くすことのできないほどのものであるが，今後の研究を通じて少しでも報いたいと考えている．

　学部と大学院では，五十嵐武士先生のゼミにも参加させていただいた．先生はよく，アメリカ人にすれば当然であり，わざわざ問われないような事柄が，比較の視点を持てば重要なテーマになりうるのだとおっしゃっていた．演習後，喫茶店にお誘い下さった際に，はげましの言葉をいただいたことが思い出される．本書を先生にお見せできないのが大変残念である．

　岡山裕先生には，東京大学大学院総合文化研究科と慶應義塾大学で開講されていた演習に参加させていただき，アメリカ政治発展論や大統領研究といった多岐にわたる分野についてご教授いただいた．また，先生からは博士論文についての丁寧なコメントを頂戴した．先生のご指導に心より御礼申し上げる．

あとがき　237

　アメリカ政治研究会では博士論文について報告する機会を頂戴した．研究会では古矢旬先生，中野勝郎先生，前嶋和弘先生，中山俊宏先生，西山隆行先生を始めとして多くの先生方にお世話になっている．ここに御礼申し上げる．

　筆者は 2013 年 9 月に東京大学より博士号を取得した．審査で主査をお務めいただいた樋渡展洋先生，副査をお引き受けいただいた中山洋平先生，浅香吉幹先生にはこの場を借りて，心より御礼申し上げたい．審査の場において，先生方からは鋭い質問と暖かいご助言をいただいた．本書において少しでも対応できていれば幸いである．樋渡先生には，大学院での議会研究の演習への参加をきっかけに，アメリカ留学についてご助言をいただくとともに，博士論文の審査後には，東京大学出版会への推薦の労をとっていただいた．心より感謝申し上げる．

　筆者はこの間，2010 年 9 月から 2012 年 3 月にかけて，イェール大学に留学する機会を得た．留学の前半は，東京大学とイェール大学の留学生交換事業であるフォックス・プログラムのお世話になり，後半は，末延財団に在外研究支援事業奨学生として採用され，イェール大学の比較研究センターに客員研究員の身分を得ることができた．これらのご支援に心より感謝している．

　両プログラムにおいて責任者であったのが，社会学部のジュリア・アダムズ先生であった．先生は筆者の研究環境を整えてくれるとともに，幅広い視点から，研究に対するコメントをしてくれた．政治学部においては，ジェイコブ・ハッカー先生のお世話になった．先生の演習への参加は貴重な経験であった．また，先生の研究室を訪ねて，リサーチの話をするのも大変刺激的であった．暖かく受け入れて下さった先生方に感謝申し上げる．

　留学を終えてから 1 年間，東京大学法学部グローバル・リーダーシップ寄付講座（読売新聞社）に特任助教としてお世話になった．この時期にまとまった時間がとれなければ，博士論文を仕上げることはできなかった．この貴重な機会は北岡伸一先生に与えていただいたものであり，先生には心より御礼申し上げたい．

　筆者はこれまで，同門の先輩方や友人たちに支えられてきた．研究テーマについて，あるいは，書き上がった論文に対して貴重なコメントをいただいた．みなさんの助けがなければ，筆者の研究の進みはもっと遅かったに違いない．

山岸敬和，天野拓，西川賢，菅原和行，清原聖子，宮田智之の先輩方は，いつも丁寧なコメントをくださった．飯田連太郎，小浜祥子，平松彩子，梅川葉菜，松井孝太，新田紀子，杉野綾子の各氏とは，大学院で机を並べ，アメリカ政治についての議論を交わした．夏のゼミ合宿の前に，必死になって研究報告の準備をしていた頃が懐かしく思い出される．

筆者の研究生活は，大学院の先輩や同期の友人たちにも支えられてきた．森聡と佐橋亮の両氏には，筆者が修士課程に進学したばかりの頃からお世話になっている．また，井手弘子，河野有理，作内良平，作内由子，佐藤俊輔，馬場香織，前田健太郎，林載桓の各氏とは，分野を越えて議論をさせていただいた．情熱をもって研究に取り組む友人に囲まれながら大学院生活を送ることができたのは，筆者の幸運である．

筆者は，2013年4月に，首都大学東京都市教養学部法学系に比較政治の担当として着任した．右も左もわからない状態であった筆者を，法学系の先生方は暖かく迎え入れて下さった．なかでも，伊藤正次先生と谷口功一先生には，公私にわたり大変お世話になっている．南大沢と調布で楽しく過ごせているのはお二方のおかげである．

本書の刊行にご尽力いただいたのが，東京大学出版会の奥田修一氏である．奥田氏には，何度も原稿を読んでいただいては，そのたびに，大変丁寧なコメントとご助言を頂いた．奥田氏の支えがなければ，筆者の博士論文は，本という形をとることはなかったように思う．心より御礼申し上げる．

最後に，筆者の研究生活を支えてくれた家族への感謝を述べておきたい．妻であり，同じくアメリカ政治研究者である葉菜は，筆者を常に支えてくれた．研究についての議論には知的な刺激が満ちているとともに，食卓での会話は，日々の糧になっている．感謝の気持ちを全て言葉にすることは難しいので，ありがとうとだけ言いたい．そして，父・正美は研究者の先達として筆者との議論にいつでも付き合ってくれ，母・一江は常に筆者の健康を気遣い，家族を支えてきてくれた．本書を両親に捧げたい．

2015年7月

梅川　健

人名索引

ア 行

アイアコッカ,リー(Iacocca, Lee) 70
アイゼンスタット,ステュアート(Eizenstat, Stuart E.) 57-58
アーヴィン,サム(Ervin, Sam) 49-50
アシュクロフト,ジョン(Ashcroft, John) 178
アーダール,アーレン(Erdahl, Arlen) 80
アッカーマン,ハロルド(Ackerman, Harold) 118
アッカーマン,ブルース(Ackerman, Bruce) 6, 8
アディントン,デイヴィッド(Addington, David) 178, 182, 189, 200
阿部斉 26
アリート,サミュエル(Alito, Samuel) 127, 143-145, 147, 179
ウィルソン,ウッドロウ(Wilson, Woodrow) 6, 24, 129
ウィルソン,ジェイムズ(Wilson, James) 169
ウェルズ,トマス(Wells, Jr., H. Thomas) 191
ウォリソン,ピーター(Wallison, Peter) 147
ウーリー,ジョン(Woolley, John T.) 215
エイブラハム,スペンサー(Abraham, Spencer) 178
エイルバーグ,ジョシュア(Eilberg, Joshua) 92
オグレトリー,チャールズ(Ogletree, Charles) 185-186
オーティス,リー・リーバーマン(Otis, Lee Liberman) 136, 159
オバマ,バラク(Obama, Barack) 2-4, 10, 36, 158, 189-197, 200, 204, 209-212
オパーマン,ドワイト(Opperman, Dwight D.) 142-143
オベイ,デイヴィッド(Obey, David) 112, 194
オルソン,セオドア(Olson, Theodore B.) 99, 101, 178

カ 行

ガイトナー,ティモシー(Geithner, Timothy) 193
ガーヴィ,トッド(Garvey, Todd) 149
カステン,ロバート(Kasten, Robert) 163-164
カーター,ジミー(Carter, Jimmy) 16, 43-44, 47, 56, 58-63, 65, 67-69, 71-72, 74, 80, 84-87, 90, 95, 125-126, 154, 173, 205-206, 210
カトラー,ロイド(Cutler, Lloyd) 85
カーネル,サミュエル(Kernell, Samuel) 40
カラブレシ,スティーヴン(Calabresi, Steven G.) 28-29, 136, 140-144, 147, 158, 181, 207, 213
キー,V. O.(Key, Jr., V. O.) 38
キャメロン,チャールズ(Cameron, Charles M.) 36
キャロル,クリスティ(Carroll, Kristy L.) 29
キルディー,デイル(Kildee, Dale) 80-81
ギングリッチ,ニュート(Gingrich, Newt) 167
クェール,ダン(Quayle, Dan) 158-159
グシス,クリサンセ(Gussis, Chrysanthe) 48
グッドリング,ウィリアム(Goodling, William) 82
クーパー,チャールズ(Cooper, Charles J.) 136
クーパー,フィリップ(Cooper, Phillip J.) 40-41
クメック,ダグラス(Kmiec, Douglas W.) 130, 179, 181
クライブ,ケネス(Cribb, Kenneth) 136, 142, 152-154
グラスリー,チャールズ(Grassley, Charles) 105
クリストル,アーヴィング(Kristol, Irving) 135
クリーブル,キース(Krehbiel, Keith) 36
グリーンスタイン,フレッド(Greenstein, Fred I.) 35
クリントン,ビル(Clinton, Bill) 167, 172-177, 181, 208, 212
グレイ,ボイドン(Gray, C. Boyden) 159-160
クレイグ,バーバラ(Craig, Barbara H.) 54

クレイマー，ケネス (Kramer, Kenneth)　81
クレメント，ポール (Clement, Paul)　178
グレンジャー，ケイ (Granger, Kay)　194
ケイヴ，ジュリー (Cave, Julie)　133
ケインズ-ローン，ブランダイス (Canes-Wrone, Brandice)　37
ケネディ，アンソニー (Kennedy, Anthony)　93
ケネディ，エドワード (Kennedy, Edward)　150
ケリー，クリストファー (Kelley, Christopher S.)　11, 31-32, 38, 125-126, 215, 217
コーウィン，エドワード (Corwin, Edward S.)　34
ゴーベル，ジュリアス (Goebel, Julius)　22
ゴールドウォーター，バリー (Goldwater, Barry)　106

サ 行

サイモン，ポール (Simon, Paul)　79
サヴェッジ，チャーリー (Savage, Charlie)　184, 192, 196
サンスタイン，キャス (Sunstein, Cass R.)　12-13
シヴィリッティ，ベンジャミン (Civiletti, Benjamin)　73-79, 85-86, 89-90, 95, 154, 166, 198, 206-207
ジェファソン，トマス (Jefferson, Thomas)　5, 22
シムズ，ラリー (Simms, Larry L.)　133
シャイナー，マイケル (Synar, Michael)　149
ジャクソン，アンドリュー (Jackson, Andrew)　5, 27-28
シャピロ，ウォルター (Shapiro, Walter)　70
シャーマー，キティ (Schirmer, Kitty)　69
シュナイダーズ，グレッグ (Schneiders, Greg)　70
シュミット，ハリソン (Schmitt, Harrison)　56
シュムルツ，エドワード (Schmults, Edward)　131-133
ジョンソン，リンドン (Johnson, Lyndon B.)　129
シーレン，キャスリーン (Thelen, Kathleen)　13-14
スカリア，アントニン (Scalia, Antonin)　135, 179

スカリア，ユージーン (Scalia, Eugene)　178-179
スコウロネク，スティーヴン (Skowronek, Stephen)　23, 38-39
ストックマン，デイヴィッド (Stockman, David)　96, 100
スピアーズ，ジェイムズ (Spears, James M.)　142
スペクター，アーレン (Specter, Arlen)　185, 187
スミス，ウィリアム (Smith, William F.)　99, 101, 117-118
スミス，ニール (Smith, Neal)　103
スミス，ラリー (Smith, Larry)　93

タ 行

タイラー，ジョン (Tyler, John)　27-28
ダービン，リチャード (Durbin, Richard)　186
ダム，ケネス (Dam, Kenneth W.)　107
タール，ラルフ (Tarr, Ralph)　129, 143, 147-148
チェイニー，ディック (Cheney, Dick)　177, 182
チャダ，ジャグディッシュ・レイ (Chadha, Jagdish Rai)　90-95
デコンシーニ，デニス (DeConcini, Dennis)　104
デムース，クリストファー (DeMuth, Christopher)　105
テュリス，ジェフェリー (Tulis, Jeffrey)　24
デリンジャー，ウォルター (Dellinger, Walter)　167-172, 174, 176, 198, 208
テレス，スティーヴン (Teles, Steven M.)　128, 134-135
トマス，クラレンス (Thomas, Clarence)　179
ドール，ロバート (Dole, Robert)　160, 164, 167, 198
トンプソン，フレッド (Thompson, Fred)　175
トンプソン，ラリー (Thompson, Larry D.)　178

ナ 行

ニクソン，リチャード (Nixon, Richard)　40, 44-50, 56, 63, 65, 84-85, 107, 196
ニュースタット，リチャード・E. (Neustadt, Richard E.)　26, 34-38, 40-41, 57, 204
ニュースタット，リチャード・M. (Neustadt,

Richard M.) 57
ヌスバウム，バーナード(Nussbaum, Bernard) 167
ネイサン，リチャード(Nathan, Richard P.) 39-40
ネーダー，ラルフ(Nader, Ralph)　92
ノートン，ゲイル(Norton, Gale)　178

ハ　行

バー，ウィリアム(Barr, William)　159, 161, 165-166, 198, 207-208
ハウエル，ウィリアム(Howell, William G.) 6-7, 9, 32, 37-38, 40-41
パウエル，ルイス(Powell, Lewis)　95-97
ハウザー，リチャード(Hauser, Richard A.) 99-100, 133
バーガー，ウォレン(Burger, Warren)　94-95
バーガー，ラオウル(Berger, Raoul)　22
パーキンス，カール(Perkins, Carl D.)　78-80
バーク，ジョン(Burke, John P.)　40
ハッチ，オリン(Hatch, Orrin)　134-135
ハッチ，ブレント(Hatch, Brent)　134
ハッチソン，リチャード(Hutcheson, Richard) 68
バーナム，ウォルター(Burnham, Walter D.) 38
ハミルトン，アレクサンダー(Hamilton, Alexander)　23
ハーモン，ジョン(Harmon, John)　58, 74, 79-86
ハンフリー，ヒューバート(Humphrey, Hubert) 49
ピアソン，ポール(Pierson, Paul)　211
ビアッギ，マリオ(Biaggi, Mario)　82
ピーターズ，ゲアハード(Peters, Gerhard) 215
ファインゴールド，ラス(Feingold, Russ)　183
ファローズ，ジェイムズ(Fallows, James) 68-69
フィッシュ，ハミルトン(Fish IV, Hamilton) 103, 119
フィフナー，ジェイムズ(Pfiffner, James P.) 49
フィールディング，フレッド(Fielding, Fred F.) 97-98, 106-107
フーヴァー，ハーバート(Hoover, Herbert) 54
フェイン，ブルース(Fein, Bruce)　185-186
フォード，ウィリアム(Ford, William)　83-84
フォード，ウェンデル(Ford, Wendell)　103
フォード，ジェラルド(Ford, Gerald)　44, 47, 56, 65, 86
ブッシュ，ジョージ・H. W.(Bush, George H. W.)　157, 159-166, 179, 197-198, 208
ブッシュ，ジョージ・W.(Bush, George W.) 2-4, 10, 36, 54, 63, 134, 158, 179-186, 188-193, 196-197, 199-200, 208-210, 212
フュラー，クレイグ(Fuller, Craig L.)　100
ブラウン，ハンク(Brown, Hank)　119
ブラッドリー，カーティス(Bradley, Curtis A.) 30
フランク，バーニー(Frank, Barney)　150-152, 193-194
フリード，チャールズ(Fried, Charles)　142
ブルックス，ジャック(Brooks, Jack)　115-116, 120
フレイ，ジェイムズ(Frey, James M.)　68, 146
フレイザー，ダグラス(Fraser, Douglas)　70
ベイカー，ジェイムズ(Baker III, James A.) 131
ベッグズ，ジェイムズ(Beggs, James)　111
ペトリ，トマス(Petri, Thomas)　84
ベリー，マイケル(Berry, Michael J.)　31-32, 54-55, 63, 109, 215, 217
ベル，グリフィン(Bell, Griffin B.)　59
ベレンソン，ブラッド(Berenson, Brad)　182
ボウシャー，チャールズ(Bowsher, Charles A.) 149
ボーク，ロバート(Bork, Robert H.)　135
ポズナー，エリック(Posner, Eric A.)　30
ボードマン，ミシェル(Boardman, Michelle) 185, 187
ホートン，フランク(Horton, Frank)　119
ホフステッドラー，シャーリー(Hufstedler, Shirley M.)　73, 75, 79, 85-86
ボーレン，デイヴィッド(Boren, David)　105
ホロウィッツ，マイケル(Horowitz, Michael) 96-97, 99, 101
ホワイト，バイロン(White, Byron)　101

マ　行

マーカウスキー，フランク(Murkowski, Frank)

175
マクグラス, ポール (McGrath, J. Paul)　99-100
マクドナルド, フォレスト (McDonald, Forrest)　21
マークマン, スティーヴン (Markman, Stephen J.)　136-137, 152-153
マケイン, ジョン (McCain, John)　1, 182, 189-190
マーシャル, ブライアン (Marshall, Bryan W.)　31, 38, 215, 217
マッキントッシュ, デイヴィッド (McIntosh, David)　136
マディソン, ジェイムズ (Madison, James)　23
マホーニー, ジェイムズ (Mahoney, James)　13-14
ミークス, グレゴリー (Meeks, Gregory)　194
ミース, エドウィン (Meese III, Edwin)　97-98, 100, 119-123, 138-142, 144-147, 153-155, 207
ミラー, ジェイムズ (Miller, James)　112, 146-147
ミラー, ジョージ (Miller, George)　83
メイヒュー, デイヴィッド (Mayhew, David R.)　36
メイヤー, フランク (Meyer, Frank)　134
メイヤー, ユージーン (Meyer, Eugene)　134
モークリー, ジョン (Moakley, John)　103

ヤ 行
ユー, クリストファー (Yoo, Christopher S.)　185, 187

ラ 行
ライス, ロウリー (Rice, Laurie L.)　11, 215
ラドマン, ウォレン (Rudman, Warren)　163-164
ラボルト, ベン (LaBolt, Ben)　195

リー, リチャード・ヘンリー (Lee, Richard Henry)　23
リーガン, ドナルド (Regan, Donald T.)　147
リチャードソン, ビル (Richardson, Bill)　175
リーヒ, パトリック (Leahy, Patrick)　186
リンカーン, エイブラハム (Lincoln, Abraham)　5
ルダルヴィッジ, アンドリュー (Rudalevige, Andrew)　45, 48
ルティッグ, マイケル (Luttig, Michael)　132-133, 159, 163
レヴィタス, エリオット (Levitas, Elliot)　56-58, 79, 81, 102-103
レヴィン, カール (Levin, Carl)　105
レヴィン, ベッツィ (Levin, Betsy)　85
レーガン, ロナルド (Reagan, Ronald)　28, 44, 66, 89-90, 103, 107, 111, 115-116, 121, 123, 125, 129, 131, 148-152, 155, 160, 179, 206
ロウィ, セオドア (Lowi, Theodore J.)　5-6
ローウェイ, ニタ (Lowey, Nita)　194
ローズヴェルト, セオドア (Roosevelt, Theodore)　23-24
ローズヴェルト, フランクリン (Roosevelt, Franklin D.)　5, 24-25, 28, 40, 54, 77, 82
ローソン, ゲアリー (Lawson, Gary)　136
ロット, トレント (Lott, Trent)　105
ロディーノ, ピーター (Rodino, Peter W.)　119-120
ロバーツ, ジョン (Roberts, John G.)　99, 102, 179
ロビンソン, ビル (Robinson, Bill)　197

ワ 行
ワインバーガー, キャスパー (Weinberger, Caspar)　48
ワシントン, ジョージ (Washington, George)　23

事項索引

ア 行

愛国者法　178
アジェンダ　25, 34, 40, 128
アフガニスタン戦争　1, 182
アブグレイブ刑務所　1, 179
アメリカ合衆国憲法　→憲法
アメリカ消費者エネルギー評議会判決　100-101
アメリカ政治発展論　13
アメリカ法律家協会　92-93, 128, 134, 138-139, 184-186, 191, 197
アメリカン・エンタープライズ研究所　135
アメロン社　117-118, 121
委員会拒否権　81, 110-113, 123, 206
生きた憲法　137-138
違憲(性)(判断)(無効)　11, 27-28, 44, 58, 62-64, 73-79, 81-82, 86-87, 89-90, 92, 94-96, 100-104, 106-107, 111-112, 115-119, 121-123, 125, 131, 149, 154-155, 161, 165-173, 175, 177, 181, 184, 187, 191, 198, 206-207, 209, 215
違憲判決　16, 97, 104, 109, 123, 154
一院拒否権　81, 100-101, 105, 108
イデオロギー　7, 38-39, 133, 136, 204, 210
イデオロギー的分極化　7-8, 14-15, 26-28, 33, 37, 42, 127, 157, 204-205, 210-211
移民改善・規制法　148, 150-152, 160
　　　──差別禁止規定　150-152
移民帰化局　→司法省
移民国籍法　90-92, 94-96, 101, 104
移民判事　91-92, 94
移民不平等雇用担当特別検察官室　151
イラク戦争　1, 17, 182
イラン・コントラ事件　162
インフォーマルな権力　34-36
ヴァジニア憲法案　22
ウェイバー条項　4, 9, 204
ウェスト出版　126, 141-142, 154
ヴェトナム戦争　1, 6, 44-45, 47
ウォーターゲート事件　6, 16, 43-48, 54-55, 84-85
運輸省　114
影響力(大統領の)　35-39, 41
エネルギー省　114, 174, 176
　　　──国家核安全保障局　174-176
エネルギー法　69
欧州安全保障協力委員会　164
大きな政府　6-8, 35, 37, 127, 203-204, 206
落ちこぼれゼロ法　3-4, 204
オバマ政権　12, 17, 30, 158, 194, 197, 200, 203, 205, 209, 211-213
オリン財団　135

カ 行

外交権限(大統領の)　161-162, 164, 210
会計検査院　114-116
外国諜報活動監視法　47-48
海洋保護法　61, 63
下院議事運営委員会　103, 105
下院教育・労働委員会　78-79
　　　──初等・中等・実務教育小委員会　78
下院歳出委員会　111-112
　　　──対外援助小委員会　112
下院財政委員会　193
下院司法委員会　92, 103, 190-120
　　　──移民・市民権及び国際法小委員会　92
下院政府運営委員会　114-116, 119-120
下院法務局　48
核不拡散法　102
核兵器開発　174
カーター政権　11-12, 14-16, 28, 42-44, 48, 57, 61-66, 70-71, 76, 82, 85-87, 89-90, 92-93, 98, 102, 105, 113, 116, 122, 126, 130, 155, 157, 166, 171, 177, 198-199, 203, 205, 207-208, 210, 212
『合衆国法律全集』　126, 176
議院内閣制　4
議会拒否権　16, 53-66, 71-75, 79-81, 83-87, 89-111, 113, 117-118, 121-123, 125-126, 129, 131, 133, 154, 157, 171-173, 177, 199, 205-

244　事項索引

206, 208, 210
議会拒否権法案　56
「議会中心の政府」　6
「議会の復権」　16, 44, 53, 84
議会予算及び執行留保統制法　→執行留保統制法
議会予算局　51
「危機に瀕した大統領制」　44
企業債務保証法　70
教育省　72-73, 78-79, 83, 86
教育上訴委員会　72
教育振興法　72-75, 85
教育問題研究所　135
教書　58-63, 71-72, 74, 80, 86
　　特別——　51
行政活動検査院　51, 114
行政管理予算局　25, 39, 48, 51, 66, 68-69, 96-97, 101-102, 105, 112, 117, 132, 144, 146-148, 153, 155, 212
　　——立法審査部　146
　　——立法対策室　98-100
行政管理予算局通達　66, 146
行政協定　9, 25, 203
行政権　12
行政審判　151
行政審判官　151
行政組織　3, 9, 12, 25-26, 29-30, 37, 40, 46-47, 54-56, 59-60, 66, 72-73, 78, 80, 83-86, 91, 98, 104-105, 108-111, 113, 115-117, 123, 125-126, 130, 136, 143-145, 147-148, 151, 154, 157, 168, 173-174, 176, 190, 192, 206
行政組織再編法　25, 54, 86
行政的大統領制　40
行政特権　45-48, 56
行政命令　9, 25-26, 30, 32-33, 37-38, 40, 46, 203
共和党　7, 26, 56, 81-83, 93, 103, 105-106, 119-120, 134-135, 150, 157-158, 160-161, 164, 167, 175, 181-185, 189, 198-200, 204, 206, 208, 211
拒否権　3, 17, 27, 35-36, 50, 59-60, 74, 81, 105, 107, 132, 143, 172, 180-181, 186-188, 191, 199-200
緊急歳出予算法　82
均衡財政・緊急赤字統制法　→グラム・ラドマン法
グアンタナモ(収容所)　1, 179, 188, 209

グラム・ラドマン法(均衡財政・緊急赤字統制法)　148-149
クリントン政権　17, 157-158, 167, 170-172, 174, 176-178, 182, 191, 197-200, 208-209
経済諮問会議　→ホワイトハウス
契約競争法　114-123, 148
経路依存　13
決定的選挙　38
決定的な分岐点　13
ゲーム理論　36
原意主義　137-139, 153
建国期　8, 15, 19-20, 34, 203
建国の父祖　4-5, 20, 22, 24, 104
原子力法　102
譴責決議　119
「現代的大統領制」　26-28, 32-33, 35, 37-42, 205
憲法(アメリカ合衆国憲法)　3-4, 8-10, 12, 14-15, 20-23, 27, 34-35, 41, 49-50, 58-59, 63, 75-76, 82, 86, 89, 92, 94, 104, 115-116, 137-140, 146, 152, 162, 164-165, 167-169, 181, 184, 186, 191, 203, 207, 213-214
　　——第1条第7節　59, 63, 74
　　——第2条　8, 12, 20
　　——第2条第3節　74, 165
憲法制定会議　21-22
憲法制定者　20, 22-23, 74, 76, 138-139, 169
憲法秩序　5, 7, 16, 19, 24, 41, 76, 80, 120, 186, 197
憲法の署名時声明　→署名時声明
権力分立　92, 104, 115, 117, 121, 131, 149, 165
航空宇宙局　111, 114
航空宇宙局授権法　176
控除説　12
公聴会　17, 49-50, 71, 78-79, 84-86, 104-105, 119-120, 175, 185-186, 188, 199
行動論　204
　　——革命　35
公民権運動　6, 127
公民権法(1964年)　6, 129
公民権法(1991年)　159-161, 164
項目別拒否権　180-182, 186, 188, 199
項目別拒否権法　181
拷問禁止条項　→2006会計年度国防総省歳出予算法
国王大権　20-22
国際開発支援並びに食料援助法　61-62

事項索引　245

国際開発庁　62, 112-113
国際通貨基金　193-195
国土安全保障省　91
　――市民権入国管理局　91
国防総省　1, 99, 114, 182
国務省　62, 82, 99, 102, 146, 164
国連(国際連合)　2-3, 192
国家安全保障会議　→ホワイトハウス
国会(日本の)　4, 115
国家核安全保障局　→エネルギー省
国家緊急事態法　105, 107
コモン・コーズ　92
コモン・ロー体系　20
雇用差別　160

サ　行

最高裁(連邦最高裁判所)　16, 45-46, 50, 77, 82, 89-90, 93-97, 100-101, 106, 108-109, 116, 119, 121, 123, 128-129, 139-140, 149, 154, 160, 168, 170-171, 173, 179, 181, 188, 206
最高司令官　2, 20, 183, 192, 209
裁決　151-152
歳出委員会　110-113
歳出授権委員会　110
歳出予算法　181
財政赤字削減法　114-115
先物取引委員会　61-62
先物取引法　61
差別禁止規定　→移民改善・規制法
差別的な取り扱い　150-151
差別の意図　150-152
サラ・スカイフ財団　135
三権同格主義　139-140, 155, 171, 207
三権分立制　5, 8, 14-15, 24, 42-43, 89, 197
シェヴロン判決　129-130
執行留保　48-52, 85, 107
執行留保統制法(議会予算及び執行留保統制法)　50-53, 85, 96, 105, 107-108
実質的な署名時声明　→署名時声明
執政権　12-13, 20-23, 34, 98, 103, 118, 121, 148-149, 161
執政府　16, 20, 22, 25, 46-47, 56, 59-60, 72, 75-76, 80, 82-84, 86, 93, 97-98, 103, 109-110, 115-116, 123, 139-141, 148-149, 153-155, 161, 165, 168, 179, 182-183, 188, 191, 194, 200, 209

司法権　12, 81-82
司法省　16-17, 48, 71, 73-74, 76, 79-80, 82-84, 89, 91-93, 98-100, 102, 104, 108, 115-118, 121-122, 129-136, 141-142, 145-148, 151-153, 155, 166, 170, 172, 176, 178, 181, 184, 187, 198-199, 206, 208
　――移民帰化局　91-94
　――法政策局　142
　――法律顧問室　58, 66, 73, 98-101, 116-117, 127, 129-130, 132-133, 136, 140-147, 155, 159, 161, 167, 179, 181, 185, 188, 198, 200, 208
　――民事局　99-100
司法省法律顧問室意見書　71, 73, 78, 85, 154, 158, 162-163, 165, 167, 169-171
司法積極主義　128, 140-141
司法府　47, 75, 78, 82, 93, 95, 115-116, 139-140, 155, 171, 179
司法優越主義　139-140, 171
資本　24
資本主義経済　5
社会争点　128
社会保障法　67
『週刊大統領文書集』　10, 67, 142
州際通商委員会　24
修辞的な署名時声明　→署名時声明
重要立法　30, 55, 61, 64, 217
首相(日本の)　4
上院エネルギー自然資源委員会　175
上院外交委員会　107
上院司法委員会　49, 104, 136, 185-187
　――憲法問題小委員会　104
　――権力分立小委員会　49-50
上院政府委員会　175
上院法務局　48
消費者保護　128
情報公開法(1966年)　46, 129
情報公開法(1974年)　47
商務省　63
初等・中等教育法修正法　65
署名時声明　2-3, 9-17, 19-20, 27-33, 38, 40-45, 52, 56, 60-63, 65-71, 81-82, 85, 87, 89, 95, 109, 113, 115-116, 120-123, 125-133, 140-176, 180-201, 203, 205-211, 215
　憲法的――　11, 31, 190
　実質的――　11-12, 15, 28, 32, 44, 64-66, 87,

122, 154, 188, 195-197, 199, 210, 215
修辞的——　11-12, 28, 31, 67-69, 195, 215
——の起草過程（プロセス）　66, 71, 87, 132-133, 140, 146, 148, 152-155, 157, 182, 188, 200, 215
人工妊娠中絶　128
人事権（大統領の）　161-162, 166
心理学的アプローチ　35
スピーチライター室　→ホワイトハウス
スピネロ社　117-118
制憲者意思　138
政策革新　7
政治任用　133, 211
『制定順法律集』　10, 67, 126-128, 141-143, 148, 154, 207
政党　24, 40
「政党と裁判所の時代」　5
制度転用　13-14, 29, 43, 71, 85, 90, 125, 140, 157, 197, 205-207, 210
制度変容　14, 16, 205, 210-211, 213
　漸進的な——　13-14
制度論　13-14
　古典的——　204
政府政策見解　212
政府調達　114-116
政府倫理法　47-48
世界銀行　193-195
戦争権限法　46-47, 53, 85, 97, 99, 102, 105-107, 122-123
先例拘束性　96
送付条項　59, 63, 74, 79

タ 行

退役軍人省　114
対外援助法　102
第9区連邦控訴裁判所　92
第3区連邦控訴裁判所　121
大統領記録法　47
大統領研究　5, 9-10, 13-15, 19, 33-38, 41, 204-205
『大統領公文書集』　10, 67, 131, 142
大統領執政府　25, 40, 62
大統領職論　23
大統領制　4, 14, 19, 26, 33-34, 39-40, 42
大統領対外インテリジェンス諮問会議　174
「大統領中心の政治」　6-8, 26

「大統領中心の政府」　6
大統領法律顧問室　→ホワイトハウス
多国間協調　7
他者を説得する大統領　41
小さな政府　127, 181
力の外交　7
地方診療所法　68
チャダ判決　89-90, 95-113, 116-117, 122-123, 125, 129-130, 206
中道派　7
超党派　7, 119
諜報活動監査法　47-48
通商協定法　69
通商法　97
「帝王的大統領制」　44-45, 55-56
デマゴーグ　5, 26
テロとの戦い　183
伝統的家族　7
天然ガス政策法　100-101
統一政府　7, 26, 32, 204, 208, 210
同時多発テロ事件（9.11）　17, 178, 180, 186
特別検察官　151
独立行政委員会　98-101, 105
ドローン　213

ナ 行

内閣（日本の）　12, 115
内閣提出法案　4, 57
ナショナル及びコミニティ・サービス委員会　162
ナショナル及びコミニティ・サービス法　159, 162, 166
二院拒否権　100-101, 108
ニクソン政権　30, 39, 44-51, 54-55, 65, 137
入国管理不服審判所　92
ニューディール　5, 8, 24, 39, 54, 77
『ニューヨーク・タイムズ』　120, 174
年頭教書演説　40
農業・食糧法　131-133

ハ 行

パターン　13, 42, 205, 210-213
パブリック・シティズン　92
ハンフリー判決　77
ヒスパニック　150
非米活動委員会　82

事項索引　247

罷免権　77, 149
平等保護条項　173
フィードバック効果　13
『フェデラリスト』　23
フェデラリスト協会　134-137, 140-141, 157, 159, 177-179, 184-185, 187, 207, 209
フォード政権　51, 65
フォーマルな権力　34
武器輸出管理法　102
副大統領室　182, 188, 200
不執行(法の)　10, 48, 52, 78, 121, 148, 154, 166, 172-173, 175-176, 188, 198-199, 209
ブッシュ政権(ジョージ・H. W.)　17, 136, 157-159, 161-164, 166-167, 172, 177, 197-198, 207
ブッシュ政権(ジョージ・W.)　3, 17, 134, 158, 177-179, 181-186, 188-190, 192, 196-197, 200, 209, 213
不法移民　150
ブラウン判決　127
プレッシー判決　127
分割政府　7, 26, 30-33, 204, 208, 210
分離可能(性)　94-96, 101-102, 106-107
「分離すれども平等」　127
米軍　2-3, 107, 173, 192
米国通商代表部　97
平和維持活動　2, 192
ヘバン法　24
邦憲法　21-22
報告・待機規定　59-63, 71, 80-81, 83-87, 89-90, 98-100, 102, 105, 109, 113, 116-117, 126
ボウシャー判決　168
法を誠実に執行する義務　20, 22, 48, 59, 74-75, 165, 184, 187, 191
保健・教育・福祉省　72-73, 79
保守(的)(派)　7, 17, 26, 93, 127-128, 134-138, 140, 147, 153, 155, 157, 169-170, 181, 190, 197, 204, 206-207, 210
保守革命　167
『ボストン・グローブ』　184
ホワイトハウス　25-26, 39-40, 47, 57-58, 68-70, 98-101, 123, 131-133, 144, 146, 148, 153, 155, 159, 164, 167, 185, 194, 200, 212
　──行政管理予算局　→行政管理予算局
　──経済諮問会議　25
　──国内政策会議　145-146
　──国内政策室　57, 69
　──国家安全保障会議　25, 102
　──人事局　39
　──スピーチライター室　66-71, 133
　──大統領法律顧問室　66, 97, 99, 102, 104, 106, 108, 132-133, 147, 153, 159, 182

マ 行

マイノリティ　7
マイヤーズ判決　77
民主主義　5-6, 15
民主党　7, 17, 26, 49, 56, 78-80, 82-83, 86, 103-105, 119-120, 150, 160-161, 164, 167, 177, 180, 186, 193-196, 199-200, 204, 207, 211
明白に違憲　169-171, 177, 191, 197, 199-200, 208-209
メカニズム　211
メディア　3, 17, 40, 106, 158, 184, 188, 191, 199-200, 209
メディケア　68
メディケイド　68

ヤ 行

ユニラテラル　1, 3, 9, 15, 32
「ユニラテラルな権力」　37
「ユニラテラルな道具」　9-10, 27, 32-33, 38, 203, 211
予算委員会　51
予算及び会計法　116
予算凍結　120, 123, 206
予算の繰延　51, 53, 97, 108
予算の廃止　51, 53
予備選挙　211
世論　17, 26, 34, 37, 40
世論動員戦略　40

ラ 行

リーガル・リベラリズム　128
陸軍工兵隊　117-118
リーダーシップ　4, 7, 24, 35, 37, 213
立法権　12, 50, 80, 119
立法史　126, 141-144, 147-148, 153, 159, 168-170, 177, 199
立法者意思　126, 144-145
立法成功率(大統領の)　36
立法対策室　→行政管理予算局

248　事項索引

立法府　3, 76, 93, 103, 115-117, 139, 161
リバタリアン　128
リベラル(派)　7, 26, 93, 127-128, 134, 137-140, 180-181, 190, 204, 206-207
両院共同決議　47, 63, 73-74, 79, 97, 101, 107-108
両院合同決議　79, 105, 107-108, 113
レーガン政権　15-17, 28, 39, 44, 47, 66-67, 78, 83, 87, 89, 93-97, 101-102, 104-106, 108, 111-115, 117-119, 121-123, 125-140, 143, 147-148, 152, 154-159, 161-162, 165-167, 169-170, 172, 177, 179, 181-182, 188, 197-198, 200, 206-207, 209-210
連邦エネルギー規制委員会　100-101
連邦最高裁判所　→最高裁
連邦水質汚染管理法修正法　50
連邦制　5
連邦地方裁判所　118-119, 121, 149
連邦取引委員会　77, 101
連邦取引委員会改善法　100-101
連邦取引委員会法　77
ロヴェット判決　82
労働省　91
ロスアラモス国立研究所　174
ロースクール　126, 128, 134-135, 179, 213
ローズヴェルト政権(フランクリン)　25, 28
ロッドマン・レポート　174
ロー判決　128
炉辺談話　25

ワ　行

ワシントンD.C.自治法　105, 108

ワード・コーヴ判決　160

D.C.特別区連邦控訴裁判所　100, 108, 169
HIV感染者解雇条項　→1996会計年度国防歳出授権法
JM財団　135

1982会計年度国防総省歳出授権法　131-132
1985会計年度住宅・都市開発省及び独立行政機関歳出予算法　111
1988会計年度対外活動, 輸出金融及び関連歳出予算法　112
1989会計年度対外活動, 輸出金融及び関連歳出予算法　112
1990会計年度対外活動, 輸出金融及び関連歳出予算法　113, 159, 162, 164
1990・1991会計年度対外関係歳出授権法　160, 162, 164-165
1996会計年度国防歳出授権法　172-173
　　――HIV感染者解雇条項　173
2000会計年度国防歳出授権法　174
2006会計年度国防総省歳出予算法　1-2, 158, 182-183, 185, 188-189, 199, 209
　　――拷問禁止条項　1-2, 158, 182-183, 185, 188, 199, 209-210
2009会計年度追加歳出予算法　193-194
2009会計年度包括歳出予算法　2, 192, 197
2010会計年度国務省対外関係関連歳出予算法　193

著者略歴

1980 年　愛知県名古屋市に生まれる．
2004 年　東京大学法学部卒業．
2011 年　東京大学大学院法学政治学研究科博士課程単位取得退学．
2013 年　東京大学博士（法学）．
現　在　首都大学東京都市教養学部法学系准教授．

主要業績

「レーガン政権における大統領権力の拡大：保守的法律家の憲法解釈と署名見解の制度化」（『年報政治学』2011-I, 2011 年）

「ティーパーティ運動と『憲法保守』」久保文明編『ティーパーティ運動の研究：アメリカ保守主義の変容』（NTT 出版, 2012 年）

大統領が変えるアメリカの三権分立制
署名時声明をめぐる議会との攻防

2015 年 8 月 10 日　初　版

［検印廃止］

著　者　梅川 健（うめかわ たけし）

発行所　一般財団法人　東京大学出版会
代表者　古田 元夫
153-0041　東京都目黒区駒場 4-5-29
http://www.utp.or.jp/
電話 03-6407-1069　FAX 03-6407-1991
振替 00160-6-59964

印刷所　株式会社暁印刷
製本所　誠製本株式会社

Ⓒ2015 Takeshi Umekawa
ISBN 978-4-13-036255-9　Printed in Japan

JCOPY 〈(社)出版者著作権管理機構　委託出版物〉
本書の無断複写は著作権法上での例外を除き禁じられています．複写される場合は，そのつど事前に，(社)出版者著作権管理機構（電話 03-3513-6969, FAX 03-3513-6979, e-mail: info@jcopy.or.jp）の許諾を得てください．

斎藤　眞著	アメリカ革命史研究	A5・7500円
斎藤　眞著 古矢　旬	アメリカ政治外交史［第2版］	A5・3200円
斎藤　眞編 久保文明	アメリカ政治外交史教材［第2版］	A5・2800円
五十嵐武士編 久保文明	アメリカ現代政治の構図	A5・5600円
久保文明著	現代アメリカ政治と公共利益	A5・4600円
岡山　裕著	アメリカ二大政党制の確立	A5・5400円
浅香吉幹著	現代アメリカの司法	A5・3800円
田中英夫編	英米法辞典	菊・15000円

ここに表示された価格は本体価格です．ご購入の際には消費税が加算されますのでご了承ください．